법화삼부경

제2부 묘법연화경 4권

법화삼부경

제2부 묘법연화경 4권

구선 강설

연화

차 례

들어가면서 ······································ 6

묘법연화경 안락행품 ························· 16

묘법연화경 종지용출품 ······················ 79

묘법연화경 여래수량품 ······················ 136

묘법연화경 분별공덕품 ······················ 169

묘법연화경 수희공덕품 ······················ 204

묘법연화경 법사공덕품 ······················ 227

묘법연화경 상불경보살품 ··················· 283

묘법연화경 여래신력품 ······················ 307

묘법연화경 촉루품 ···························· 327

묘법연화경 약왕보살본사품 ················ 336

들어가면서

법화경을 보기 전에는 등각의 절차와 방법에 대해서 알지 못했다. 단순하게 불이문(不二門)을 이루는 것이라고만 알고 있었지 12단계의 대적정문과 23단계의 대자비문을 통해서 불이문이 이루어진다는 것을 알지 못했다.
여래장연기의 원인과 과정을 들여다보면서 본원본제의 향하문(向下門)적 성향에 대해 알게 되었다. 그때부터 본원본제의 제도에 대해 생각하게 되었다.
그즈음에 "화성유품" 대통지승여래편을 보게 되었다. 그 대목을 읽고 나서 부처님께서 말씀하시는 정토불사의 최종 목적지가 본원본제의 제도라는 것을 알게 되었다.
그때부터 묘법연화경의 내용을 그 관점으로 들여다보게 되었다.
묘법연화경에는 본원본제가 출현하게 된 과정과 본원본제의 상태와 본원본제가 여래장계를 만들어가는 과정이 상세하게 표현되어 있었다.
그리고 본원본제를 제도할 수 있는 방법과 절차가 제시되어 있었다.

10여시(十如是)를 통해 본원본제로부터 여래장연기가 시작되는 원인과 과정에 대해 알게 되었고 여시본말구경등(如是本末究境等)을 통해서 본원본제를 제도하는 절차에 대해 알게 되었다.

부처님께서는 본원본제가 출현하게 된 원인이 연(緣)과 능성(能性), 각성(覺性)과 대사(代謝)에 있다고 말씀하셨다. 여실성(如實性)이 드러나게 된 원인에 대해 말씀하시면서 본원본제의 성(性)과 상(相), 체(體)와 력(力)이 생겨나는 과정에 대해 말씀하셨다.
연(緣)으로 인해 본성(本性)이 드러나고 본성으로 인해 여시성(如是性)이 갖추어지며, 여시성으로 인해 능성(能性)이 생겨나고 능성으로 인해 각성(覺性)이 생겨나며, 각성으로 인해 여시상(如是相)이 갖춰진다.
여시상 안에서 이루어지는 각성의 비춤으로 인해 대사(代謝)가 시작되고 대사로 인해서 여시체(如是體)가 생겨난다. 여시체 안에서 일어나는 밝은성품 간의 부딪침으로 인해 여시력(如是力)이 생겨나고 여시력으로 인해서 본연(本然)이 생겨났다. 본연으로 인해서 자연(自然)과 인연(因緣)이 생겨나고 그로써 생멸연기와 진여연기가 시작되었다.

본원본제와 동법계를 이루는 방법에 대해 묘법연화경을 통해서는 직접적으로 언급하지 않으셨다.
그 방법에 대해서는 밀교 경전을 통해 말씀하셨다.

본원본제와 동법계를 이룬 이후에 나타나는 변화와 절차에 대해서는 네 보살의 이름을 통해 암시해 주셨다.
상행(上行), 무변행(無邊行), 정행(淨行), 안립행(安立行)이 그것이다.

본원본제와 동법계를 이룬 시기와 그 이후에 나타나는 결과에 대해 말씀하시는 대목이 '종지용출품'이다.
이 대목을 접하고부터는 부처님이 갖고 계시는 능연지력(能緣智力)에 대해 알게 되었고 새로운 관점의 세계관을 갖게 되었다.

종지용출품을 보기 전에는 부처님이 본원본제와 동법계를 이루는 시기가 묘각도 이후일 것이라고 생각하고 있었다. 그래서 석가모니 부처님의 여래지(如來智)는 정토불사의 과정에서 얻어진 것이라고 생각하고 있었다. 하지만 종지용출품을 보면서 그 생각이 잘못되었다는 것을 알게 되었다. 부처님께서는 이미 묘각을 이루는 과정에서 본원본제와 동법계를 이루셨다.
그 시기에 대해서도 분신불들과 등각화신불들의 관계를 통해 암시해 주셨다. 처음 성도 이후부터 천만억×6만 항하사 등각화신불들을 가르쳤다는 말씀이 바로 그것이다.

부처님이 본원본제의 여래장계 밖에 새로운 여래장을 창조할 수 있는 것은 능연(能緣)을 조장할 수 있는 능력 때문이다. 그로 인해 부처님은 향하문적 성향을 갖고 있지 않는 새로운 본원본제(本源本際)를 창조할 수 있게 되었다. 이로써 다중 구조의 여래장이 출현하게 되었다.

묘법연화경 앞부분을 강의할 때는 10여시(十如是) 조차도 부처님에게서 일어난 변화인줄 알았다. 그것이 본원본제의 상태를 말하는 것이라고는 상상도 하지 못했다. 그래서 그 당시에는 불(佛)의 열 가지 상(相)으로 10여시를 설명했다. 그런데 강의록을 정리하면서 그것이 본원본제의 상태와 변화에 대해 말씀하신 것이라는 것을 알게 되었다. 그다음부터 본원본제와 불(佛)을 비교해 보기 시작했다. 그 과정에서 불(佛)은 과(果)와 보(報)가 없다는 것을 알게 되었다. 불연(佛緣)도 일대사인연(一大事因緣)을 제외하고는 생기지 않는다.
불(佛)은 8불시(八佛是)를 갖추고 있고 본원본제는 10여시(十如是)를 갖추고 있다.
불성(佛性), 불상(佛相), 불체(佛體), 불력(佛力), 불작(佛作), 불인(佛因), 불연(佛緣), 불본(佛本)이 8불시(八佛是)이다.
여시성(如是性), 여시상(相), 여시체(體), 여시력(力), 여시작(作), 여시인(因), 여시연(緣), 여시과(果), 여시보(報), 여시본(本)이 10여시(十如是)이다.

8불시를 갖고 있는 불(佛)과 10여시를 갖고 있는 본원본제가 동법계를 이루게 되면 세 가지 변화가 일어난다.
첫 번째 변화는 각성의 변화이다.
두 번째 변화는 밝은성품의 변화이다.
세 번째 변화는 본성의 변화이다.

일심법계가 갖추고 있는 두 개의 간극(寂滅處)으로 인해서 본원본제의 각조(覺照)적 습성이 제도된다.
이로써 대사(代謝)가 일어나지 않게 된다.
밝은성품의 자연적 성향이 제도되어서 천백억 등각화신불로 나타난다. 이로써 본연(本然)이 나타나지 않게 된다.
불식(佛識)과 불심(佛心)으로 본원본제의 심(心)과 식(識)이 갖추어진다. 이로써 본원본제의 향하문적 성향이 제도되고 미망에서 벗어난다.

"종지용출품"에서는 시공의 창조를 임의롭게 함으로써 무한한 수명을 갖고 계심을 보여주셨고 그런 부처님을 믿고 이해하고 떠올리는 것을 심신해상(深信解相)이라고 하셨다.
"19 법사공덕품"에서는 육근청정을 이루어서 원통식을 갖추는 방법에 대해서도 말씀해 주셨다. 그러면서 이 이치를 이해한 사람은 반드시 부처가 된다고 말씀하셨다.
23품에서는 약왕보살을 통해서 구족색신삼매(具足色身三昧)를 체득하는 방법에 대해 말씀하셨다.

이번 강의록에서는 제14품 안락행품에서 제23품 약왕보살본사품까지의 내용이 다루어진다.

안락행품에서는 보살마하살이 미래 세상에서 법화경을 강의하고자 할 때 갖추어야 하는 조건에 대해서 말씀하셨다. 보살의 행을 해야 할 곳과 친근해야 할 곳에 편안하게 머무르는 것이 가장 중요한 일이라고 말씀하셨다.

보살마하살의 행할 곳은 인욕하는 자리에 머무르고, 부드럽고, 화평하고, 착하고, 순종하여, 불쑥 포악하지 않고, 마음에 놀람이 없고, 법에 있어서 현상에 집착하여 행함이 없고, 모든 법을 실상과 같이 관찰하여 행함도 없고 분별하지도 않는 것이라고 하셨다.

보살마하살이 친근해야 할 곳에 대해서는 네 가지로 설명하셨다.

보살이 친근해야 할 첫 번째 곳은 항상 좌선하기를 좋아하여 한적한 곳에서 마음을 껴잡아 닦는 것이라고 말씀하셨다.

보살이 친근해야 할 두 번째 곳은 모든 법은 공이며, 여실상이며, 뒤바뀌지도 않고, 흔들리지도 않으며, 물러남도 없고, 굴려지지도 않으며, 마치 허공의 성품이 아무것도 없는 것과 같고, 온갖 말할 길이 끊어져서 생기지도 않고 나오지도 않고, 일어나지도 않으며, 이름도 없고, 모양도 없고, 있는 것이 아니어서 한량없고, 그지없고, 걸림도 없고, 막힘도 없음을 관하는 것이라고 말씀하셨다.
다만 인연으로 있는 것이며, 뒤바뀌어 생기는 것임으로 항상 즐겨 이러한 법의 모습을 관하라고 첨언하셨다.

보살마하살이 친근해야 할 세 번째 곳은 안락행이다.
모든 중생을 어여삐 여기고, 여래는 인자한 아버지라는 생각을 내고, 모든 보살에게는 큰 스승이라는 생각을 내고, 시방의 모든 대보살에게는 항상 간절한 마음으로 공경하고 예배하여, 모든 중생에게는 평등하게 법을 말하되 법에 순응하여 많이 말하지 말고 적게 말하지도 말며, 법을 매우 사랑하는 사람이라도 많은 말을 하지 않는 것이라고 말씀하셨다.

보살마하살이 친근해야 할 네 번째 곳은 집에 사는 사람이나 출가한 사람을 차별하지 않고 크게 인자한 마음을 내는 것이다.
비록 중생이 이 경을 모르더라도 보살이 아뇩다라삼먁삼보리를 얻으면 그 중생을 묘법연화경의 법 안에 머물게 하겠다는 서원을 세워야 한다고 말씀하셨다.

종지용출품에서는 본원본제와 동법계를 이룬 상태에서 생겨난 천백억×6만 항하사 보살들에 대해서 말씀하신다. 사바세계의 땅 밑에서 솟아오른 수많은 등각화신불을 출현시켜서 본원본제의 여래장계 밖에 새로운 여래장이 있다는 것을 알려주신다.

여래수량품에서는 석가모니 부처님의 성불이 백천만억 나유타겁 이전에 이루어졌다고 말씀하신다.
그러면서 여래의 수명이 무한하다고 강조하신다.

분별공덕품에서는 여래의 수명이 무한한 것을 이해하는 것만으로도 얻어지는 깨달음이 있다고 말씀하신다. 그러면서 그 공덕에 대해서 말씀하셨다.

수희공덕품에서는 법화경을 강설해서 다른 사람들을 기쁘게 했을 때 얻어지는 공덕에 대해서 말씀하셨다.
아라한과를 증득하게 해준 것보다 더 큰 공덕이 있다고 하셨다.

법사공덕품에서는 육근청정을 이루는 방법과 육근청정을 이루었을 때 갖추어지는 공덕에 대해서 말씀하셨다.

상불경보살품에서는 일대사인연이 긍정적 관계로만 이루어지는 것이 아니고 부정적 관계로도 이루어짐을 보여주셨다.

여래신력품에서는 분신불들과 넓고 긴 혀를 내밀어서 대범천에 이르게 하고 모든 털구멍으로 한량없고 수없는 광명을 놓아서 시방세계를 두루 비추시어 능연 부처님의 위신력을 보여주셨다.

촉루품에서는 등각화신불들에게 관정 수기를 주시고 묘법연화경의 전법 법사로 임명하셨다.

약왕보살 본사품에서는 구족색신삼매와 연비 공덕에 대해 말씀하셨다.

지금까지 배운 묘법연화경을 한 글자라도 잊지 말고 그 요지를 정확하게 이해해서 그것을 습득하고자 노력해야 한다. 이것이 묘법연화경을 아는 사람으로서 갖추어야 할 책임이다.
6시(六時) 6단시(六段示) 5회(五悔) 6념처(六念處) 수행으로 육근청정(六根淸淨)을 이루고 법화삼매(法華三昧)를 성취한다.
6시(六時)란 하루 여섯 때를 말한다.
6단시(六段示)란 식의 바탕을 여섯 단으로 나누어서 인식하는 것이다.
오회(五悔)란 참회(懺悔), 권청(勸請), 수희(隨喜), 회향(廻向), 발원(發願)을 행하는 것이다.
육념처관(六念處觀)이란 불념(佛念), 법념(法念), 시념(施念),

계념(戒念), 승념(僧念), 천념(天念)을 행하는 것이다.
육근(六根)이란 눈, 귀, 코, 입, 몸, 생각을 말한다.

《묘법연화경 안락행품 安樂行品 第十四》

본문

爾時文殊師利法王子菩薩摩訶薩白佛言。世尊。
이시문수사리법왕자보살마하살백불언. 세존.
是諸菩薩甚為難有敬順佛故發大誓願。於後惡世護持讀說
시제보살심위난유경순불고발대서원. 어후악세호지독설
是法華經。世尊。菩薩摩訶薩。於後惡世云何能說是經。
시법화경. 세존. 보살마하살. 어후악세운하능설시경.

그때, 문수사리 법왕자보살마하살이 부처님께 사뢰었다.
"세존이시여, 이 보살들은 매우 있기 어려운 일입니다. 부처님을 순종하는 까닭에 큰 서원을 내고, 미래의 나쁜 세상에서 이 묘법연화경을 보호하여 지니며 읽고 해설하려 하나이다. 세존이시여, 보살마하살이 미래의 나쁜 세상에서 어떻게 하면 이 경을 훌륭히 해설할 수 있겠나이까."

강설

보살마하살이 묘법연화경을 올바로 해설하고 전달해 주기 위해서 갖추어야 하는 네 가지 조건 중 두 가지를 말씀하셨다.

법을 올바르게 해석하려면 먼저 법이 설해진 목적을 알아야 한다. 그런 다음 법의 요지를 파악해야 한다.
권지품까지 묘법연화경의 주된 내용은 크게 세 가지 관점으로 나눠진다.
첫째는 진여출가에 대한 발심을 일으키는 것이다.
마하가섭과 수보리 등 1250인의 비구들에게 소승에 안주하지 말고 대승으로 나아가라고 말씀하셨다.
그러면서 진여출가를 하기 위해 갖추어야 할 마음가짐과 수행절차에 대해 제시해 주셨다.

둘째는 부처가 되는 목적에 대한 것이다.
대통지승여래의 열여섯 아들들의 사례를 들어 부처가 되는 목적이 정토불사에 있다는 것을 말씀하셨다.

셋째는 본원본제의 향하문적 성향을 제도하고 정토불사를 완성하는 것이다.
본원본제의 향하문적 성향이 제도되었을 때 나타나는 결과에 대해 용녀의 사례를 들어 보여주셨다.

법화경을 해석하고 전달해 주기 위해서는 먼저 이 세 가지 목적을 이해해야 한다. 그런 다음 그 세 가지 목적을 성취할 수 있는 방법에 대해 알아야 한다.

생멸연기와 진여연기의 이치를 알아야 생멸수행과 진여수행을 할 수 있는 과지법을 알게 된다.
여래장연기의 이치를 알아야 등각도를 성취할 수 있는 과지법과 정토불사를 할 수 있는 방법을 알게 된다.
본원본제와 동법계를 이룰 수 있는 방법을 알아야 본원본제의 향하문적 성향을 제도할 수 있다.
그런 다음에야 묘법연화경을 전해줄 수 있게 된다.

본문

佛告文殊師利。若菩薩摩訶薩。於後惡世。欲說是經。當
불고문수사리. 약보살마하살. 어후악세. 욕설시경. 당
安住四法。一者安住菩薩行處及親近處。能爲衆生演說是
안주사법. 일자안주보살행처급친근처. 능위중생연설시
經。文殊師利。云何名菩薩摩訶薩行處。若菩薩摩訶薩。
경. 문수사리. 운하명보살마하살행처. 약보살마하살.
住忍辱地柔和善順而不卒暴心亦不驚。又復於法無所行。
주인욕지유화선순이불졸폭심역불경. 우부어법무소행.
而觀諸法如實相。亦不行不分別。是名菩薩摩訶薩行處。
이관제법여실상. 역불행불분별. 시명보살마하살행처.

부처님은 문수사리에게 말씀하셨다.
"만일 보살마하살이 미래의 나쁜 세상에서 이 경을 해설하려면, 네 가지 법에 편안히 머물러야 하느니라.
하나는, 보살의 행을 해야 할 곳과 친근해야 할 곳에 편안히 머물러서 중생에게 이 경을 연설해야 하느니라.
문수사리여, 무엇을 보살마하살의 행할 곳이라 이름하느냐 하면, 보살마하살이 인욕하는 자리에 머물러 있으면서 부드럽고 화평하고 착하고 순종하여, 불쑥 포악하지 않고 마음에 놀람이 없음이니, 또 법에 있어서 현상에 집착하여 행함이 없고 모든 법을 실상과 같이 관찰하여, 행함도 없고 분별하지도 아니함을 보살마하살의 행할 곳이라 하느니라.

강설

보살마하살이 미래의 나쁜 세상에서 이 법을 설하려면 네 가지 법에 편안하게 머물러야 한다고 말씀하신다.
첫 번째 법이, 보살의 행을 해야 할 곳과 친근해야 할 곳에 편안히 머무르는 것이라고 말씀하신다.
'보살의 행을 해야 할 곳'이란 각성을 두어야 할 곳을 말한다. 一者安住 菩薩行處 及親近處(일자안주 보살행처 급친근처)에서 보살행처(菩薩行處)는 '보살의 행을 해야 할 곳'으로 해석하면 안 된다. '보살이 각성을 두어야 할 곳'이라고 해석해야 한다. 그래야 다음 문장과 문맥이 연결된다.
행(行)이라는 표현은 세 가지 의미가 있다.
첫째는 '각성'이라는 의미이다.

둘째는 '의지'라는 의미이다.
셋째는 '행동'이라는 의미이다.

'문수사리여, 무엇을 보살마하살의 행할 곳이라 이름하느냐 하면'

이 문장에서도 행을 각성으로 해석해야 한다.
'문수사리여 무엇을 보살마하살이 각성을 두어야 할 곳이라고 명(名) 하는가 하면' 이렇게 해석해야 한다.

'보살마하살이 인욕하는 자리에 머물러 있으면서'

각성을 인욕하는 자리에 두라는 말씀이시다.
보살의 인욕은 진여심에 머물러서 생멸심을 취하지 않는 것이다. 단순히 참는 것이 아니고 진여심에 돈독히 머물러서 일체의 생멸심을 취하지 않는 것이 보살의 인욕이다.

'부드럽고 화평하고 착하고 순종하여, 불쑥 포악하지 않고 마음에 놀람이 없음이니'

항상 진여심에 머물러서 부드럽고 화평하고 착하고 순한 마음을 가져야 한다는 말씀이시다. 그래서 불쑥 포악하지 않고 불쑥 감정의 기복을 일으켜선 안되고 어떤 경계를 만나더라도 마음에 놀람이 없어야 된다는 말씀이시다.

우부어법무소행 (又復於法無所行)
'또 법에 있어서, 현상에 집착하여 행함이 없고'

이 문장도 '무소행(無所行)'을 '현상에 집착하여 행함이 없고'라고 해석하면 안된다. '현상에 머물지 않고'라고 해석해야 한다.
무소행이란 무소구행(無所求行)을 말한다.
무소구행은 오로지 무상을 구할 뿐 유상에 머무르지 않는다는 말이다.
보살승의 무소구행과 해탈승의 무소구행은 다른 점이 있다.
해탈승의 무소구행은 불응색성향미촉법(不應色聲香味觸法) 응무소주이생기심(應無所住而生起心)하는 것이다.
색성향미촉법에 응하지 않고 응당 머물지 않는 마음을 낸다는 뜻이다. 금강해탈도에서 행해진다.

보살승의 무소구행은 본성을 이루는 세 가지 요소를 여의지 않는 것이다. 항상 무념·무심·간극 사이를 오고 가면서 본제를 여의지 않는 것이 보살도에서 있어서 무소구행이다.
보살이 묘법연화경을 설법하려면 본성·각성·밝은성품을 인식해서 진여심에 머무르고 본성을 이루는 세 가지 요소에 머물 수 있어야 한다는 말씀이시다.

이것이 바로 묘법연화경을 설하기 이전에 보살이 앉아야 할 자리이다.

이관제법여실상 (而觀諸法如實相)
'모든 법을 실상과 같이 관찰하여'

제법(諸法)은 두 가지 의미가 있다.
한 가지 의미는 본원본제라는 의미이다.
또 한 가지 의미는 일체법이라는 의미이다.
반야심경에서 말씀하시는 제법공상(諸法空相) 불생불멸(不生不滅)할 때의 제법은 본원본제의 상태를 말한다. 본원본제의 상태 중에서 성(性)을 이루고 있는 적멸상을 공상(空相)이라고 표현하셨다.

이 대목의 제법은 일체법을 말한다.
6근(안·이·비·설·신·의), 6경(색·성·향·미·촉·법), 6식(안식·이식·비식·설식·신식·의식)을 통칭해서 일체법이라 말한다.
이 18가지 경계에서 실상을 관하라는 말씀이시다.
진여에 머물고 본성을 이루고 있는 적정상(무념·무심)과 적멸상(간극)을 관하는 것이 '이관제법여실상'이다.

역불행불분별 (亦不行不分別)
시명보살마하살행처 (是名菩薩摩訶薩行處)

'행함도 없고 분별하지도 아니함을 보살마하살의 행할 곳이라 하느니라.'

이 대목에서의 행(行)도 각성으로 해석해야 한다.
역불행(亦不行)을 '또한 행도 없다'로 해석하면 안 된다.
역불행(亦不行)은 '각성을 진여수행의 관점으로 쓰라'는 말씀이시다. 진여수행에서 활용되는 각성은 구경각이다.
반면에 불행(不行)은 의지를 쓰지 말고 각성을 활용하라는 뜻이다. 불분별(不分別)이 곧 불행(不行)과 같은 의미이다.
불행(不行)은 생멸수행에서 행해진다.
생멸수행에서 불행(不行)할 때는 시각(時覺)과 본각(本覺)이 쓰여진다. 본각을 구경각으로 전환시키는 것이 역불행(亦不行)이다.
구경각으로 진여심과 대적정에 머무는 것이 보살마하살이 각성을 두어야 할 곳이라는 말씀이시다.

묘법연화경을 보면서는 생멸수행의 관점과 진여수행의 관점을 명확하게 구분할 줄 알아야 한다.
사성제, 육바라밀, 팔정도, 37도조품, 18불공법 등등의 법의 체계가 생멸수행의 관점에서 다루어지는 것과 진여수행의 관점에서 다루어지는 것이 전혀 다르다.
한마디 경구를 해석하더라도 생멸수행의 관점과 진여수행의 관점으로 같이 볼 수 있어야 되고 양쪽 모두를 취할 수 있어야 한다.
생멸수행의 관점만으로 묘법연화경을 해석하면 그 진의를 드러내지 못한다.
모든 경전에는 그 경전이 갖고 있는 각각의 요지와 관점이 있다. 부처님께서는 경전마다 서로 다른 인지법과 과지법을 말씀하셨다.
때문에 금강경의 말씀을 반야심경에 접목시키면 틀린 말이 된다. 마찬가지로 반야경의 말씀을 묘법연화경에 접목시키면 틀린 말이 된다. 부처님께서는 이와같은 이치를 '절차법'이라 표현하셨다.

본문

云何名菩薩摩訶薩親近處。菩薩摩訶薩。不親近國王王子
운하명보살마하살친근처. 보살마하살. 불친근국왕왕자
大臣官長。不親近諸外道梵志尼揵子等。及造世俗文筆讚
대신관장. 불친근제외도범지니건자등. 급조세속문필찬
詠外書。及路伽耶陀逆路伽耶陀者。
영외서. 급로가야타역로가야타자.

무엇을 보살마하살의 친근할 곳이라 하느냐.
보살마하살은 국왕이나 왕자나 대신이나 관원들을 친근하지 말아야 하고, 또 모든 외도인 범지나 니건자들과 세속의 문필

을 일삼는 이와 외도의 서적을 찬탄하는 이와 로가야타와 로가야타를 거스르는 이를 친근하지 말 것이며,

강설

'**범지**'는 바라문을 말한다. 범천을 숭배하는 사람들이다.
'**니건자**'는 인도에 있었던 외도의 일파이다.

외도를 공부하는 사상가나 문필가들 하고도 친하지 말라고 하신다.
대부분의 사상가들은 자기 사상에 매몰되어 있다.
때문에 새로운 사상을 받아들이는 것을 두려워하고 싫어한다. 그런 견해를 가지고서는 경전을 보기가 힘들다.
부처님께서는 중생의 근기를 18단계로 구분하셨다.
그래서 설법도 근기에 맞춰서 18단계로 하셨다.
자기 사상에 고착된 사람이 부처님의 가르침을 접하게 되면 '이 사람은 이랬다 저랬다 하는구나'라고 생각한다. 그러면서 자기 사상과 맞는 것은 '옳다'라고 하고 거기에서 벗어난 것은 '잘못되었다'라고 평가한다.
그런 사람들하고는 묘법연화경을 논하지 말라는 말씀이다.
평범한 사람들은 묘법연화경의 내용을 이해할 수가 없다.
상상도 하지 못했던 세계를 말씀하시기 때문이다.
우주의 근본은 완벽할 것이라고 생각하는 사람들은 '본원

본제가 허물이 있어 이와 같은 중생들이 생겨나고 향하문(向下門)이 벌어졌다'라는 것도 인정하지 않는다. 더군다나 그런 본원본제를 제도한다니 이 말은 더욱더 믿을 수가 없다.

그런 사람은 여래장연기, 생멸연기, 진여연기도 창조의 일부라고 생각한다. 전지전능한 창조주가 창조한 모든 것은 이미 완벽해서 더 이상 취하고 버릴 것이 없다고 생각한다. 그런 사상을 갖고 있는 사람들에게는 묘법연화경을 설하지 말라는 것이다.

그야말로 무한한 상상의 나래를 펼 수 있고 새로운 것을 기쁨으로 받아들일 수 있는 사람들에게 묘법연화경을 설하라는 말씀이시다.

'노가야타'는 요즘으로 말하면 공산주의자들이다. 유물론자이고 단멸론자이다.

'노가야타를 거스리는 이'는 유신론자를 말한다.

본문

亦不親近諸有兇戲相扠相撲。及那羅等種種變現之戲。
역불친근제유흉희상차상박. 급나라등종종변현지희.
又不親近旃陀羅及畜猪羊鷄狗畋獵漁捕諸惡律儀。
우불친근전타라급축저양계구전렵어포제악율의.
如是人等或時來者。則爲說法無所希望。

여시인등혹시래자. 즉위설법무소희망.

또 흉악한 장난과 서로 때리고 씨름하는 일과 나라연 등의 가지가지 장난꾼을 친근하지 말 것이고, 또 전타라와 돼지, 양, 닭, 개를 키우는 이와 사냥하고 고기 잡는 나쁜 짓 하는 이들을 친근하지 말아야 하느니라.
이런 사람들이 만일 오거든 그들에게 법을 말하여 줄 뿐, 희망하는 일이 없어야 하느니라.

강설

'**나라연**'은 불교의 수호신이다.
본래는 힌두교 비슈누신의 다른 이름이다.
나라연은 범천왕이 동자의 모습으로 변신한 것이다.
심·식·의가 끊어지지 않았기 때문에 장난기가 있다.
그래서 범천이라 할지라도 그런 신들하고 가깝게 지내지 말라는 말씀이다.

'**전타라**'는 산스크리트어로 '찬드라'라고 부른다.
향기를 풍겨서 사람을 현혹하는 신이다.

부처님은 불가촉천민도 제자로 받아들였고 앙굴라마와 같은 살인자도 제자로 받아들였다.

심지어는 주리반특이 같은 바보도 제자로 받아들였다.
그런 부처님이 묘법연화경을 설하는 것을 놓고서는 그들에게 설하지 말라고 말씀하신다.
설령 설했다 하더라도 그들에게 희망하는 마음을 갖지 말라고 하신다. 그 사람들은 이 법을 알아듣지 못하기 때문이다.

본문

又不親近求聲聞比丘比丘尼優婆塞優婆夷。亦不問訊。
우불친근구성문비구비구니우바새우바이. 역불문신.
若於房中。若經行處。若在講堂中。不共住止。
약어방중. 약경행처. 약재강당중. 불공주지.
或時來者。隨宜說法無所希求。
혹시래자. 수의설법무소희구.

또 성문승을 구하는 비구, 비구니, 우바새, 우바이들을 친근하지도 말고 문안도 하지 말고, 방 안에서나 거닐 때에나 강당에서나 함께 있지도 말 것이며, 혹시 찾아오더라도 적당하게 법을 설하여 줄 뿐, 바라는 일이 없어야 하느니라.

강설

견성오도를 최고의 깨달음이라고 생각하는 사람들에게는 묘법연화경을 설하지 말라고 말씀하신다.
설령 그가 비구고 비구니고 우바새고 우바이라 할지라도 성문연각의 견성오도를 깨달음의 전부라 생각하는 사람이라면 묘법연화경을 설하지 말라고 말씀하신다.
왜냐하면 이 법은 진여출가를 한 보살들에게 설하는 법이기 때문이다.

본문

文殊師利。又菩薩摩訶薩。不應於女人身取能生欲想相而
문수사리. 우보살마하살. 불응어여인신취능생욕상상이
為說法。亦不樂見。若入他家。不與小女處女寡女等共語。
위설법. 역불낙견. 약입타가. 불여소녀처녀과녀등공어.
亦復不近五種不男之人以為親厚。不獨入他家。若有因緣
역부불근오종불남지인이위친후. 불독입타가. 약유인연
須獨入時但一心念佛。若為女人說法不露齒笑。不現胸臆。
수독입시단일심념불. 약위여인설법불로치소. 불현흉억.
乃至為法猶不親厚。況復餘事。不樂畜年少弟子沙彌小兒。
내지위법유불친후. 황부여사. 불낙축연소제자사미소아.
亦不樂與同師。常好坐禪。在於閑處修攝其心。文殊師利。
역불락여동사. 상호좌선. 재어한처수섭기심. 문수사리.
是名初親近處。

시명초친근처.

문수사리여, 또 보살마하살은 여인의 몸에 대하여 욕망을 가지는 모습으로 법을 설하지 말고, 보기를 좋아하지도 말 것이며, 만일 남의 집에 들어가더라도 소녀, 처녀, 과부들과 더불어 함께 말하지 말아야 하느니라.

또, 다섯 가지 사내 아닌 사람(不男)을 가까이하거나 친구를 삼지 말아야 하며 혼자서 다른 이의 집에 들어가지 말 것이며, 만일 볼 일이 있어서 혼자 들어가게 될 적에는 오직 일심으로 염불하여야 하느니라.

만일 여인에게 법을 설하게 되거든, 이를 드러내어 웃지도 말고, 가슴을 드러내지도 말며, 법을 위해서라도 친하지 말아야 하거든, 하물며 다른 일일까 보냐.

나이 어린 제자나 사미나 어린애 가꾸기를 좋아하지 말며, 그들과 한 스승을 섬기는 일도 좋아하지 말아야 하느니라.

항상 좌선하기를 좋아하여 한적한 곳에서 마음을 껴잡아 닦아야 하느니라.

문수사리여, 이것을 첫째 친근할 곳이라 하느니라.

강설

"항상 좌선하기를 좋아하여 한적한 곳에서 마음을 껴잡아 닦아야 하느니라."

'마음을 껴잡는다'는 것은 적멸처가 적정처를 껴안는다는 말이다. 본성의 간극에 머물러서 무념·무심을 껴안은 상태를 말한다. 그 상태에서 닦으라는 말씀이시다.

본문

復次菩薩摩訶薩觀一切法空。如實相。不顛倒不動不退不
부차보살마하살관일체법공. 여실상. 불전도부동불퇴부
轉。如虛空無所有性。一切語言道斷。不生不出不起。
전. 여허공무소유성. 일체어언도단. 불생불출불기.
無名無相實無所有。無量無邊無礙無障。但以因緣有。
무명무상실무소유. 무량무변무애무장. 단이인연유.
從顛倒生故。說常樂觀如是法相。是名菩薩摩訶薩第二親
종전도생고. 설상락관여시법상. 시명보살마하살제이친
近處。爾時世尊。欲重宣此義。而說偈言。
근처. 이시세존. 욕중선차의. 이설게언.

또 보살마하살은, 모든 법은 공이며, 여실상이며, 뒤바뀌지도 않고 흔들리지도 않으며, 물러남도 없고 굴려지지도 않으며, 마치 허공의 성품이 아무것도 없는 것과 같고, 온갖 말할 길이 끊어져서 생기지도 않고 나오지도 않고 일어나지도 않으며, 이름도 없고 모양도 없고 있는 것이 아니어서 한량없고, 그지없고 걸림도 없고 막힘도 없음을 관하라.

다만, 인연으로 있는 것이며, 뒤바뀌어 생기는 것이므로 항상 즐겨 이러한 법의 모습을 관하라고 설하느니라.
이것을 보살마하살의 둘째 친근할 곳이라 하느니라."
이때 세존이 이 뜻을 거듭 펴시려고 게송을 읊으셨다.

강설

"또 보살마하살은, 관일체법공(觀一切法空)이며, 여실상이며, 뒤바뀌지도 않고 흔들리지도 않으며, 물러남도 없고 굴려지지도 않으며,"

관일체법공(觀一切法空)이란 일체법에서 공을 관하라는 말씀이다. 일체법의 공상은 두 가지가 있다.
상대적 공과 절대적 공이 그것이다.
무념·무심으로 일체법을 관하는 것은 상대적 공을 성취하는 것이다. 간극으로 일체법을 관하는 것은 절대적 공을 성취하는 것이다.

여실상(如實相)이란 본제의 실상을 말한다. 간극의 적멸상이 여실상이다. 여실상에 머물러 있는 것을 대적정에 들었다고 말한다.
일체법에서 상대적 공과 절대적 공을 관하고 적멸처에 머무르라는 말씀이시다.

일체법이란 18경계를 말한다.
안·이·비·설·신·의·색·성·향·미·촉·법·안식·이식·비식·설식·신식·의식이 18경계이다.
일체법이 다한 것을 '일체지에 들었다'라고 말한다.
관일체법공여실상(觀一切法空如實相)은 일체지를 얻으라는 말씀이다.

불전도부동불퇴부전 (不顚倒不動不退不轉)
'움직이지도 않고 물러서지도 않고 굴러가지도 않는다.'

여실상은 움직이지도 않고 물러서지도 않고 굴러가지도 않는다는 말씀이시다.

'마치 허공의 성품이 아무것도 없는 것과 같고, 온갖 말할 길이 끊어져서 생기지도 않고 나오지도 않고 일어나지도 않으며, 이름도 없고, 모양도 없고 있는 것이 아니어서 한량없고, 그지없고, 걸림도 없고, 막힘도 없느니라.'

여허공무소유성 (如虛空無所有性)
'마치 허공의 성품이 아무것도 없는 것과 같고'

여실상(간극)의 상태를 말한 것이다. 여실상의 상태를 무소유성이라고 표현하셨다.

일체어언도단 (一切語言道斷)
'온갖 말할 길이 끊어져서'

여실상의 그 상태는 말로 표현하기 어렵다는 말씀이다.

불생불출불기 (不生不出不起)
'생기지도 않고, 나오지도 않고, 일어나지도 않으며,'

여실상은 생겨나는 것이 아니고 나타난 것도 아니고 일어난 것도 아니라는 말씀이시다.
여실상은 무념과 무심의 연(緣)으로써 드러난다.
여실상은 자기에게 있는 것도 아니고 남한테서 온 것도 아니다. 자기에게 있는 것은 무념(식의 바탕)과 무심(심의 바탕)이다. 무념과 무심이 서로를 비춰보는 것을 연(緣)이라한다. 여실상은 연(緣)으로써 드러날 뿐 생(生)하는 것이 아니다.
여실상은 새롭게 나타난 것이 아니다(不出).
무념·무심의 간극을 통해 드러난 것이다.
여실상은 일어난 것이 아니다(不起).
무념·무심이 한자리를 이루었을 때 인식되는 것이다.

무명무상실무소유 (無名無相實無所有)
'이름도 없고, 모양도 없고, 있는 것이 아니어서'

여실상의 상태는 상대가 없고(無相) 무엇이라 이름지을 수도 없다(無名). 실재하지만(實) 드러난 것이 아니다(無所有).

무량무변무애무장 (無量無邊無礙無障)
'한량없고 그지없고 걸림도 없고 막힘도 없느니라.'

가량할 수 없고 변화하지 않고 걸림이 없고 막힘도 없다.

단이인연유. 종전도생고. 설상락관여시법상
(但以因緣有. 從顚倒生故. 說常樂觀如是法相)
'다만, 인연으로 드러나는 것이며, 뒤바뀌어 생기는 것이므로 항상 즐겨 이러한 법의 모습을 관하라고 설하느니라.'

단이인연유(但以因緣有)란 말씀에는 여래장연기의 과정이 함축되어 있다.
본성의 여실상(如實相)에서 有가 생겨나기까지는 다섯 단계의 과정을 거치게 된다. 그 과정을 인(因)과 연(緣)이라는 말로 함축해서 표현하셨다.
첫 번째 과정이 연(緣)이다.
연(緣)이란 적상(寂相)과 정상(靜相)이 서로 만나는 것을 말한다. 연(緣)으로 인해서 적멸상(寂滅相)이 드러난다. 적멸상이 곧 여실상(如實相)이다.
연(緣)으로 인해 여시성(如是性)이 갖추어진다.

여시성이 곧 본성(本性)이다.
여시성(如是性)은 적상(寂相), 정상(靜相), 적멸상(寂滅相)으로 이루어져 있다.

두 번째 과정이 능성(能性)의 출현이다.
능성(能性)이란 여시성이 스스로를 자각(自覺)하는 것이다.
능성으로 인해 각성(覺性)이 생겨났다.
각성으로 인해서 여시상(如是相)이 갖추어진다.
여시상(如是相)은 적상(寂相), 정상(靜相), 적멸상(寂滅相), 각성(覺性)으로 이루어져 있다.

세 번째 과정이 대사(代謝)이다.
대사(代謝)란 여시성(如是性)의 적멸처(寂滅處)에서 밝은성품이 생성되는 것이다.
적멸처에서 밝은성품이 생겨나는 것은 적상(寂相)과 정상(靜相)의 서로 다른 형질 때문이다. 서로 다른 형질을 갖고 있는 두 가지 요소가 간극을 사이에 두고 대치되면 간극 안에서 요동이 일어난다. 이때 생겨나는 요동은 서로 다른 형질들이 동질화되기 위해 일으키는 변화이다.

대사는 각성의 쓰임에 따라서 서로 다르게 이루어진다. 각성이 적멸처에 두어지고 적처와 정처를 껴안고 있게 되면 밝은성품의 생성이 중단된다. 각성으로 인해 적성(寂性)과정성(靜性)이 갖고 있는 서로 다른 차이가 상쇄되었기 때문이다. 이 상태에서는 대사가 일어나지 않는다.
각성이 적처(寂處)나 정처(靜處)에 두어지면 밝은성품이 생성된다. 이 상태에서는 대사가 일어난다.
대사로 인해 여시체(如是體)가 갖추어진다.
여시체가 곧 여래장(如來場)이다.
여시체(如是體) 안에는 여시성(如是性)과 여시상(如是相)이 내재되어 있다.
여시체를 이루고있는 밝은성품 공간 안에는 여시상의 상태가 정보화되어 있다. 이것을 소성(所性)이라 한다.
소성(所性)이 곧 환(幻)이다.
소성정보로 이루어진 공간을 '본연공간(本然空間)'이라 한다.

네 번째 과정이 력(力)의 출현이다.
力은 밝은성품이 서로 부딪치면서 생겨난다.
밝은성품 간의 부딪침은 소성화된 각성 정보(所覺)로 인해 생겨났다. 밝은성품 간의 부딪침이 일어난 것은 본연(本然) 공간이다. 본연(本然) 공간 안에는 적상(寂相) 정보, 정상(靜相) 정보, 적멸상(寂滅相) 정보, 각성(覺性) 정보가 소성화(所性化)되어 있다.
그 중 적상 정보, 정상 정보, 적멸상 정보는 본성 정보이다. 때문에 본연 공간 안에는 본성 정보와 각성 정보가 소성화되어 있다.

소각(所覺)은 본성 정보와 밝은성품을 인식의 대상으로 삼는다. 그러면서 지각적 분별을 행한다. 이것을 소작(所作)이라 한다.

소각(所覺)이 적멸 정보에 두어지면 밝은성품 간에 부딪침이 일어나지 않는다.

반대로 소각(所覺)이 밝은성품이 일으키는 변화를 취하게 되면 밝은성품간에 부딪침이 일어난다.

밝은성품 간에 부딪침이 일어나면 작용점의 거리에 따라서 미는 힘과 당기는 힘이 생겨난다.

이런 과정을 통해 생겨난 두 가지 힘이 바로 력(力)이다.

력(力)이 생겨나고부터 본연 공간 안에서는 새로운 변화가 일어난다. 두 가지 력(力)과 밝은성품, 본성 정보, 소각(所覺) 간에 교류가 이루어지면서 새로운 정보들이 다량으로 생성된다. 이때에 만들어진 새로운 정보들을 생멸 정보(生滅精保)라 한다. 생멸 정보는 적성 정보(寂性精保)의 틀 안에 내재된다. 적성 정보의 틀 안에 내재된 생멸정보를 식업(識業)이라 한다. 식업이 생겨나고부터 소각(所覺)이 행하는 소작(所作)의 빈도가 더욱더 많아지게 된다.

소작(所作)이 행해지는 빈도가 많아질수록 본연의 소성(所性)은 더욱 더 공고해진다. 공고해진 소성(所性)을 바탕으로 식업(識業)과 소각(所覺), 본성정보(本性精保)의 교류가 빈번해지면서 본연(本然)의 자의식(自意識)이 출현하게 된다. 본연의 자의식을 아(我)라 한다.

아(我)에 대한 인식이 생겨나면서 본연은 스스로를 실재(實在)라고 착각하게 된다. 그러면서 스스로가 갖추고 있는 소성(所性)을 능성(能性)이라고 착각하게 된다.
이것을 전도된 몽상이라 한다.
식업이 생겨나고 아(我)에 대한 인식이 생겨나면서 생멸문이 시작된다. 이것이 인과 연이 생겨나기 전에 일어났던 다섯 번째 변화이다.

생멸 정보가 생겨나는 과정을 인(因)이라 한다. 인(因)을 통해 생성된 생멸 정보들이 서로 교류하는 것을 연(緣)이라 한다. 인연(因緣)으로 인해 12연기가 전개된다.
생멸문이 출현한 것이 유(有)가 드러난 것이다.

종전도생고 (從顚倒生故)
'이와 같은 절차로 뒤바뀌어 생기는 것이므로'

'뒤바뀌었다'라는 것은 능성(能性)이 소성(所性)으로 바뀌고 실재(實在)가 환(幻)으로 바뀌었다는 말씀이다.

설상락관여시법상 (說常樂觀如是法相)
'항상 즐겨 이러한 법의 모습을 관하라고 설하느니라.'
여시법상의 이러한 모습을 항상 즐겁게 관하라고 말씀하신다.

"이것을 보살마하살의 둘째 친근할 곳이라 하느니라."

여시성(如是性)이 생겨난 원인으로써 연(緣)의 이치를 알고 여시상(如是相)이 생겨난 원인으로써 능성(能性)의 이치를 알고, 여시체(如是體)가 생겨난 원인으로써 대사(代謝)의 과정을 알고, 여시력(如是力)이 생겨난 원인으로써 본연(本然)과 자연(自然)의 이치를 알고, 여시작(如是作)이 생겨난 원인으로써 소성(所性)의 작용을 알고, 여시인(如是因)이 생겨난 원인으로써 업식(業識)의 이치를 알고, 여시연(如是緣)을 통해 유(有)가 생겨난 것을 아는 것이 보살마하살이 친근할 두 번째 마음이라는 말씀이시다.

본문

若有菩薩	於後惡世	無怖畏心	欲說是經
약유보살	**어후악세**	**무포외심**	**욕설시경**
應入行處	及親近處	常離國王	及國王子
응입행처	**급친근처**	**상리국왕**	**급국왕자**
大臣官長	兇險戲者	及旃陀羅	外道梵志
대신관장	**흉험희자**	**급전다라**	**외도범지**
亦不親近	增上慢人	貪著小乘	三藏學者
역불친근	**증상만인**	**탐착소승**	**삼장학자**
破戒比丘	名字羅漢	及比丘尼	好戲笑者

파계비구	명자나한	급비구니	호희소자
深著五欲	求現滅度	諸優婆夷	皆勿親近
심착오욕	**구현멸도**	**제우바이**	**개물친근**
若是人等	以好心來	到菩薩所	爲聞佛道
약시인등	**이호심래**	**도보살소**	**위문불도**
菩薩則以	無所畏心	不懷希望	而爲說法
보살즉이	**무소외심**	**불회희망**	**이위설법**
寡女處女	及諸不男	皆勿親近	以爲親厚
과녀처녀	**급제불남**	**개물친근**	**이위친후**
亦莫親近	屠兒魁膾	畋獵漁浦	爲利殺害
역막친근	**도아괴회**	**전렵어포**	**위리살해**
販肉自活	衒賣女色	如是之人	皆勿親近
판육자활	**현매여색**	**여시지인**	**개물친근**
兇險相搏	種種嬉戲	諸婬女等	盡勿親近
흉험상박	**종종희희**	**제음녀등**	**진물친근**
莫獨屛處	爲女說法	若說法時	無得戲笑
막독병처	**위녀설법**	**약설법시**	**무득희소**
入里乞食	將一比丘	若無比丘	一心念佛
입리걸식	**장일비구**	**약무비구**	**일심염불**
是則名爲	行處近處	以此二處	能安樂說
시즉명위	**행처근처**	**이차이처**	**능안락설**
又復不行	上中下法	有爲無爲	實不實法
우부불행	**상중하법**	**유위무위**	**실불실법**

亦不分別
역불분별
是則名爲
시즉명위
無有常住
무유상주
顚倒分別
전도분별
在於閑處
재어한처
觀一切法
관일체법
不生不出
불생불출
若有比丘
약유비구
說斯經時
설사경시
以正憶念
이정억념
王子臣民
왕자신민
其心安隱

是男是女
시남시녀
菩薩行處
보살행처
亦無起滅
역무기멸
諸法有無
제법유무
修攝其心
수섭기심
皆無所有
개무소유
不動不退
부동불퇴
於我滅後
어아멸후
無有劫弱
무유겁약
隨義觀法
수의관법
婆羅門等
바라문등
無有怯弱

不得諸法
부득제법
一切諸法
일체제법
是名智者
시명지자
是實非實
시실비실
安住不動
안주부동
猶如虛空
유여허공
常住一相
상주일상
入是行處
입시행처
菩薩有時
보살유시
從禪定起
종선정기
開化演暢
개화연창
文殊師利

不知不見
부지불견
空無所有
공무소유
所親近處
소친근처
是生非生
시생비생
如須彌山
여수미산
無有堅固
무유견고
是名近處
시명근처
及親近處
급친근처
入於靜室
입어정실
爲諸國王
위제국왕
說斯經典
설사경전
是名菩薩

기심안은	무유겁약	문수사리	시명보살
安住初法	能於後世	說法華經	
안주초법	**능어후세**	**설법화경**	

만일어떤	보살있어	미래악한	세상에서
두렴없는	마음으로	법화경을	설하려면
보살로서	행할곳과	친근할곳	들어가되
국왕이나	왕자들과	큰신하와	고관대작
흉한장난	하는이와	전다라와	외도범지
이와같이	속된것들	항상멀리	해야하며
아상많은	인간이나	소승에만	탐착하는
삼장의	학자들도	친근하지	말것이며
계를파한	비구들과	이름뿐인	아라한들
잘웃으며	희롱하기	좋아하는	비구니와
오욕락에	탐착한채	멸도를	구하려는
어리석인	우바이도	친근하지	말지니라
만일이런	사람들이	좋은마음	가지고서
보살처소	찾아와서	부처님법	묻거들랑
이런때에	보살들은	두렴없는	마음으로
바라는것	하나없이	부처님법	설해주라
과부거나	처녀거나	남자답지	못한이도
모두다들	친근말고	깊은정을	주지말며
짐승들을	도살하고	사냥하고	고기잡아

묘법연화경 안락행품 • 43

이익위해 살생하는 그런이도 친근말라
고기팔아 먹고살며 여색팔아 살아가는
그와같은 사람들도 친근하지 말것이며
흉악하게 서로치고 가지가지 유희하며
희롱하고 노는이도 친근하지 말것이며
음탕한   여자들을 모두다   친근말며
홀로외진 곳에서는 여인에게 설법말고
만일설법 하려거든 희롱하여 웃지말며
마을에서 걸식할때 한비구와 같이하고
만일홀로 가게되면 일심으로 염불하라
이것이   발심보살 행할곳과 친근할곳
이두곳에 잘들어서 편안하게 설하여라
상중하의 여러법과 유위법과 무위법과
참되거나 거짓된법 다시또   행치말며
남자여자 분별말고 여러법을 얻었다고
아는체도 하지말며 본체도   말것이니
이와같은 모든것을 이름하여 하는말이
보살들의 행할곳   그렇게   말하니라
일체의   모든법은 본래부디 공함이라
일어남도 없지마는 멸하지도 아니하니
지혜있는 이들은   여기에   친근하리
모든법이 있다없다 진실이다 거짓이다
생과멸을 따지는건 뒤바뀐   분별이라

고요한데 있으면서 마음을잘 다스리고
흔들림이 아주없이 편안하게 머무르길
수미산과 같이하여 보살행을 보일지라
일체법이 모두공해 본래부터 없는지라
빈허공 같으므로 견고함도 없느니라
生도없고 出도없고 부동하고 불퇴하여
한모양에 머물며는 그곳바로 친근할곳
만일어떤 비구들이 내가열반 보인뒤에
행할곳과 친근할곳 부지런히 잘들어서
법화경을 설할때는 두려움이 없느니라
보살이 어느때에 고요한방 들어가서
곧고바른 생각으로 뜻을따라 법관하고
선정에서 일어나서 여러왕과 왕자들과
신하들과 많은백성 바라문을 위하여서
법화경을 설해주며 법을열어 교화하면
그마음이 안온하여 두려움이 없느니라
문수사리 보살이여 이런것을 이름하여
모든보살 법가운데 편안하게 머무를곳
이런곳에 잘들어서 뒤에오는 세상에서
미묘하온 법화경을 능히넓게 설하리라

강설

우부불행 상중하법 유위무위 실불실법
又復不行 上中下法 有爲無爲 實不實法
'상중하의 여러법과 유위법과 무위법과
참되거나 거짓된법 다시 또 행치말며'

상중하법은 삼승법을 말한다.
유위법과 무위법은 생멸수행의 절차를 말한다.
참된 법과 거짓된 법이 함께하는 것은 중간반야의 상태를 말한다. 그런 상태로는 다시 또 돌아가지 말라는 말씀이시다.

본문

又文殊師利。如來滅後。於末法中欲說是經。應住安樂行。
우문수사리. 여래멸후. 어말법중욕설시경. 응주안락행.
若口宣說若讀經時。不樂說人及經典過。亦不輕慢諸餘法
약구선설약독경시. 불락설인급경전과. 역불경만제여법
師。不說他人好惡長短。於聲聞人亦不稱名說其過惡。
사. 불설타인호오장단. 어성문인역불칭명설기과악.
亦不稱名讚歎其美。又亦不生怨嫌之心。善修如是安樂心
역불칭명찬탄기미. 우역불생원혐지심. 선수여시안락심
故。諸有聽者不逆其意。有所難問。不以小乘法答。但以
고. 제유청자불역기의. 유소난문. 불이소승법답. 단이
大乘而爲解說。令得一切種智。爾時世尊。欲重宣此義。

대승이위해설. 영득일체종지. 이시세존. 욕중선차의.
而說偈言。
이설게언.

"또 문수사리여, 여래가 열반한 뒤에 말법 세상에서 이 경전을 연설하려거든, 안락한 행에 머물러야 하느니라.
입으로 연설할 때에나 경을 읽을 때, 사람들과 경전의 허물을 말하지 말지며, 다른 법사들을 경멸하지 말 것이요, 다른 이의 좋은 일, 나쁜 일과 잘잘못을 말하지 말아야 하느니라.
성문들을 대해서도 이름을 들먹여 허물을 말하지도 말고, 이름을 불러 가며 잘한다고 칭찬도 말 것이며, 또 원망하고 싫어하는 마음도 내지 말아라.
이 안락한 마음을 잘 닦음으로써 모든 듣는 이들의 뜻을 어기지도 말며, 묻는 일이 있으면 소승법으로도 대답하지 말고, 대승법으로 해설하여 그들로 하여금 일체종지를 얻게 하라."
이때 세존께서 이 뜻을 거듭 펴시려고 게송을 읊으셨다.

강설

안락행이란 편안하고 평등한 마음에 머무는 것이다.
모든 경계를 평등하게 보고 한가롭고 편안한 마음을 유지하는 것이 안락행이다.
법화경을 설하는 사람이 갖추어야 하는 세 번째 면모이다.

묻는 바에 대해서는 소승법으로 대답하지 말고 대승법으로 대답하라고 말씀하신다.

일체종지는 대적정문과 대자비문이 함께 성취된 것이다. 소승수행으로 대적정을 성취하고 대승수행으로 대자비를 성취한다.

본문

菩薩常樂 **보살상락**	安隱說法 **안은설법**	於淸淨地 **어청정지**	爾時牀座 **이시상좌**
以油塗身 **이유도신**	澡浴塵穢 **조욕진예**	著新淨衣 **착신정의**	內外俱淨 **내외구정**
安處法座 **안처법좌**	隨問爲說 **수문위설**	若有比丘 **약유비구**	及比丘尼 **급비구니**
諸優婆塞 **제우바새**	及優婆夷 **급우바이**	國王王子 **국왕왕자**	君臣士民 **군신사민**
以微妙義 **이미묘의**	和顏爲說 **화안위설**	若有難問 **약유난문**	隨義而答 **수의이답**
因緣譬喩 **인연비유**	敷演分別 **부연분별**	以是方便 **이시방편**	皆使發心 **개사발심**
漸漸增益 **점점증익**	入於佛道 **입어불도**	除懶惰意 **제나타의**	及懈怠想 **급해태상**

離諸憂惱	慈心說法	晝夜常說	無上道敎
이제우뇌	자심설법	주야상설	무상도교
以諸因緣	無量譬喩	開示衆生	咸令歡喜
이제인연	무량비유	개시중생	함령환희
衣服臥具	飮食醫藥	而於其中	無所希望
의복와구	음식의약	이어기중	무소희망
但一心念	說法因緣	願成佛道	令衆亦爾
단일심념	설법인연	원성불도	영중역이
是則大利	安樂供養	我滅度後	若有比丘
시칙대리	안락공양	아멸도후	약유비구
能演說斯	妙法華經	心無嫉恚	諸惱障礙
능연설사	묘법화경	심무질에	제뇌장애
亦無憂愁	及罵詈者	又無怖畏	加刀杖等
역무우수	급매리자	우무포외	가도장등
亦無擯出	安住忍故	智者如是	善修其心
역무빈출	안주인고	지자여시	선수기심
能住安樂	如我常說	其人功德	千萬億劫
능주안락	여아상설	기인공덕	천만억겁
算數譬喩	說不能盡		
산수비유	설불능진		

보살들은　　어느때나　　안온하게　　설법하되
맑고도　　　깨끗한땅　　법자리에　　앉으시며

기름을	몸에발라	먼지와	때를씻고
청정하게	새옷입어	안과밖이	청결해지면
법자리에	편히앉아	묻는대로	설법하라
비구들과	비구니와	남자신도	여자신도
국왕들과	왕자들과	여러신하	백성에게
부드러운	얼굴로	미묘한뜻	설해주며
어렵게	질문해도	뜻에따라	설법하되
인연이나	비유들로	분별하여	설해주며
이와같은	방편으로	모두다를	발심시켜
점차이익	더해주며	부처님도	들게하라
게으른	뜻과생각	일체모두	제거하고
근심걱정	여의도록	자비로써	설법하되
무상의도	가르침을	밤낮없이	항상설해
이와같은	본제인연	한량없는	비유로써
중생들을	깨쳐주어	환희토록	하여주며
의복이나	이불좌복	음식들과	의약들을
그가운데	하나라도	바라지를	말것이며
일심으로	생각하여	인연을	설법하며
중생들과	더불어서	부처님도	이룩하면
이런것이	큰이익이요	안락한	공양이다
내가열반	보인뒤에	만일어떤	비구있어
이법화경	중생위해	능히설법	잘하면은
질투하고	성내는일	번뇌장애	전혀없고

근심걱정	마찬가지	꾸짖는이도	없으리라
또한다시	겁이나고	두려운일	전혀없고
칼막대로	해치거나	내쫓는이	없으리니
잘참아서	편안하게	머무르는	까닭이다
지혜있는	사람이면	이와같이	마음닦아
안락행에	머물기를	위에말함	같이하면
그사람이	얻는공덕	천만억겁	지내면서
산수로나	비유로도	다설할수	없느니라

강설

주야상설 무상도교 이제인연 무량비유 개시중생 함령환희
晝夜常說 無上道教 以諸因緣 無量譬喻 開示衆生 咸令歡喜
"무상의도 가르침을 밤낮없이 항상설해 이와같은 본제인연
한량없는 비유로써 중생들을 깨쳐주어 환희토록 하여주며"

이제인연(以諸因緣)이란 본원본제에서 일어난 인(因)과 연(緣)의 이치를 말한다.
여시성(如是性), 여시상(如是相), 여시체(如是體), 여시력(如是力,) 여시작(如是作), 여시인(如是因), 여시연(如是緣)의 과정을 갖가지 비유로써 설명해 주라는 말씀이시다.

본문

又文殊師利。菩薩摩訶薩。於後末世法欲滅時。受持讀誦
우문수사리. 보살마하살. 어후말세법욕멸시. 수지독송
斯經典者。無懷嫉妬諂誑之心。亦勿輕罵學佛道者求其長
사경전자. 무회질투첨광지심. 역물경매학불도자구기장
短。
단.

"문수사리여, 보살마하살이 오는 말법 시대에 법이 없어지려 할 적에 이 경전을 받아지니고 읽고 외려 하는 이는, 질투하고 속이려는 마음을 품지 말고, 불도 배우는 이를 업신여기고 꾸짖어서 그의 잘잘못을 찾아내려 하지 말아야 하느니라."

강설

무회질투첨광지심 (無懷嫉妬諂誑之心)
'질투하고 속이려는 마음을 품지 말고'

질투심은 **질심(嫉心)과 투심(妬心)**이다.
투심은 경쟁심이다.
질심은 증오심이다.
의식·감정·의지가 탐·진·치에 천착되어 있을 때 생겨나는 마음이다.

첨광심(諂誑心)은 지나치게 부풀려서 과장시키는 마음이다.
경을 설명해 주려면 있는 그대로의 의미를 전달해 줘야 한다. 과장해서도 안되고 축소해서도 안된다.

"불도 배우는 이를 업신여기고 꾸짖어서 그의 잘잘못을 찾아내려 하지 말아야 하느니라."

사람이 잘잘못을 행하는 것은 어리석기 때문이다.
그렇다고 해서 상대의 잘못된 점을 보려는 마음으로 상대를 바라보면 안 된다. 오히려 상대의 좋은 점, 아름다운 점, 내가 배워야 할 점을 보려고 노력해야 한다.
만남을 통해 부정적인 것을 받아들이게 되면 업식이 쌓아진다. 반면에 긍정적인 것을 받아들이게 되면 복력이 증장된다. 스스로를 승화시키고 대자비문을 성취하려면 항상 긍정적인 관점으로 교류해야 한다.
상대의 아름다운 것과 긍정적인 것을 볼 수 있는 마음을 갖추지 못하면 대자비수행을 할 수가 없다.

본문

若比丘比丘尼優婆塞優婆夷。求聲聞者。求辟支佛者。
약비구비구니우바새우바이. 구성문자. 구벽지불자.
求菩薩道者。無得惱之令其疑悔。語其人言汝等去道

구보살도자. 무득뇌지영기의회. 어기인언여등거도
甚遠。終不能得一切種智。所以者何。汝是放逸之人。
심원. 종불능득일체종지. 소이자하. 여시방일지인.
於道懈怠故。
어도해태고.

만일 비구, 비구니, 우바새, 우바이로서 성문을 구하는 이, 벽지불을 구하는 이, 보살의 도를 구하는 이를 괴롭게 하여, 그로 하여금 의심하고 뉘우치게 하고 그들에게 말하기를, '너희들은 도에서 떠나 있음이 매우 멀어서 마침내 일체종지를 얻지 못하리라. 왜냐하면, 너희는 방일한 사람으로서 도에 대하여 게으르기 때문이니라.'라고 하지 말아야 하느니라.

강설

아직 이해와 깨달음이 부족하더라도 그 사람들을 잘 이끌고 북돋아 주어서 다같이 묘각으로 이끌어 가라는 말씀이시다.

본문

又亦不應戲論諸法有所諍競。當於一切眾生起大悲想。
우역불응희론제법유소쟁경. 당어일체중생기대비상.

於諸如來起慈父想。於諸菩薩起大師想。於十方諸大菩
어제여래기자부상. 어제보살기대사상. 어시방제대보
薩。常應深心恭敬禮拜。於一切眾生平等說法。以順法
살. 상응심심공경예배. 어일체중생평등설법. 이순법
故不多不少。乃至深愛法者。亦不為多說文殊師利。
고부다불소. 내지심애법자. 역불위다설문수사리.
是菩薩摩訶薩。於後末世法欲滅時。有成就是第三安樂行
시보살마하살. 어후말세법욕멸시. 유성취시제삼안락행
者。說是法時無能惱亂。得好同學共讀誦是經。亦得大眾
자. 설시법시무능뇌란. 득호동학공독송시경. 역득대중
而來聽受。聽已能持。持已能誦。誦已能說。說已能書。
이래청수. 청이능지. 지이능송. 송이능설. 설이능서.
若使人書。供養經卷恭敬尊重讚歎。爾時世尊。欲重宣此
약사인서. 공양경권공경존중찬탄. 이시세존. 욕중선차
義。而說偈言。
의. 이설게언.

또, 모든 법을 희롱거리로 말하여 다투는 일이 없어야 하느니라.
모든 중생에게 대하여 어여삐 여기는 생각을 내고, 여래에게
는 인자한 아버지라는 생각을 내고, 모든 보살에게는 큰 스승
이라는 생각을 내어야 하느니라.
시방의 모든 대보살에게는 항상 간절한 마음으로 공경하고 예
배하여, 모든 중생에게는 평등하게 법을 말하되, 법에 순응하

여 많이 말하지도 말고 적게 말하지도 말며, 비록 법을 매우 사랑하는 이에게라도 많이 말하지 말아야 하느니라.
문수사리여, 이 보살마하살이 미래의 말세에 법이 없어지려 할 때, 이 셋째 안락행을 성취한 이는 이 법을 말할 적에 시끄럽게 할 이가 없을 것이요, 좋은 동학을 만나서 함께 이 경전을 읽고 외게 되고, 또 많은 대중이 와서 들을 것이며, 듣고는 지니고, 지니고는 외고, 외고는 연설하고, 연설하고는 쓰며, 혹 다른 이로 하여금 쓰게 하여 경전을 공양하고 공경하고 존중하고 찬탄할 것이니라."
이때 세존께서 이 뜻을 거듭 펴시려고 게송을 읊으셨다.

강설

"모든 법을 희롱거리로 말하여 다투는 일이 없어야 하느니라."

법의 종지는 명확해야 한다. 인지법과 과지법의 체계에서 벗어나면 안 된다.
설령 표현이 조금 바뀌었다 하더라도 인지적 절차와 과지의 방법에 입각해서 바르게 해석해 줘야 한다.
그러할지언정 이말 저말로 법을 희롱하지 말아야 한다.

"모든 중생에게 대하여 어여삐 여기는 생각을 내고, 여래에게는 인자한 아버지라는 생각을 내고"

중생들에 대해 어여쁜 생각을 낸다는 것은 참으로 어려운 일이다. 탐·진·치에 찌들어 있는 그 마음을 보면서도 중생들을 어여삐 여긴다는 것이 쉽지 않은 일이다. 공부가 깊어질수록 그것이 더 힘들어진다. 차라리 모를 때는 그냥 지나칠 수 있는데 그 마음을 보고 알게 되면 이쁜 마음을 갖기가 쉽지 않다.
그래도 그런 장애를 다 넘어서야 한다.
곧 중생의 성품이 내 안에 깃들어서 불공여래장이 되기 때문이다. 중생을 아름답게 보는 것은 내 불세계를 장엄하게 하는 일이다.

"모든 중생에게는 평등하게 법을 말하되, 법에 순응하여 많이 말하지도 말고 적게 말하지도 말며"

법에 순응한다는 것이 참으로 어렵다.
법의 종지를 정확하게 알아야 순응할 수 있다.
법에 순응할 줄 모르면 말이 많아진다.
이말 저말 군더더기가 붙게 되고 결국에는 종지에서 벗어나게 된다.
여래장연기의 원인과 절차, 생멸연기와 진여연기의 원인과 절차를 모르면 법에 순응할 수 없다.
본원본제가 향하문(向下門)적 성향을 갖게 된 원인을 알아야 다시 향상문(向上門)으로 돌아갈 수 있는 방법을 알게 된다.
연기의 절차를 앎으로써 인지법이 갖춰진다.
인지법에 입각해서 가르침을 해석할 수 있어야 과지법이 세워진다. 인지법과 과지법을 모르는 사람은 묘법연화경을 설할 수가 없다.

"미래의 말세에 법이 없어지려 할 때, 이 셋째 안락행을 성취한 이는 이 법을 말할 적에 시끄럽게 할 이가 없을 것이요, 좋은 동학을 만나서 함께 이 경전을 읽고 외게 되고, 또 많은 대중이 와서 들을 것이며, 듣고는 지니고, 지니고는 외고, 외고는 연설하고, 연설하고는 쓰며, 혹 다른 이로 하여금 쓰게 하여 경전을 공양하고 공경하고 존중하고 찬탄할 것이니라."

이 경전의 뜻을 알고, 듣고, 지니고, 외고, 연설하고, 해설하기가 대단히 어렵다.
여래장연기가 일어난 원인과 과정을 이해하기가 어렵고 생멸연기와 진여연기의 과정을 이해하는 것도 어렵다.
연기의 절자를 놓고서 향상문(向上門)으로 나아가는 방법을 아는 것이 어렵고 다섯 가지 단계의 깨달음을 이해하는 것이 어렵다.
때문에 부처님이 성취하신 깨달음과 부처님이 말씀하시는 세계관을 이해하지 못한다.

중생의 일반적인 안목으로는 이 경전을 해석하지 못한다. 이 경전은 보살들을 가르치기 위해 설하신 것이지 중생들을 위해 설하신 것이 아니다.

본문

若欲說是經　　當捨嫉恚慢　　諂誑邪僞心　　常修質直行
약욕설시경　　당사질에만　　첨광사위심　　상수질직행
不輕蔑於人　　亦不戲論法　　不令他疑悔　　云汝不得佛
불경멸어인　　역불희론법　　불령타의회　　운여부득불
是佛子說法　　常柔和能忍　　慈悲於一切　　不生懈怠心
시불자설법　　상유화능인　　자비어일체　　불생해태심
十方大菩薩　　愍衆故行道　　應生恭敬心　　是則我大師
시방대보살　　민중고행도　　응생공경심　　시즉아대사
於諸佛世尊　　生無上父想　　破於憍慢心　　說法無障礙
어제불세존　　생무상부상　　파어교만심　　설법무장애
第三法如是　　智者應守護　　一心安樂行　　無量衆所敬
제삼법여시　　지자응수호　　일심안락행　　무량중소경

법화경을　　설하려면　　화를내고　　질투하고
교만하고　　아첨하고　　기만하는　　거짓된맘
그런마음　　다버리고　　질직한행　　닦을지며
다른사람　　경멸말고　　또한법을　　희롱말며

의심품게	하지말고	성불못한다	하지말라
이런불자	설법하되	부드럽게	항상참고
모든것에	자비롭게	게으른맘	내지말라
시방세계	큰보살들	중생위해	도행하면
공경하는	마음내어	대법사라	생각하고
모든세존	부처님들	위없는	아버지라
생각하는	마음내어	교만심을	깨트리고
법설함에	장애없고	걸림또한	없게하라
셋째법이	이러하니	지혜있는	사람들이
굳게지켜	일심으로	안락하게	행하며는
한량없는	중생들이	잘받들어	공경하리

강설

이와 같이 행하는 것이 법화경을 설하는 사람이 갖춰야 하는 세 번째 마음가짐이라는 말씀이시다.

본문

又文殊師利。菩薩摩訶薩。於後末世法欲滅時。有持是法
우문수사리. 보살마하살. 어후말세법욕멸시. 유지시법
華經者於在家出家人中生大慈心。於非菩薩人中生大悲心。
화경자어재가출가인중생대자심. 어비보살인중생대비심.

應作是念。如是之人則為大失。如來方便隨宜說法。
응작시념. 여시지인즉위대실. 여래방편수의설법.
不聞不知不覺不問不信不解。其人雖不問不信不解是經。
불문부지불각불문불신불해. 기인수불문불신불해시경.
我得阿耨多羅三藐三菩提時。隨在何地。以神通力智慧
아득아뇩다라삼먁삼보리시. 수재하지. 이신통력지혜
力。引之令得住是法中。
력. 인지영득주시법중.

"또 문수사리여 보살마하살이 미래의 말세에 법이 없어지려 할 때, 이 묘법연화경을 지니려는 이는, 집에 사는 사람이나 출가한 사람에게 크게 인자한 마음을 내고, 보살이 아닌 이에게는 크게 어여삐 여기는 마음을 내어, 마땅히 생각하기를 '이 사람들은 크게 잃어버리는 것이니, 여래께서 방편으로 마땅하게 말씀한 법을 듣지 못하고 알지 못하며 깨닫지 못하여, 묻지도 않고 믿지도 않으며, 이해하지도 못하는구나.
이 사람이 비록 이 경을 묻지도 않고 믿지도 않으며, 이해하지도 못하더라도, 나는 아뇩다라삼먁삼보리를 얻을 때, 어디 있더라도 신통의 힘과 지혜의 힘으로 이끌어서 이 법 가운데 머무르게 하리라.'할 것이니라.

강설

묘법연화경을 지니려고 하는 사람은 그 사람이 어떤 사람이던지 크게 인자한 마음을 내서 보살펴 주라는 말씀이시다. 설령 그 사람이 묘법연화경의 내용을 이해하지 못하고 신앙의 대상으로 삼고 있더라도 그 사람을 보살펴 주라는 말씀이시다.
이것이 묘법연화경을 설하는 보살이 갖춰야 할 네 번째 마음이다.
'크게 잃어버렸다'는 것은 묘법연화경을 법의 지침으로 삼지 못하고 다른 방편으로 활용하고 있다는 뜻이다.

본문

文殊師利。是菩薩摩訶薩。於如來滅後。有成就此第四
문수사리. 시보살마하살. 어여래멸후. 유성취차제사
法者。說是法時無有過失。常為比丘比丘尼優婆塞優婆夷。
법자. 설시법시무유과실. 상위비구비구니우바새우바이.
國王王子大臣人民婆羅門居士等。供養恭敬尊重讚歎。
국왕왕자대신인민바라문거사등. 공양공경존중찬탄.
虛空諸天為聽法故亦常隨侍。若在聚落城邑空閑林中。
허공제천위청법고역상수시. 약재취락성읍공한림중.
有人來欲難問者。諸天晝夜。常為法故而衛護之。能令聽
유인내욕난문자. 제천주야. 상위법고이위호지. 능령청
者皆得歡喜。所以者何。此經是一切過去未來現在諸佛神

자개득환희. 소이자하. 차경시일체과거현재미래제불신
力所護故。
력소호고.

문수사리여, 이 보살마하살이 여래가 열반한 뒤에 이 네 가지 법을 성취한 이는, 이 법을 설할 때에 허물이 없을 것이니라. 항상 비구, 비구니, 우바새, 우바이, 국왕, 왕자, 대신, 인민, 바라문, 거사 등이 공양하고 공경하고 존중하고 찬탄하며, 허공의 천인들이 법을 듣기 위하여 항상 따라다니며 시위하리라. 만일 마을에나 성시에나 한가한 삼림 속에 있을 적에 사람이 와서 힐문하려 하면, 천인들이 밤낮으로 법을 위하여 호위하여 듣는 이로 하여금 기쁘게 하리니, 그 이유를 말하면, 이 경전은 모든 과거, 미래, 현재의 여러 부처님이 신력으로 수호하시기 때문이니라.

강설

여래가 열반한 후에도 네 가지 마음자리를 갖추고 묘법연화경을 설하게 되면 이 사람은 법사로써 허물이 없을 것이라고 말씀하신다.

본문

文殊師利。是法華經。於無量國中。乃至名字不可得聞。
문수사리. 시법화경. 어무량국중. 내지명자불가득문.
何況得見受持讀誦文殊師利。譬如强力轉輪聖王。欲以威
하황득견수지독송문수사리. 비여강력전륜성왕. 욕이위
勢降伏諸國。而諸小王不順其命。時轉輪王。起種種兵而
세항복제국. 이제소왕불순기명. 시전륜왕. 기종종병이
往討罰。王見兵衆戰有功者。即大歡喜隨功賞賜。或與田
왕토벌. 왕견병중전유공자. 즉대환희수공상사. 혹여전
宅聚落城邑。或與衣服嚴身之具。或與種種珍寶金銀琉璃
택취락성읍. 혹여의복엄신지구. 혹여종종진보금은유리
車磲馬腦珊瑚虎珀象馬車乘奴婢人民。唯髻中明珠不以與
자거마노산호호박상마거승노비인민. 유계중명주불이여
之。所以者何。獨王頂上有此一珠。若以與之。王諸眷屬
지. 소이자하. 독왕정상유차일주. 약이여지. 왕제권속
必大驚怪。文殊師利。如來亦復如是。以禪定智慧力得法
필대경괴. 문수사리. 여래역부여시. 이선정지혜력득법
國土王於三界。而諸魔王不肯順伏。如來賢聖諸將與之共
국토왕어삼계. 이제마왕불긍순복. 여래현성제장여지공
戰。其有功者心亦歡喜。於四衆中為說諸經令其心悅。賜
전. 기유공자심역환희. 어사중중위설제경영기심열. 사
以禪定解脫無漏根力諸法之財。又復賜與涅槃之城言得滅
이선정해탈무루근력제법지재. 우부사여열반지성언득멸
度。引導其心令皆歡喜。而不為說是法華經。

도. 인도기심영개환희. 이불위설시법화경.

문수사리여, 이 묘법연화경은 한량없는 국토에서 이름도 듣지도 못하거든, 하물며 보고, 받아 지니고, 읽고, 욈일까 보냐.
문수사리여, 마치 어떤 억센 전륜성왕이 위력으로 여러 나라를 항복받으려 할 적에 작은 왕들 이 그 명령에 순종하지 않으면, 전륜왕은 여러 가지 군대를 일으켜서 토벌함과 같으니라.
왕은 군대들 중에 싸워서 공이 있는 이를 보고는 크게 환희하여 공을 따라 상급을 주는데, 전답과 마을과 고을을 주기도 하고, 의복과 몸을 단장할 것을 주기도 하고, 갖가지의 보물, 금, 은, 유리, 자거, 마노, 산호, 호박, 코끼리, 말, 수레, 노비, 인민들을 주기도 하지마는 상투에 꽂는 명주 동곳만은 주지 않느니라.
왜냐하면, 전륜성왕의 정수리에만 이 구슬이 있는 것인데, 만일 이것을 주면 왕의 권속들이 놀라고 괴이하게 여기기 때문이니라.
문수사리여, 여래도 그와 같아서 선정과 지혜의 힘으로 불법의 나라를 얻어 3계의 왕이 되었는데, 마왕들이 순종하여 항복하지 않으면 여래의 현성 장군들이 함께 싸우느니라.
그래서 공이 있는 이에게는 마음이 환희하여 4부 대중 가운데서 여러 가지 경전을 설하여 마음을 기쁘게 하고 선정, 해탈과 무루의 뿌리와 힘과 모든 불법 재물을 주기도 하고, 또 열반의 성을 주어 멸도를 얻었다 하며, 그 마음을 인도하여 기쁘게 하면서도 묘법연화경만은 설하여 주지 않느니라.

강설

묘법연화경은 부처님이 맨 마지막에 설하시는 경전이다, 부처님이 보물처럼 아끼는 말씀이 묘법연화경이다.

'**여래의 현성장군들**' 이란 수행자를 말한다.
'**공이 있다**'는 것은 의식·감정·의지를 조복시킨 것이다.
'**무루의 뿌리**'는 본성이다.
'**무루의 힘**'은 무위각이다.
'**모든 불법 재물**'은 지혜와 신통이다.
'**열반의 성**'이란 멸진정을 말한다.
'**그 마음을 인도하여 기쁘게 하면서도**'
진여출가로 이끌어서 환희지에 들어가도록 했다는 말씀이다.

본문

文殊師利。如轉輪王見諸兵衆有大功者心甚歡喜。以此難
문수사리. 여전륜왕견제병중유대공자심심환희. 이차난
信之珠久在髻中。不妄與人。而今與之。如來亦復如是。
신지주구재계중. 불망여인. 이금여지. 여래역부여시.
於三界中爲大法王。以法敎化一切衆生。見賢聖軍與五陰

어삼계중위대법왕. 이법교화일체중생. 견현성군여오음
魔煩惱魔死魔共戰有大功勳。滅三毒出三界破魔網。爾時
마번뇌마사마공전유대공훈. 멸삼독출삼계파마망. 이시
如來亦大歡喜。此法華經。能令眾生至一切智。一切世間
여래역대환희. 차법화경. 능령중생지일체지. 일체세간
多怨難信。先所未說而今說之。
다원난신. 선소미설이금설지.

문수사리여, 전륜성왕이 군대 가운데 큰 공을 세운 이를 보고는 매우 기뻐서 그 믿기 어려운 명주를 상투 속에 꽂아 두고 다른 이에게 주지 않던 것을 상으로 주는 거와 같이, 여래도 그러하여 3계의 대법왕으로서 바른 법으로 모든 중생을 교화하다가 현인, 성인의 군사가 5음마, 번뇌마, 죽음마와 싸워서 큰 공을 세워 3독을 멸하고 3계에서 뛰어나 마의 그물을 깨뜨리면, 그때에 여래도 크게 환희하여, 중생으로 하여금 일체종지에 이르게 하는 이 묘법연화경을, 모든 세간에서 원망이 많고 믿지 아니하여 지금까지 설하지 아니하던 것을 이에 설하는 것이니라.

강설

5음마는 오온으로부터 생기는 마장을 말한다.
의식·감정·의지가 영의 몸과 혼의 몸, 육체의 몸에 깃들면서 생겨나는 것이 5온이다.
오온으로 인해서 6식, 7식, 8식이 생겨난다.
색·수·상·행·식(色受想行識)이 오온이다.
오온을 자기라고 생각하는 것에서부터 오음마가 시작된다.
오음마에 빠지게 되면 세 가지 몸을 자기라고 생각하게 되고 6식, 7식, 8식이 스스로의 마음이라고 착각하게 된다. 오음마에 빠지게 되면 생사윤회를 반복하게 된다.
오음마에서 벗어나려면 반야해탈도를 성취해야 한다.
조견오온개공(照見五蘊皆空)함으로써 오음마에서 벗어난다.
반야심경의 모든 내용이 오음마에서 벗어나는 방법을 말씀하신 것이다.

번뇌마는 번뇌로 인해서 생기는 마장이다.
번뇌는 실제(實際)가 아닌 가제(假際)를 자기로 삼았기 때문에 생기는 마음이다.
번뇌의 뿌리는 본연(本然)이 갖고 있는 소성(所性)이다.
소각(所覺)으로 생겨난 무명적 습성과 밝은성품의 자연적 성향으로 인해서 의식·감정·의지가 생겨나고 그것을 자기라고 생각하게 되면서 번뇌가 시작되었다.
번뇌마를 제도하려면 소성(所性)에서 벗어나서 능성(能性)을 회복해야 한다. 본각(本覺)을 증득하면 능성이 회복된다. 각성이 본성의 간극에 머무르게 되면 본각이 증득된 것이다.

죽음마는 죽음으로 인해서 생기는 마장이다.
죽음을 통해서 생과 생사이가 단절될 때 죽음마에 빠지게 된다. 죽음마에 빠지게 되면 체득했던 법도 망각하게 되고 깨달음도 단절된다. 태·란·습·화(胎卵習化) 사생(四生)으로 생겨나는 모든 생명이 죽음마에 빠지게 된다.
화생(化生)의 경우는 욕념이 치성해지고 정도 이상으로 업력이 쌓이면 그 생에서 체득했던 모든 기억들을 순식간에 잃어버린다. 그러면서 죽음에 들게 된다.
습생(習生)의 경우는 생명이 나누어져 태어나면서 체득했던 깨달음을 망각하게 된다.
태생(胎生)과 난생(卵生)의 경우는 입태를 하는 순간에 영혼이 혼절하면서 생과 생사이가 단절된다.
죽음마에서 벗어나려면 육도윤회계에서 벗어나야 한다.
보살도 10지 법운지에 들어가서 역무무명진(亦無無明盡)을 성취해야 죽음마에서 벗어날 수 있다.
멸진정에 들어간 아라한도 죽음마에서 벗어나지 못한다. 멸진정에서 깨어나게 되면 다시 죽음마에 들어가게 된다. 10지 이전에라도 수능엄삼매를 성취하면 죽음마에서 벗어날 수 있다. 죽음마에서 벗어나면 다보여래와 같이 무한 수명을 누리게 된다.

본문

文殊師利。此法華經。是諸如來第一之說。於諸說中最為
문수사리. 차법화경. 시제여래제일지설. 어제설중최위
甚深。末後賜與。如彼強力之王。久護明珠今乃與之。
심심. 말후사여. 여피강력지왕. 구호명주금내여지.
文殊師利。此法華經。諸佛如來祕密之藏。於諸經中最在
문수사리. 차법화경. 제불여래비밀지장. 어제경중최재
其上。長夜守護不妄宣說。始於今日。乃與汝等而敷演
기상. 장야수호불망선설. 시어금일. 내여여등이부연
之。爾時世尊。欲重宣此義。而說偈言。
지. 이시세존. 욕중선차의. 이설게언.

문수사리여, 이 묘법연화경은 모든 여래의 가장 훌륭한 말씀이니라.
여러 말씀 가운데 가장 깊은 것이어서 나중에 일러주는 것은 마치 저 억센 왕이 오래 보호하던 명주를 지금에야 주는 것과 같느니라.
문수사리여, 이 묘법연화경은 여러 부처님 여래의 비밀한 법장이므로 모든 경전 가운데 가장 으뜸가는 것으로, 긴긴 밤에 수호하여 망령되이 설하지 않던 것을 오늘에야 비로소 너희에게 연설하여 주는 것이니라."
이때 세존께서 이 뜻을 거듭 펴시려고 게송을 읊으셨다.

강설

'3독을 멸하고 3계에서 뛰어나 마의 그물을 깨뜨리면'
삼독은 의식·감정·의지가 경계에 천착되고 부딪치면서 생겨나는 마음이다. 삼독심이라 한다.
삼독심을 멸하고 의식·감정·의지를 제도하면 식의 바탕과 심의 바탕이 드러나고 돈독한 각성이 갖추어진다.
그로써 마의 그물을 깨뜨리고 삼계를 벗어난다.

그런 존재들이 나타나면 여래도 크게 환희하여, 중생으로 하여금 일체종지에 이르게 하는 이 묘법연화경을 설한다는 말씀이시다.

"문수사리여, 이 묘법연화경은 여러 부처님 여래의 비밀한 법장이므로 모든 경전 가운데 가장 으뜸가는 것으로, 긴긴 밤에 수호하여 망령되이 설하지 않던 것을 오늘에야 비로소 너희에게 연설하여 주는 것이니라."

긴긴 밤을 반(般)이라 하셨고 그 어둠을 몰아내는 것을 야(若)라 하셨다. 반야의 법으로써 어둠을 몰아내고 정토불사를 실현하기 위해서 묘법연화경을 설하신다는 말씀이시다.

본문

常行忍辱　　哀愍一切　　乃能演說　　佛所讚經

상행인욕	**애민일체**	**내능연설**	**불소찬경**
後末世時	持此經者	於家出家	及非菩薩
후말세시	**지차경자**	**어가출가**	**급비보살**
應生慈悲	斯等不聞	不信是經	則爲大失
응생자비	**사등불문**	**불신시경**	**즉위대실**
我得佛道	以諸方便	爲說此法	令住其中
아득불도	**이제방편**	**위설차법**	**영주기중**
譬如强力	轉輪之王	兵戰有功	賞賜諸物
비여강력	**전륜지왕**	**병전유공**	**상사제물**
象馬車乘	嚴身之具	及諸田宅	聚落城邑
상마거승	**엄신지구**	**급제전택**	**취락성읍**
或與衣服	種種珍寶	奴婢財物	歡喜賜與
혹여의복	**종종진보**	**노비재물**	**환희사여**
如有勇健	能爲難事	王解髻中	明珠賜之
여유용건	**능위난사**	**왕해계중**	**명주사지**
如來亦爾	爲諸法王	忍辱大力	智慧寶藏
여래역이	**위제법왕**	**인욕대력**	**지혜보장**
以大慈悲	如法化世	見一切人	受諸苦惱
이대자비	**여법화세**	**견일체인**	**수제고뇌**
欲求解脫	與諸魔戰	爲是衆生	說種種法
욕구해탈	**여제마전**	**위시중생**	**설종종법**
以大方便	說此諸經	旣知衆生	得其力已
이대방편	**설차제경**	**기지중생**	**득기력이**

末後乃爲
말후내위
此經爲尊
차경위존
今正是時
금정시시
欲得安隱
욕득안은
讀是經者
독시경자
不生貧窮
불생빈궁
天諸童子
천제동자
若人惡罵
약인악매
智慧光明
지혜광명
見諸如來
견제여래
又見龍神
우견용신
自見其身

說是法華
설시법화
衆經中上
중경중상
爲汝等說
위여등설
演說斯經
연설사경
常無憂惱
상무우뇌
卑賤醜陋
비천추루
以爲給使
이위급사
口則閉塞
구즉폐색
如日之照
여일지조
坐師子座
좌사자좌
阿修羅等
아수라등
而爲說法

如王解髻
여왕해계
我常守護
아상수호
我滅度後
아멸도후
應當親近
응당친근
又無病通
우무병통
衆生樂見
중생낙견
刀杖不加
도장불가
遊行無畏
유행무외
若於夢中
약어몽중
諸比丘衆
제비구중
數如恒沙
수여항사
又見諸佛

明珠與之
명주여지
不妄開示
불망개시
求佛道者
구불도자
如是四法
여시사법
顏色鮮白
안색선백
如慕賢聖
여모현성
毒不能害
독불능해
如師子王
여사자왕
但見妙事
단견묘사
圍繞說法
위요설법
恭敬合掌
공경합장
身相金色

묘법연화경 안락행품

자견기신	이위설법	우견제불	신상금색
放無量光	照於一切	以梵音聲	演說諸法
방무량광	조어일체	이범음성	연설제법
佛爲四衆	說無上法	見身處中	合掌讚佛
불위사중	설무상법	견신처중	합장찬불
聞法歡喜	而爲供養	得陀羅尼	證不退智
문법환희	이위공양	득다라니	증불퇴지
佛知其心	深入佛道	卽爲授記	成最正覺
불지기심	심입불도	즉위수기	성최정각
汝善男子	當於來世	得無量智	佛之大道
여선남자	당어래세	득무량지	불지대도
國土嚴淨	廣大無比	亦有四衆	合掌聽法
국토엄정	광대무비	역유사중	합장청법
又見自身	在山林中	修習善法	證諸實相
우견자신	재산림중	수습선법	증제실상
深入禪定	見十方佛		
심입선정	견시방불		
諸佛身金色	百福相莊嚴	聞法爲人說	常有是好夢
제불신금색	백복상장엄	문법위인설	상유시호몽
又夢作國王	捨宮殿眷屬	及上妙五欲	行詣於道場
우몽작국왕	사궁전권속	급상묘오욕	행예어도량
在菩提樹下	而處師子座	求道過七日	得諸佛之智
재보리수하	이처사자좌	구도과칠일	득제불지지

成無上道已	起而轉法輪	爲四衆說法	經千萬億劫
성무상도이	기이전법륜	위사중설법	경천만억겁
說無漏妙法	度無量衆生	後當入涅槃	如煙盡燈滅
설무루묘법	도무량중생	후당입열반	여연진등멸
若後惡世中	說是第一法	是人得大利	如上諸功德
약후악세중	설시제일법	시인득대리	여상제공덕

인욕항상	행하여서	일체중생	불쌍히여겨
부처님이	찬탄하신	이경전을	설법하라
오는세상	말법시대	이경전을	가진이는
재가자나	출가자나	보살들이	아니라도
마땅히	자비심을	일으켜야	하느니라
많은중생	이경전을	듣지않고	믿지못해
큰이익을	잃지마는	내가불도	이루어서
여러가지	방편으로	이경전을	설법하여
이런이들	법가운데	머무르게	하느니라
비유하여	말하노니	힘이강한	전륜성왕
전쟁에서	공을세운	군사에게	상을주되
코끼리말	수레등과	몸에걸칠	장식품과
많은논밭	집들이며	촌락성읍	떼어주고
혹은입을	옷가지와	여러가지	귀한보배
노비들과	재산들을	기쁘도록	나눠주며
용맹하게	잘싸우고	어려운일	능히하면

머리속에 　감춘구슬 　풀어내어 　상주듯이
부처님도 　이와같아 　모든법의 　왕이되어
인욕하는 　크신힘과 　지혜스런 　보물들로
대자대비 　마음으로 　큰법으로 　교화하고
일체모든 　사람들이 　여러고통 　받으면서
해탈법을 　구하려고 　마군들과 　싸움보고
이런중생 　위하느라 　가지가지 　법설하되
크고크신 　방편으로 　여러경전 　설해주며
중생들이 　힘얻은것 　여래께서 　아시고는
나중에야 　그를위해 　법화경을 　설하시니
전륜성왕 　머리풀고 　밝은구슬 　줌과같네
이법화경 　존귀하여 　경가운데 　으뜸이라
내가항상 　수호하고 　열어뵈지 　않았으나
지금바로 　때가되어 　너희에게 　설하노라
내가열반 　보인후에 　부처님법 　구하는이
편안하게 　법화경을 　설하고자 　하거들랑
이와같은 　네가지법 　친근해야 　하느니라
법화경을 　읽는이는 　근심걱정 　항상없고
병과고통 　전혀없어 　얼굴빛이 　아름답고
가난하고 　천박하게 　태어나지 　아니하고
중생들이 　좋아하여 　어진성현 　보듯하며
하늘나라 　동자들이 　따라와서 　시중들고
칼막대로 　못때리고 　독약으로 　못해하며

만일누가	욕설하면	욕한입이	막히리니
두려움이	없기로는	사자왕과	같으오며
그지혜의	밝은광명	태양처럼	비추리라
꿈을꾸는	속에서도	미묘한일	보게되니
모든부처	여래께서	사자좌에	앉으시고
비구대중	둘러싸여	설법하심	보게되며
항하모래	같은수의	용과귀신	아수라들
그모두가	일심으로	공경하고	합장하면
그들위해	설법함을	제스스로	보게되리
또한모든	부처님들	그몸매가	금빛인데
한량없는	광명놓아	일체를다	비추시며
맑고고운	범음으로	설법함을	또한보네
부처님이	대중위해	위없는법	설할적에
자기몸에	그가운데	있는것을	발견하고
일심으로	합장하여	부처님을	찬탄하며
법을듣고	환희하여	부처님께	공양하고
다라니법	또한얻어	불퇴지혜	증득하니
마음깊이	불도든것	부처님이	알으시고
최정각을	이루리라	수기주며	하시는말
선남자야	너는장차	미래오는	세상에서
한량없이	밝은지혜	부처님의	큰도얻고
그국토는	청정하여	크고넓기	짝이없고
사부대중	모여앉아	합장하고	법들으리

또한다시 자신들이 산림속에 들어가서
좋은법을 닦고익혀 참모습을 증득하고
선정깊이 들어가서 시방세계 부처님을
친견함도 보게되니 부처님몸 금빛이요
백복으로 장엄되어 법을들어 얻고서는
남을위해 설법하는 꿈을꾸게 되리로다
꿈속에도 국왕되어 큰궁전과 권속들과
가장묘한 오욕락을 남김없이 다버리고
불도량을 찾아가서 보리수의 나무아래
사자좌에 높이앉아 칠일간을 지내면서
불지혜를 모두얻고 위없는도 성취한후
자리에서 일어나서 법륜을 굴리면서
사부대중 설법하기 천만억겁 지나도록
무루묘법 말하여서 무량중생 제도하고
최후열반 들적에는 등불이 다꺼지고
연기마저 없어지듯 이와같이 열반하리
뒤에오는 악한세상 법화경을 설하면은
이런사람 얻는이익 공덕또한 이같노라

《묘법연화경 종지용출품 從地涌出品 第十五》

본문

爾時他方國土諸來菩薩摩訶薩。過八恒河沙數。於大眾中
이시타방국토제래보살마하살. 과팔항하사수. 어대중중
起立合掌作禮。而白佛言。世尊。若聽我等於佛滅後在此
기립합장작례. 이백불언. 세존. 약청아등어불멸후재차
娑婆世界懃加精進護持讀誦書寫供養是經典者。當於此土
사바세계근가정진호지독송서사공양시경전자. 당어차토
而廣說之。爾時佛告諸菩薩摩訶薩眾。止善男子。不須汝
이광설지. 이시불고제보살마하살중. 지선남자. 불수여
等護持此經。所以者何。我娑婆世界。自有六萬恒河沙等
등호지차경. 소이자하. 아사바세계. 자유육만항하사등
菩薩摩訶薩。一一菩薩各有六萬恒河沙眷屬。是諸人等能
보살마하살. 일일보살각유육만항하사권속. 시제인등능
於我滅後。護持讀誦廣說此經。佛說是時。娑婆世界三千
어아멸후. 호지독송광설차경. 불설시시. 사바세계삼천
大千國土地皆震裂。而於其中有無量千萬億菩薩摩訶薩同
대천국토지개진열. 이어기중유무량천만억보살마하살동
時踊出。是諸菩薩身皆金色。三十二相無量光明。先盡在
시용출. 시제보살신개금색. 삼십이상무량광명. 선진재
此娑婆世界之下。此界虛空中住。是諸菩薩聞釋迦牟尼佛

차사바세계지하. 차계허공중주. 시제보살문석가모니불
所說音聲從下發來。
소설음성종하발래.

이때, 다른 세계에서 온 보살마하살이, 여덟 항하사 수효보다 많은 이들이 대중 가운데서 일어나 합장 예배하고 부처님께 사뢰었다.
"세존께서 저희가 부처님 열반 후에 이 사바세계에서 부지런히 정진하며 이 경전을 수호하여 읽고 외고 써서 공양함을 허락하신다면, 이 국토에서 널리 연설하겠나이다."
그때 부처님은 보살마하살들에게 말씀하셨다.
"그만두어라, 선남자여. 그대들까지 이 경전을 수호할 필요는 없느니라.
왜냐하면, 이 사바계에 6만 항하사의 보살마하살이 있고, 낱낱 보살에게는 각각 6만 항하사의 권속들이 있나니, 이들은 내가 열반한 뒤에 능히 이 경전을 수호하여 읽고 외고 널리 연설할 것이기 때문이니라."
부처님이 이렇게 말씀하실 적에 사바세계인 삼천대천세계의 땅이 모두 갈라지면서 그 속에 있던 한량없는 천만억 보살마하살이 한꺼번에 솟아올라왔다.
이 보살들의 몸은 다 금빛이요, 32 훌륭한 몸매와 한량없는 광명을 갖추었는데, 먼저부터 이 사바세계의 아래, 이 세계 허공중에 있던 이들로서 이 보살들이 석가모니 부처님의 말씀하시는 음성을 듣고 아래로부터 올라온 것이다.

강설

"다른 세계에서 온 여덟 항하사 수효보다 많은 보살마하살들이"

'다른 세계'란 다른 부처님이 상주하시는 정토세계를 말한다. 부처님마다 정토세계의 범위가 약간씩 차이가 난다.
대통지승여래는 5천만억 개의 일법계에 정토불사를 하셨고 석가모니 부처님은 8천만억 개의 3천 대천세계에서 정토불사를 하고 계신다.
부처님마다 정토불사의 역량이 서로 다른 것은 분신 부처님이 나투어지는 숫자 때문이다.

"왜냐하면, 이 사바계에 6만 항하사의 보살마하살이 있고"

'다른 세계'와 '사바세계'를 대비하신다.
사바세계는 석가모니 부처님의 정토세계이다.
'사바'는 '인욕'이라는 뜻이다.
사바세계의 중생들은 오음을 자기로 알고 의식·감정·의지를 실재라고 생각한다. 때문에 탐·진·치가 만연되어 있고 다툼과 경쟁이 끊이지 않는다. 그런 세계에서 살아가려면 인욕해야한다 해서 사바세계라 한다.
우리가 살고 있는 이 지구는 사바세계 남섬부주에 있는 작은 행성이다.

"부처님이 이렇게 말씀하실 적에 사바세계인 삼천대천세계의 땅이 모두 갈라지면서 그 속에 있던 한량없는 천만억 보살마하살이 한꺼번에 솟아올라왔다."

'사바세계인 3천대천세계'
3천대천세계는 소천세계, 중천세계, 대천세계로 이루어져 있다.
소천세계란 1000개의 생멸문으로 이루어진 세계이다.
중천세계란 1000개의 소천세계로 이루어진 세계이다.
대천세계란 1000개의 중천세계로 이루어진 세계이다.
10억 개의 생멸문이 모여서 3천대천세계를 이룬다.
3천대천세계가 한 명의 부처가 다스리는 1불국토이다.
한 명의 부처가 출현하면 수많은 분신 부처님이 출현하신다. 석가모니 부처님은 8천만억의 분신 부처님을 출현시켰다. 각각의 분신 부처님 마다 한 개의 3천대천세계에서 정토불사를 한다. 석가모니 부처님께서는 분신 부처님들과 함께 8천만억 개의 3천대천세계에서 동시에 정토불사를 진행하셨다.
사바세계는 석가모니불께서 상주하시는 3천대천세계이다.

그 3천대천세계의 모든 땅이 갈라지면서 그 속에서 한량없는 천만억의 보살마하살들이 솟아올라왔다는 말씀이시다.

"이 보살들의 몸은 다 금빛이요, 32 훌륭한 몸매와 한량없는 광명을 갖추었는데"

금빛의 몸과 32상을 갖추고 있다는 것은 이들이 모두 용녀와 같은 등각보살이라는 말씀이시다.
이 대목에서는 한 가지 의문이 생긴다.
'부처님께서는 성불을 하신지 49년 밖에 안되었는데 언제 저와 같은 화신불들을 출현시켰을까?'

"먼저부터 이 사바세계의 아래, 이 세계 허공중에 있던 이들로서 이 보살들이 석가모니 부처님의 말씀 하시는 음성을 듣고 아래로부터 올라온 것이다."

'**먼저부터**'라는 이 말씀에 많은 의미가 함축되어 있다.
시간을 표현하는 말씀이신데 '언제'라는 범위가 규정되어 있지 않다.

'**이 사바세계의 아래, 이 세계 허공중에 있던 이들로서**'
이 말씀에도 많은 의미가 함축되어 있다.
공간을 표현하는 말씀이신데 그 공간이 어떻게 형성되었는지 그 부분에 대한 설명이 생략되어 있다.
사바세계의 아래세계는 어떤 세계일까?
본래 존재하던 또 다른 3천대천세계일까?
아니면 새롭게 창조된 새로운 세계일까?

이 대목을 놓고서는 생각해 볼 것이 많다.
특히 여래장계의 구조에 대해서 생각해 봐야 한다.
여래장계는 크게 세 영역으로 나뉘어져 있다.
무(無)의 여래장, 장(場)의 여래장, 본연(本緣) 여래장이 그것이다.
無의 여래장이 본원본제의 상(相)이다.
場의 여래장이 본원본제의 체(體)이다.
본연 여래장에서 생멸문과 진여문이 생겨난다.
하나의 진여문이 하나의 생멸문을 껴안고 있는 것을 일법계(一法界)라 한다.
삼천대천세계는 10억 개의 일법계가 모아져 형성된 세계이다.
無의 여래장이나 場의 여래장에서는 새로운 세계가 출현하지 않는다. 본원본제는 본연을 생성해낼 뿐 새로운 세계를 생성해 내지 않는다. 본연이 변화해서 새로운 세계가 된다.
새로운 세계는 본연여래장계 안에서 출현하게 된다.

여래장은 본원본제의 몸이다.

여래장은 쉼 없이 팽창한다.
여래장을 팽창시키는 원인이 본원본제가 생성해내는 밝은성품이다.
본원본제의 여래장은 밖이 존재하지 않는다(無外).
그러면서 유일무이하다(有一無二).
그런 여래장계에 갑자기 천만억의 보살마하살들이 출현했다. 그들은 어디에서 생겨났고 어디에서 있었을까?
용녀의 경우는 한 사람이니 부처님과 본원본제가 동법계를 이루었을 때 생겨났다고 하면 그럴 수도 있다.
하지만 천만억이나 되는 등각보살들은 어느 세월에 생겨났을까? 참으로 궁금한 대목이다.

사바세계의 아래 세계를 놓고서는 그 세계가 본연을 통해 생겨난 세계가 아니고 일심법계 부처님의 십력(十力)으로 창조된 세계라고 생각해 볼 수도 있다.
그렇다고 하면 그나마 납득이 간다.
시공을 마음대로 조절할 수 있는 부처님이시고, 없던 공간을 새롭게 만들어서 천만억의 분신 부처님들이 앉을 자리를 마련하셨으니, 새로운 공간을 창조하는 것도 가능할 것이다. 하지만 그 공간이 본원본제의 여래장계 안에 있는 것이 아니고 밖에 있는 것이라면 이것은 전혀 다른 사안이 된다. 여래장계 밖에 또 다른 여래장이 존재할 수 있다는 가능성이 생겨나기 때문이다.

본문

一一菩薩。皆是大眾唱導之首。各將六萬恒河沙眷屬。
일일보살. 개시대중창도지수. 각장육만항하사권속.
況將五萬四萬三萬二萬一萬恒河沙等眷屬者。況復乃至
황장오만사만삼만이만일만항하사등권속자. 황부내지
一恒河沙半恒河沙四分之一。乃至千萬億那由他分之一。
일항하사반항하사사분지일. 내지천만억 나유타분지일.
況復千萬億那由他眷屬。況復億萬眷屬。況復千萬百萬
황부천만억나유타권속. 황부억만권속. 황부천만백만
乃至一萬。況復一千一百乃至一十。況復將五四三二一
내지일만. 황부일천일백내지일십. 황부장오사삼이일
弟子者。況復單己樂遠離行。如是等比。無量無邊算數
제자자. 황부단기낙원리행. 여시등비. 무량무변산수
譬喩所不能知。是諸菩薩從地出已。各詣虛空七寶妙塔
비유소불능지. 시제보살종지출이. 각예허공칠보묘탑
多寶如來釋迦牟尼佛所。到已向二世尊頭面禮足。
다보여래석가모니불소. 도이향이세존두면예족.
及至諸寶樹下師子座上佛所。亦皆作禮右繞三匝合掌恭
급지제보수하사자좌상불소. 역개작예우요삼잡합장공
敬。以諸菩薩種種讚法。而以讚歎住在一面。欣樂瞻仰
경. 이제보살종종찬법. 이이찬탄주재일면. 흔락첨앙
於二世尊。
어이세존.

어이세존.

이 낱낱 보살은 모두 대중을 인도하는 우두머리로서 각각 6만 항하사의 권속을 거느렸거늘, 하물며 5만 항하사 권속, 4만 항하사 권속, 3만 항하사 권속, 2만 항하사 권속, 1만 항하사 권속을 거느린 보살일까 보냐.
또 하물며, 한 항하사 권속, 반 항하사 권속, 4분의 1 항하사 권속, 내지 천만억 나유타 분의 1 항하사 권속을 거느린 보살일까 보냐.
또 하물며, 천만억 나유타 권속, 억만 권속, 천만 권속, 백만 권속, 1만 권속을 거느린 보살일까 보냐.
하물며, 1천 권속, 1백 권속, 10 권속을 거느린 보살일까 보냐.
하물며, 단신 5, 4, 3, 2, 1 제자만을 거느린 보살일까 보냐.
이러한 무리들이 한량없고 그지없어 산수나 비유로는 알 수 없느니라.
이 모든 보살들은 땅에서 솟아 나와서 각각 허공으로 솟아올라 7보탑 안에 계신 다보여래와 석가모니불의 처소에 이르러 두 세존께 머리를 조아려 예배하고, 또 모든 보배 나무 아래 사자좌에 앉으신 부처님 처소에 이르러서 그와 같이 예배하고, 오른쪽으로 세 번씩 돌고 합장하고 공경하여 모든 보살이 찬탄하는 법대로 찬탄하고는 한쪽에 물러나 머물러서 두 세존을 우러러보았다.

강설

"이 낱낱 보살은 모두 대중을 인도하는 우두머리로서 각각 6만 항하사의 권속을 거느렸거늘, 하물며 5만 항하사 권속, 4만 항하사 권속, 3만 항하사 권속, 2만 항하사 권속, 1만 항하사 권속을 거느린 보살일까 보냐"

이 낱낱의 보살들이 각각 6만 항하사 보살들을 거느렸다고 말씀하신다. 천만억의 보살마하살이 각각 6만의 보살들을 거느렸으니 대단한 숫자이다.
이들에 대한 신뢰와 자부심이 엿보이는 대목이다.

"이 모든 보살들은 땅에서 솟아 나와서 각각 허공으로 솟아올라 7보탑 안에 계신 다보여래와 석가모니불의 처소에 이르러 두 세존께 머리를 조아려 예배하고, 또 모든 보배 나무 아래 사자좌에 앉으신 부처님 처소에 이르러서 그와 같이 예배하고"

보배 나무 아래 사좌좌에 앉으신 부처님들은 석가모니 부처님의 분신불들이다.
그 부처님들을 다 찾아다니면서 인사를 했다는 것은 이들의 깨달음이 분신불보다는 부족하다는 의미이다.
이 보살마하살들과 분신불들은 다른 존재라는 것을 보여주는 대목이다.

본문

是諸菩薩摩訶薩從初踊出。以諸菩薩種種讚法而讚於佛。
시제보살마하살종지용출. 이제보살종종찬법이찬어불.
如是時間經五十小劫。是時釋迦牟尼佛默然而坐。及諸
여시시간경오십소겁. 시시석가모니불묵연이좌. 급제
四眾亦皆默然。五十小劫。佛神力故。令諸大眾謂如半日。
사중역개묵연. 오십소겁. 불신력고. 영제대중위여반일.

이 여러 보살마하살들이 땅에서 솟아 올라와서 모든 보살이 찬탄하는 법으로 부처님을 찬탄하는 동안이 50소겁이었다.
이때 석가모니 부처님은 잠자코 앉으셨고, 모든 4부 대중도 역시 잠자코 앉아 50소겁을 경과하였다.
부처님의 신통의 힘에 의하여 모든 대중은 한나절같이 생각되었다.

강설

이 땅에서 올라온 천만억 보살들이 다보여래와 석가모니 부처님에게 찬탄하고 예배하는 시간이 50소겁이나 걸렸는데 4부 대중은 한나절처럼 느꼈다는 말씀이시다.

언젠가 어떤 분으로부터 질문을 받았다.
"도대체 묘법연화경은 어디에서 설해졌습니까?"
그래서 이렇게 대답해 드렸다.
"묘법연화경은 다른 차원에서 설해졌다. 그리고 이 경전을 기록한 것은 인간들이 아니다. 용들의 세계에서 집대성이 되었다."

우리가 사는 이 지구의 시간으로는 한나절이었지만, 그 시간이 다른 차원에서는 50소겁이었다.
부처님의 십력으로 인해 생겨나는 시공간의 변화이다.
이 상황들을 잘 이해해야 한다.
이것을 놓고 허구라고 생각하면 안 된다.
한나절을 50소겁으로 늘이면 49년은 얼마나 늘일 수 있을까?
부처님이 성불하신지 49년이 되었다.
하루를 백소겁으로 늘이면 일년이면 3만6천500소겁이고 49년이면 178만8천5백소겁이다.
80소겁이 1대겁이다. 대겁으로 환산하면 22,356대겁이다.
부처님은 49년 동안 이 지구에 계셨지만 그것은 인간의 시간이고 인간의 공간이다.
그 시간 동안 부처님은 8천억 생멸문의 정토불사를 하고 계셨고 천만억×6만 항하사 보살들을 가르치고 있었다.
그 시간이 22,356대겁이다.

법화경은 이런 분위기에서 설해졌다.

법화경의 내용은 상상으로 만들어 낼 수 있는 것이 아니다. 더군다나 2500년 전의 사람들은 이런 내용들을 상상할 수도 없었다.

법화경 안에는 부처님의 평생 설법이 모두 담겨져 있다.

소승 체계는 물론이고 대승 체계와 밀교 체계도 망라되어 있다. 한 사람이 3백년을 공부해도 그 체계를 전체적으로 들여다보지 못한다.

하물며 현대의 마블 영화에나 나올 수 있는 시공의 변화를 이렇게 적나라하게 묘사할 수가 없다.

부처님이 아니면 이런 표현을 할 수가 없다.

이 묘법연화경이 설해질 때 여래장계 팔방의 8천만억 분신들을 모두 다 소집했고 다보여래 부처님이 수많은 권속들을 데리고 오셨다. 또 이와 같은 천백억×6만 항하사 보살들이 한 공간 안에 자리했다. 그 모든 존재들을 수용하려면 얼만큼의 공간이 필요했을까? 상상도 안된다.

더군다나 그 공간 안에서는 서로를 인식할 수 있었다 한다. 그런 환경은 어떤 방법으로 만들어졌을까?

이런 관점으로 생각해 보면 법화경이 설해진 장소는 정상적인 시공간이 아니다.

오로지 부처님만이 이와 같은 상황을 연출할 수 있다.

본문

爾時四眾亦以佛神力故。見諸菩薩遍滿無量百千萬億國土
이시사중역이불신력고. 견제보살변만무량백천만억국토
虛空。是菩薩眾中有四導師。一名上行。二名無邊行。
허공. 시보살중중유사도사. 일명상행. 이명무변행.
三名淨行。四名安立行。是四菩薩於其眾中。最為上首唱
삼명정행. 사명안립행. 시사보살어기중중. 최위상수창
導之師。在大眾前各共合掌。觀釋迦牟尼佛。而問訊言。
도지사. 재대중전각공합장. 관석가모니불. 이문신언.
世尊。少病少惱安樂行不。所應度者受教易不。不令世尊
세존. 소병소뇌안락행부. 소응도자수교이부. 불령세존
生疲勞耶。爾時四大菩薩。而說偈言。
생피로야. 이시사대보살. 이설게언.

이때 4부 대중은 역시 부처님의 신통의 힘을 입어 모든 보살들이 한량없는 백천만억 국토의 허공에 가득함을 보았다.
이 보살 대중 가운데 네 도사가 있으니, 하나는 상행이요, 둘은 무변행이요, 셋은 정행이요, 넷은 안립행이다.
이 네 보살은 그 대중 가운데 가장 으뜸가는 도사들인데, 대중 앞에서 제각기 합장하고 석가모니불을 뵈옵고 문안하며 말하였다.
"세존이시여, 병이 없으시고 번거로움이 없으시며, 안락한 행을 하시나이까.
제도를 받는 이들이 교화를 잘 받나이까.

세존을 피로하게 하지나 않나이까."
이때 네 보살이 게송을 읊었다.

강설

"이때 4부 대중은 역시 부처님의 신통의 힘을 입어 모든 보살들이 한량없는 백천만억 국토의 허공에 가득함을 보았다."

부처님의 십력 중 종종계지력(種種界智力)과 처비처지력(處非處智力)의 위신력이다.

"이 보살 대중 가운데 네 도사가 있으니, 하나는 상행이요, 둘은 무변행이요, 셋은 정행이요, 넷은 안립행이다."

상행(上行), 무변행(無邊行), 정행(淨行), 안립행(安立行). 이 이름들 속에는 이 보살들이 출현하게 된 과정이 암시되어있다.
본원본제와 일심법계 부처님이 동법계를 이룬 후에 일어나는 변화를 네 단계로 나누어서 말씀하신 것이다.
상행(上行)은 위로 행한다는 뜻이다.
무변행(無邊行)은 바깥쪽이 없다는 뜻이다.
정행(淨行)은 깨끗하게 한다는 뜻이다.

안립행(安立行)은 편안함을 세운다는 뜻이다.
이 네 가지 이름을 놓고서 일심법계 부처님과 본원본제가 동법계를 이루는 절차와 그 이후에 일어나는 변화에 대해 들여다 보자.
본문에서는 이 부분에 대해서 "구경으로 평등을 이룬다"라고만 말씀하셨다.

일심법계 부처님과 본원본제 부처님이 동법계를 이루기 위해서는 세 가지 갖춤이 필요하다.
첫 번째 갖춤은 대적정이다.
이는 본원본제의 여시성(如是性)과 계합을 이루기 위해 갖추어야하는 면모이다.
두 번째 갖춤은 그리움이다.
이는 본원본제와 일치를 이루기 위해 갖춰야 하는 면모이다.
세 번째 갖춤은 동법계 다라니이다.
이를 통해 일심법계와 본원본제가 동법계를 이룬다.
"람"자 다라니가 활용된다.

동법계를 이룬 다음 본원본제의 향하문적 성향을 제도하기 위해서는 세 가지 면모가 갖추어져야 한다.
첫째는 대자비심이다.
본원본제의 각조(覺照)적 성향을 제도하기 위해 갖춰야 하는 면모이다.

각조로 인해서 대사(代謝)가 일어나고 대사로 인해서 여시체(如是體)가 생겨난다. 여시체로 인해서 본연이 시작되고 본연으로 인해서 향하문이 펼쳐졌다.

본원본제의 향하문적 성향은 각조(覺照)와 밝은성품으로부터 시작되었다.

둘째는 불이문(不二門)이다.

불이문이 갖고 있는 두 개의 간극으로 밝은성품의 자연적 성향을 제도한다.

본원본제와 일심법계가 동법계를 이루게 되면 막대한 양의 밝은성품이 생성된다.

이때에 생성되는 밝은성품이 본연을 일으키면 또다시 향하문이 펼쳐진다. 그렇게 되지 않도록 하기 위해서는 밝은성품의 자연적 성향을 제도해야 한다. 그때 쓰여지는 것이 불이문이 갖고 있는 두 개의 간극이다.

불이문은 큰 간극과 작은 간극으로 이루어져 있다.

큰 간극은 공여래장과 불공여래장 사이에 세워진 간극이다. 이 간극은 각조를 통해 유지되지 않는다. 대비심으로 유지된다. 때문에 이 간극에서는 밝은성품과 각성 간에 일어나는 대사(代謝)가 생기지 않는다.

작은 간극은 공여래장의 대적정문에 갖추어져 있다.

이 간극은 각조로써 유지된다.

때문에 이 간극에서는 대사가 일어난다.

일심법계 부처님은 두 개의 간극을 활용해서 의도한 대로 대사를 일으키고 그 결과로 천백억화신불을 나투어낸다.
불이문에서 만들어지는 천백억화신들은 본신 부처님과 똑같은 능력을 갖고 계시다.
일심법계 부처님이 본원본제의 향하문적 성향을 제도할 수 있는 것은 불이문을 운용해서 밝은성품의 자연적 성향을 재도하는 방법을 체득했기 때문이다.
불이문을 성취하는 목적이 각성의 무명적 습성과 밝은성품의 자연적 성향을 제도하고, 생멸심을 제도해서 대자비심으로 전환시키는 것이다. 일심법계 부처님은 이 과정을 통해서 능연(能緣)을 주재할 수 있는 힘을 얻는다.
이것을 능연지력(能緣智力)이라 한다.
능연지력(能緣智力)이란 의도를 통해서 식의 바탕과 심의 바탕이 서로 만날 수 있도록 해주는 능력을 말한다.
능연지력이 쓰여지면 본성(本性)이 드러나고 새로운 생명이 생겨나게 된다.
부처님과 본원본제가 동법계를 이룬 상태에서는 부처님의 능연지력이 쓰여진다.
그 결과로 천백억의 등각화신불들이 생겨난다.
네 보살의 이름은 부처님이 능연지력을 활용하는 과정을 표현한 것이다.

본원본제의 향하문적 성향을 제도하기 위해서 갖춰야 하는 세 번째 면모는 원통식이다.

생멸식의 육근과 진여식의 암마라식을 제도해서 원통식을 갖춘다.
이는 두 가지 용도로 쓰여진다.
첫째는 본원본제의 식(識)으로 활용된다.
둘째는 천백억 등각보살들의 식(識)으로 쓰여진다.

일심법계 부처님과 본원본제가 동법계를 이룬 상태에서 이루어지는 능연행(能緣行)은 네 단계로 진행된다.
첫째가 상행(上行)이다.
대적정으로 본원본제의 본성과 일치를 이룬 상태이다.
각성의 각조적 습성을 제도하는 과정이다.
불성(佛性)으로 여시상(如是相)을 제도하는 과정이다.

둘째가 무변행(無邊行)이다.
일심법계의 체(體)로 본원본제의 체(體)를 덮은 상태이다.
불상(佛相)으로 여시체(如是體)를 제도하는 과정이다.

셋째가 정행(淨行)이다.
일심법계의 원통식과 본원본제의 무념처를 일치시킨 상태이다. 불(佛)의 원통식으로 본원본제의 식(識)을 갖춰주는 과정이다.

넷째가 안립행(安立行)이다.

일심법계의 대자비심과 본원본제의 무심처를 일치시킨 상태이다. 불(佛)의 대자비심으로 본원본제의 심(心)을 갖춰주는 과정이다.

각각의 과정에서 등각화신불들이 생겨난다.
그 과정에서 생겨나는 등각화신불들을 네 가지 이름으로 지어준 것이다.

본문

世尊安樂	少病少惱	敎化衆生	得無疲倦
세존안락	**소병소뇌**	**교화중생**	**득무피권**
又諸衆生	受化易不	不令世尊	生疲勞耶
우제중생	**수화이부**	**불령세존**	**생피로야**

세존께서	안락하사	병도없고	고통없어
중생교화	하시느라	피로함이	없나이까
또한여러	중생들이	가르침을	잘받아서
세존님의	몸과마음	피로하게	않나이까

爾時世尊於菩薩大衆中。而作是言。如是如是。
이시세존어보살대중중. 이작시언. 여시여시.
諸善男子。如來安樂少病少惱。諸衆生等易可化度。無有

제선남자. 여래안락소병소뇌. 제중생등이가화도. 무유
疲勞。 所以者何。 是諸眾生。 世世已來常受我化。 亦於過
피로. 소이자하. 시제중생. 세세이래상수아화. 역어과
去諸佛。 供養尊重種諸善根。 此諸眾生。 始見我身聞我所
거제불. 공경존중종제선근. 차제중생. 시견아신문아소
說。 即皆信受入如來慧。 除先修習學小乘者。 如是之人。
설. 즉개신수입여래혜. 제선수습학소승자. 여시지인.
我今亦令得聞是經入於佛慧。 爾時諸大菩薩。 而說偈言。
아금역령득문시경입어불혜. 이시제대보살. 이설게언.

이때 세존은 보살 대중 가운데서 이렇게 말씀하셨다.
"그러하다, 그러하다, 선남자들아. 여래는 안락하고 병 없고 번거롭지 않으며, 중생들도 제도하기 쉬워 피로하지 아니하니라. 왜냐하면, 이 모든 중생들은 세세생생에 항상 나의 교화를 받았고, 과거의 여러 부처님께도 공양하고 존중하며 모든 선근을 심었기 때문이니라.
이 중생들은 처음 내 몸을 보고 내 말을 듣고는 모두 믿어 여래의 지혜에 들어갔나니라.
처음부터 소승을 배워 익힌 이는 제외할 것이나, 이런 사람들도 내가 이제 그로 하여금 이 경을 듣고 부처 지혜에 들어가게 하리라."
이때, 모든 큰 보살들이 게송을 읊었다.

善哉善哉	大雄世尊	諸衆生等	易可化度
선재선재	**대웅세존**	**제중생등**	**이가화도**
能問諸佛	甚深智慧	聞已信行	我等隨喜
능문제불	**심심지혜**	**문이신행**	**아등수희**

거룩하고	훌륭하신	대웅이신	세존께서
많은중생	근기따라	매우쉽게	제도하니
매우깊은	불지혜를	부처님께	묻는그들
듣고믿어	행하오니	저희들도	기쁩니다

於時世尊。讚歎上首諸大菩薩。善哉善哉善男子。
어시세존. 찬탄상수제대보살. 선재선재선남자.
汝等能於如來發隨喜心。爾時彌勒菩薩。及八千恒河沙諸
여등능어여래발수희심. 이시미륵보살. 급팔천항하사제
菩薩衆。皆作是念。我等從昔已來。不見不聞如是大菩薩
보살중. 개작시념. 아등종석이래. 불견불문여시대보살
摩訶薩衆。從地踊出住世尊前。合掌供養問訊如來。時彌
마하살중. 종지용출주세존전. 합장공양문신여래. 시미
勒菩薩摩訶薩。知八千恒河沙諸菩薩等心之所念。并欲自
륵보살마하살. 지팔천항하사제보살등심지소념. 병욕자
決所疑。合掌向佛。以偈問曰。
결소의. 합장향불. 이게문왈.

이때 세존께서는 여러 우두머리 큰 보살들을 칭찬하시었다.
"착하여라, 착하여라, 선남자여. 그대들이 능히 여래에게 기뻐하는 마음을 내는구나."
그때 미륵보살과 8천 항하사 보살들은 모두 이렇게 생각하였다.
'우리는 옛적부터 지금까지 이러한 대보살마하살들이 땅에서 솟아 올라와서 세존 앞에 머물러 합장하고 공양하며, 여래께 문안드리는 것을 보지도 못하고 듣지도 못하였도다.'
이때 미륵보살마하살은 8천 항하사 보살들의 생각을 알고, 자기의 의심도 해결할 겸 해서 부처님께 게송으로 여쭈었다.

강설

"우리는 옛적부터 지금까지 이러한 대보살마하살들이 땅에서 솟아 올라와서 세존 앞에 머물러 합장하고 공양하며, 여래께 문안드리는 것을 보지도 못하고 듣지도 못하였도다."

미륵보살과 8천 항하사 보살들도 이런 일을 처음 봤다고 말한다. '도대체 어느 때부터 사바세계 밑에서 이런 대보살들이 수행을 하고 있었을까?' 이런 의구심이 생기는 것이다.

연기(緣起)를 통해서 출현한 생명은 각성의 무명적 습성과 밝은성품의 자연적 성향, 그리고 생멸심을 갖고 있다. 하지만 연기를 거치지 않고 생겨난 화신들은 이 세 가지 허물이 없다.

연기를 거쳐서 태어난 생명을 '무명(無明) 소생'이라 한다. 연기를 거치지 않고 태어난 생명을 '명(明) 소생'이라 한다. 무명 소생들이 묘법연화경을 이해하는 것은 대단히 어렵다. 여래장연기의 원인과 과정을 이해하는 것이 어렵기 때문이다. 이와 같은 연유로 이 법을 전하는 역할만큼은 명(明) 소생의 생명들에게 맡기려는 것이다.

본문

無量千萬億　　大衆諸菩薩　　昔所未曾見　　願兩足尊說
무량천만억　　대중제보살　　석소미증견　　원양족존설
是從何所來　　以何因緣集　　巨身大神通　　智慧叵思議
시종하소래　　이하인연집　　거신대신통　　지혜파사의
其志念堅固　　有大忍辱力　　衆生所樂見　　爲從何所來
기지염견고　　유대인욕력　　중생소락견　　위종하소래

　　한량없는　　천만억의　　여러대중　　보살들은
　　일찍이　　　못보던일　　양족존은　　설하소서
　　어디에서　　오셨으며　　모인인연　　무엇인가
　　크신몸에　　큰신통력　　지혜또한　　부사의라

| 뜻과생각 | 견고하고 | 인욕의힘 | 크게있어 |
| 중생보기 | 즐거우니 | 어디에서 | 왔나이까 |

강설

미륵보살도 이 보살들이 어디에서 왔는지 모르고 있다.
미륵은 아직까지 본원본제의 일을 모르기 때문이다.
그들이 왜 모여있는지 그 이유도 모르고 있다.

"크신몸에 큰신통력 지혜또한 부사의라
 뜻과생각 견고하고 인욕의힘 크게있어
 중생보기 즐거우니 어디에서 왔나이까"

미륵은 10지 보살이다.
미륵보다 큰 몸을 갖고 있다는 것은 그들이 등각의 성취를 이루고 있다는 뜻이다.
그런 존재들이 한꺼번에 나타나니 도대체 어디에서 왔느냐고 여쭙는 것이다.

본문

| 一一諸菩薩 | 所將諸眷屬 | 其數無有量 | 如恒河沙等 |
| 일일제보살 | 소장제권속 | 기수무유량 | 여항하사등 |

或有大菩薩	將六萬恒沙	如是諸大衆	一心求佛道
혹유대보살	**장육만항사**	**여시제대중**	**일심구불도**
是諸大師等	六萬恒河沙	俱來供養佛	及護持是經
시제대사등	**육만항하사**	**구래공양불**	**급호지시경**

하나하나	보살들이	거느리는	여러권속
그수효가	한량없어	항하강의	모래같네
혹은어느	큰보살은	육만권속	거느리니
이와같이	많은대중	일심으로	불도구해
육만항하	모래같은	많은대사	함께와서
부처님께	공양하고	이경받아	수호하니

강설

그 대보살들이 거느린 권속들이 한량없이 많은데 그들은 어디에서 온 존재들일까?
등각화신불들은 본원본제와 동법계를 이룬 상태에서 생겨난 존재들이다. 그렇다면 그들이 거느린 권속들은 어디에서 왔을까? 등각화신불 스스로가 생성해낸 존재들이다. 등각보살들도 부처님처럼 능연(能緣)지력을 갖추고 있다는 말씀이시다.

본문

將五萬恒沙	其數過於是	四萬及三萬	二萬至一萬
장오만항사	**기수과어시**	**사만급삼만**	**이만지일만**
一千一百等	乃至一恒沙	半及三四分	億萬分之一
일천일백등	**내지일항사**	**반급삼사분**	**억만분지일**
千萬那由他	萬億諸弟子	乃至於半億	其數復過上
천만나유타	**만억제제자**	**내지어반억**	**기수부과상**
百萬至一萬	一千及一百	五十與一十	乃至三二一
백만지일만	**일천급일백**	**오십여일십**	**내지삼이일**
單己無眷屬	樂於獨處者	俱來至佛所	其數轉過上
단기무권속	**낙어독처자**	**구래지불소**	**기수전과상**
如是諸大衆	若人行籌數	過於恒沙劫	猶不能盡知
여시제대중	**약인행주수**	**과어항사겁**	**유불능진지**

오만항하 거느린이 그보다도 수가많고
사만이나 삼만이나 이만내지 일만이며
일천이나 일백내지 일항하의 모래수요
반분이나 삼사내지 억만분의 일이오며
천만의   나유타며 만억의   여러제자
반억권속 거느린이 그수보다 더욱많고
백만내지 일만이며 일천내지 일백명과
오십에서 십을지나 셋둘하나 거느리며
권속없이 홀몸으로 다니기를 즐겨하여
세존앞에 나온이도 그수보다 더많으니

| 이와같이 | 많은대중 | 숫자로써 | 헤아리려 |
| 항하모래 | 겁다해도 | 능히할수 | 없나이다 |

강설

이 대목을 보면 등각보살들도 차별이 있다. 그렇기 때문에 보살마다 거느린 권속 수가 다른 것이다. 등각 보살들도 처음부터 능연지력을 쓸 수 있었던 것이 아니다. 일정 과정의 수행을 거쳐야 능연지력을 활용할 수 있게 된다. 깨달음의 성취에 따라서 거느리는 권속 수가 달라진다.

본문

是諸大威德　　精進菩薩衆　　誰爲其說法　　教化而成就
시제대위덕　　정진보살중　　수위기설법　　교화이성취

從誰初發心　　稱揚何佛法　　受持行誰經　　修習何佛道
종수초발심　　칭양하불법　　수지행수경　　수습하불도

如是諸菩薩　　神通大智力　　四方地震裂　　皆從中涌出
여시제보살　　신통대지력　　사방지진열　　개종중용출

世尊我昔來　　未曾見是事　　願說其所從　　國土之名號
세존아석래　　미증견시사　　원설기소종　　국토지명호

我常遊諸國　　未曾見是衆　　我於此衆中　　乃不識一人

아상유제국　　미증견시중　　아어차중중　　내불식일인
忽然從地出　　願說其因緣
홀연종지출　　원설기인연

이와같이	많은위덕	정진하는	보살대중
어느누가	설법해서	교화성취	시켰으며
누구따라	발심하고	어느불법	찬양하며
무슨경전	받아지녀	어떤불도	익혔을까
이와같이	많은보살	신통력과	큰지혜로
사방의땅	진동시켜	그속에서	나왔으니
우리들은	옛날부터	이런일은	본적없어
그보살들	오신국토	이름설해	주옵소서
여러국토	다녔으나	이들대중	못보았고
이들중의	한사람도	아는이가	없사오니
홀연히	땅에서	솟아오른	그인연을
원하오니	설하소서		

강설

사바세계 아래쪽에 어떤 국토가 있었는지 참으로 궁금한 대목이다.
그 국토가 만들어지는 과정은 짐작이 가지만 부처님의 대답이 궁금해진다.

미륵보살과 8만 항하사 보살들도 보지 못한 사바세계 아래의 허공국토, 참으로 궁금하다.
그 세계는 여래장계 안에 존재하는 세계일까?
아니면 여래장계 밖에 존재하는 세계일까?

본문

今此之大會	無量百千億	是諸菩薩等	皆欲知此事
금차지대회	**무량백천억**	**시제보살등**	**개욕지차사**
是諸菩薩衆	本末之因緣	無量德世尊	唯願決衆疑
시제보살중	**본말지인연**	**무량덕세존**	**유원결중의**

지금여기	모인대중	한량없는	백천만억
많고많은	보살들도	한결같은	마음으로
이런일은	무슨인연	모두알기	원하오니
이많은	보살들의	본말의	인연들을
무량위덕	세존께서	의심풀어	주옵소서

강설

'**본말의 인연**'이란 원인과 결과의 인연을 말한다.
'무엇을 근본으로 저 등각보살들이 출현했으며 무엇을 위해 출현했는가'를 말씀해 달라는 것이다.

미륵보살도 여러 국토를 다녔으나 이런 대중을 본 적이 없고 한 사람도 아는 이가 없다고 말한다.
즉 인연이 없었다는 말이다.
미륵은 연기를 통해 태어난 생명이다.
10지 보살이 되기까지 여래장계 수많은 생멸문에서 공덕을 심었다. 특히 사바세계의 모든 인연과보에 대해서는 부처님 다음으로 가장 많이 알고 있다. 그가 사바세계 출신이기 때문이다.
그런 미륵이 모르는 존재들이라면 연기를 거쳐서 생겨난 생명들이 아니다.
본원본제의 인연과보로 태어난 생명들이 아니라는 말이다.
불인(佛因)과 여시인(如是因)이 서로 합쳐져서 생겨난 존재다라는 것을 암시해 주는 대목이다.

본문

爾時釋迦牟尼分身諸佛。從無量千萬億他方國土來者。
이시석가모니분신제불. 종무량천만억타방국토래자.
在於八方諸寶樹下師子座上結加趺坐。其佛侍者。各各見
재어팔방제보수하사자좌상결가부좌. 기불시자. 각각견
是菩薩大眾。於三千大千世界四方從地踊出住於虛空。各
시보살대중. 어삼천대천세계사방종지용출주어허공. 각
白其佛言。世尊。此諸無量無邊阿僧祇菩薩大眾。從何所

**백기불언. 세존. 차제무량무변 아승지보살대중 종하소
來. 爾時諸佛各告侍者. 諸善男子. 且待須臾. 有菩薩摩
래. 이시제불각고시자. 제선남자. 차대수유. 유보살마
訶薩. 名曰彌勒. 釋迦牟尼佛之所授記. 次後作佛. 以問
하살. 명왈미륵. 석가모니불지소수기. 차후작불. 이문
斯事. 佛今答之. 汝等自當因是得聞.
사사. 불금답지. 여등자당인시득문.**

이때 석가모니불의 분신 부처님들로서 한량없는 천만억 다른 국토에서 오신 이들이 팔방의 보배 나무 아래 있는 사자좌에서 결가부좌하고 앉으셨는데, 그 부처님의 시자들도 이 보살대중이 3천대천세계의 사방에서 땅으로 솟아올라와 허공에 머물러 있음을 보고, 각각 그 부처님께 사뢰었다.
"세존이시여, 이 한량없고 그지없는 아승지 보살 대중들은 어디로부터 왔나이까."
그때, 여러 부처님들이 각각 그 시자에게 말씀하셨다.
"선남자들아, 잠깐만 기다려라. 여기 보살마하살이 있으니, 이름은 미륵이라. 석가모니 부처님의 수기를 받아 이다음에 성불할 사람인데, 지금 이것을 물어서 부처님이 곧 대답하시리니, 그대들은 이에 의하여 스스로 듣게 되리라."

강설

분신불의 시자들도 이 보살들을 모른다.
분신불은 부처님이 성불하고 나서 일심법계에서 나투어진 천백억화신이다. 그 분신불들도 모른다.
분신불들도 모르게 일어난 일.
본불과 분신불의 사이에서는 모르는 일이 없다.
특히 정토불사의 일을 놓고서는 모르는 일이 없다.
여래장계의 10방의 수많은 생멸물을 제도하는 분신불들은 본불과 모두 연결되어 있다. 오로지 모르는 일이라면 분신불들이 생겨나기 이전의 일들이다.
8천만억 분신불들이 생겨나기 이전에 본원본제와 부처님 사이에서 천만억×6만 항하사수 보살들이 출현하셨다.
그렇다면 그 일이 언제 일어났을까?

본문

爾時釋迦牟尼佛。告彌勒菩薩。善哉善哉阿逸多。乃能問
이시석가모니불. 고미륵보살. 선재선재아일다. 내능문
佛如是大事。汝等當共一心。被精進鎧發堅固意。如來今
불여시대사. 여등당공일심. 피정진개발견고의. 여래금
欲顯發宣示諸佛智慧。諸佛自在神通之力。諸佛師子奮迅
욕현발선시제불지혜. 제불자재신통지력. 제불사자분신
之力。諸佛威猛大勢之力。爾時世尊。欲重宣此義。而說
지력. 제불위맹대세지력. 이시세존. 욕중선차의. 이설

偈言。
게언.

이때, 석가모니 부처님이 미륵보살에게 말씀하셨다.
"착하여라, 착하여라, 아일다여. 그대 능히 부처님께 이렇게 큰일을 묻는구나.
그대들은 다 같이 일심으로 정진하는 갑옷을 입고 견고한 마음을 일으켜라.
여래가 지금 여러 부처님의 지혜와 여러 부처님의 자재한 신통의 힘과, 여러 부처님의 사자같이 놀라운 힘과 여러 부처님의 위엄있고 용맹하고 크신 세력을 나타내어 설하려 하노라."
그때, 세존께서 이 뜻을 거듭 펴시려고 게송을 읊으셨다.

강설

"그대 능히 부처님께 이렇게 큰일을 묻는구나"

부처님께서 이 일을 '큰일'이라고 말씀하신다.

"여래가 지금 여러 부처님의 지혜와 여러 부처님의 자재한 신통의 힘과, 여러 부처님의 사자같이 놀라운 힘과 여러 부처님의 위엄 있고 용맹하고 크신 세력을 나타내어 설하려 하노라."

여러 부처님들이 갖고 계신 지혜와 자재한 신통의 힘과 십력과 위엄있고 용맹하고 크신 세력을 나타내서 말씀하시겠다고 하신다. 그만큼 중대하고 틀림없는 말씀을 하시겠다는 의도를 밝힌 것이다.

본문

當精進一心	我欲說此事	勿得有疑悔	佛智叵思議
당정진일심	**아욕설차사**	**물득유의회**	**불지파사의**
汝今出信力	住於忍善中	昔所未聞法	今皆當得聞
여금출신력	**주어인선중**	**석소미문법**	**금개당득문**
我今安慰汝	勿得懷疑懼	佛無不實語	智慧不可量
아금안위여	**물득회의구**	**불무불실어**	**지혜불가량**
所得第一法	甚深叵分別	如是今當說	汝等一心聽
소득제일법	**심심파분별**	**여시금당설**	**여등일심청**

일심으로   정진하라   내가이일   말하리니
의심조차   품지마라   부처지혜   부사의라
너는이제   믿음내어   인욕에잘   머물러서
일찍이   못듣던법   마땅히   들으리라
내너희들   위로하니   의심말고   두려워마라
부처말씀   진실이며   지혜또한   한량없다
얻은바   제일의법   분별하기   어려울새

이제바로　　설하리니　　일심으로　　잘들어라

爾時世尊說此偈已。告彌勒菩薩。我今於此大衆。宣告汝
이시세존설차게이. 고미륵보살. 아금어차대중. 선고여
等。阿逸多。是諸大菩薩摩訶薩。無量無數阿僧祇從地踊
등. 아일다. 시제대보살마하살. 무량무수아승지종지용
出。汝等昔所未見者。我於是娑婆世界。得阿耨多羅三藐
출. 여등석소미견자. 아어시사바세계. 득아뇩다라삼먁
三菩提已。教化示導是諸菩薩。調伏其心令發道意。
삼보리이. 교화시도시제보살. 조복기심영발도의.
此諸菩薩皆於是娑婆世界之下此界虛空中住。於諸經典讀
차제보살개어시사바세계지하차계허공중주. 어제경전독
誦通利思惟分別正憶念。阿逸多。是諸善男子等。不樂在
송통리사유분별정억념. 아일다. 시제선남자등. 불락재
衆多有所說。常樂靜處懃行精進未曾休息。亦不依止人天
중다유소설. 상락정처근행정진미증휴식. 역불의지인천
而住。常樂深智無有障礙。亦常樂於諸佛之法。一心精進
이주. 상락심지무유장애. 역상락어제불지법. 일심정진
求無上慧。爾時世尊欲重宣此義。而說偈言。
구무상혜. 이시세존욕중선차의. 이설게언.

그때, 세존께서 이 게송을 설하시고 미륵보살에게 말씀하셨다.
"내, 이제 이 대중 가운데서 그대들에게 말하리라.

아일다여, 이 한량없고 수없는 아승지 대보살마하살들이 땅에서 솟아올라온 일은 네가 일찍이 보지 못한 것이니라.
나는 이 사바세계에서 아뇩다라삼먁삼보리를 얻은 후부터 이 보살들을 교화하고 지도하여, 그들의 마음을 조복하고 도에 대한 마음을 일으키게 하였느니라.
이 모든 보살들은 이 사바세계의 아래 그 세계의 허공에 머물러 있으면서, 모든 경전을 읽고 외고 통달하고 생각하고 분별하여 바르게 기억하였느니라.
아일다여, 이 선남자들은 대중 가운데 있으면서 설법하기를 좋아하지 않고, 고요한 곳에서 부지런히 정진하기를 좋아하여 잠깐도 쉬지 아니하였으며, 또 인간에나 천상에 머무르지 아니하고 항상 깊은 지혜를 좋아하여 걸림이 없으며, 부처님의 법을 좋아해 일심으로 정진하면서 위 없는 지혜를 구하였느니라."
이때, 세존께서 이 뜻을 거듭 펴시려고 게송을 읊으셨다.

강설

"나는 이 사바세계에서 아뇩다라삼먁삼보리를 얻은 후부터 이 보살들을 교화하고 지도하여, 그들의 마음을 조복하고 도에 대한 마음을 일으키게 하였느니라."

석가모니 부처님이 사바세계에서 아뇩다라삼먁삼보리를 얻으신 것이 언제였을까?

49년 전이었을까?
아니면 22,356대겁 전이었을까?
어떤 경우라도 모두 가능한 일이다.
한나절을 50소겁으로 늘일 수 있기 때문이다.

"이 모든 보살들은 이 사바세계의 아래 그 세계의 허공에 머물러 있으면서, 모든 경전을 읽고 외고 통달하고 생각하고 분별하여 바르게 기억하였느니라."

사바세계의 아래라는 것은 여래장계의 바깥을 의미한다.
본원본제의 여래장계를 벗어난 곳에 인큐베이터가 있다.
그곳에서 이 보살마하살들을 가르쳤다는 말씀이시다.
그 화신불들은 부처님의 모든 가르침들을 통달하고 있다는 말씀이시다.

본문

阿逸汝當知	是諸大菩薩	從無數劫來	修習佛智慧
아일여당지	**시세대보살**	**종무수겁래**	**수습불지혜**
悉是我所化	令發大道心		
실시아소화	**영발대도심**		
此等是我子	依止是世界	常行頭陀事	志樂於靜處
차등시아자	**의지시세계**	**상행두타사**	**지락어정처**

捨大衆憒鬧
사대중궤료
晝夜常精進
주야상정진
志念力堅固
지념력견고
我於伽耶城
아어가야성
爾乃敎化之
이내교화지
我今說實語
아금설실어

不樂多所說
불락다소설
爲求佛道故
위구불도고
常勤求智慧
상근구지혜
菩提樹下坐
보리수하좌
令初發道心
영초발도심
汝等一心信
여등일심신

如是諸子等
여시제자등
在娑婆世界
재사바세계
說種種妙法
설종종묘법
得成最正覺
득성최정각
今皆住不退
금개주불퇴
我從久遠來
아종구원래

學習我道法
학습아도법
下方空中住
하방공중주
其心無所畏
기심무소외
轉無上法輪
전무상법륜
悉當得成佛
실당득성불
敎化是等衆
교화시등중

미륵이여	바로알라	이에많은	큰보살들
수가없는	겁을따라	불지혜를	닦고익혀
이는모두	나의교화	큰도마음	내게하니
그들모두	나의아들	이세계에	의지하여
두타의행	항상하고	고요한곳	좋아하며
시끄러운	대중피해	많은설법	하지않고
이와같이	많은아들	나의큰도	배워익혀
밤낮없이	정진하여	부처님법	구하므로
사바세계	아래있는	허공중에	머무르며
뜻과생각	견고하여	지혜항상	구하면서

가지가지	묘법설해	두려운맘	하나없네
또한내가	가야성의	보리나무	아래앉아
최정각을	성취하고	위가없이	높고바른
무상법륜	굴리어서	이모두를	교화하고
처음으로	도의마음	일으키게	하였더니
불퇴지에	머물면서	모두성불	얻으리라
내가말한	이진실을	일심으로	믿을지라
옛날부터	이대중들	내가교화	다했노라

강설

"수가없는 겁을따라 불지혜를 닦고익혀"

'수가 없는 겁을 따라'라고 말씀하시는 것을 보면 22,356 대겁 전부터 부처님의 가르침을 받았던 것 같다.

"그들모두 나의아들 이세계에 의지하여"

이 존재들을 나의 아들이라고 표현하신다.
나의 제자라고 표현할 수도 있는데 아들이라고 표현한 것은 본원본제와 동법계를 이룬 상태에서 생겨난 화신이라는 것을 강조하는 말씀이다.

부처님은 49년 전 묘각을 이룬 뒤에 천백억화신불들을 만들었다. 그 천백억화신들이 각각 천백억화신들을 만들어서 8천만억의 분신불들과 그들의 권속들이 생겨났다.
그 일을 행하시기 전에 묘각을 이루는 과정에서 본원본제와 동법계를 이루었다.

석가모니 부처님의 화두는 생·노·병·사(生老病死)의 원인과 과정을 알고 그것에서 벗어나는 것이었다.
6년 고행을 하면서 비상비비상처정을 이루었지만 그 이치를 깨닫지 못했다.
그러다가 중관(中觀)을 통해서 12연기와 여래장연기의 이치를 알게 되었다. 생명의 시작과 연기의 원인을 들여다 본 부처님은 연기의 원인을 제도하기 위해 본원본제와 동법계를 이루고자 했다.
이때 활용했던 방편이 "라"자 발성이었다.
하지만 아무리 노력해도 본원본제와 동법계가 이루어지지 않았다.
그때 제석천왕이 나타나서 "람"자 발성을 해보시라고 권유해 드렸다. "람"자 발성을 통해 본원본제와 동법계가 이루어졌다. 동법계를 이룬 다음에는 상행(上行)과 무변행(無邊行), 정행(淨行)과 안립행(安立行)을 통해서 본원본제를 제도했다. 그 과정에서 천백억의 등각화신불들이 출현하게 되었다.

그렇게 생겨난 천백억화신불들을 가르치기 위해 연기가 일어나지 않는 청정국토를 새롭게 창조하게 되었다.
그곳에서 등각화신불들을 가르치셨다.
이 일이 일어난 것은 사바세계 시간으로는 49년 전이다.
하지만 부처님의 시간으로는 22,356대겁 전에 일어난 일이다.

"또한내가 가야성의 보리나무 아래앉아
 최정각을 성취하고 위가없이 높고바른
 무상법륜 굴리어서 이모두를 교화하고
 처음으로 도의마음 일으키게 하였더니
 불퇴지에 머물면서 모두성불 얻으리라"

석가모니 부처님이 성불하시고 나서 처음으로 교화한 이들이 이 등각보살들이라는 말씀이시다.

"내가말한 이진실을 일심으로 믿을지라
 옛날부터 이대중들 내가교화 다했노라"

참으로 놀라운 말씀이다.
석가모니 부처님은 이미 묘각을 이루는 그 순간부터 본원본제와 동법계를 이루셨다.
수기불인 연등불과 동법계를 이루지 않고 본원본제와 동법계를 이루었다는 것이 특이한 경우이다.

본문

爾時彌勒菩薩摩訶薩。及無數諸菩薩等。心生疑惑怪未曾
이시미륵보살마하살. 급무수제보살등. 심생의혹괴미증
有。而作是念。云何世尊於少時間。教化如是無量無阿僧
유. 이작시념. 운하세존어소시간. 교화여시무량무변아승
祇諸大菩薩。令住阿耨多羅三藐三菩提。即白佛言。
지제대보살. 영주아뇩다라삼먁삼보리. 즉백불언.
世尊。如來為太子時出於釋宮。去伽耶城不遠坐於道場。
세존. 여래위태자시출어석궁. 거가야성불원좌어도량.
得成阿耨多羅三藐三菩提。從是已來始過四十餘年。
득성아뇩다라삼먁삼보리. 종시이래시과사십여년.
世尊。云何於此少時大作佛事。以佛勢力以佛功德。教化
세존. 운하어차소시대작불사. 이불세력이불공덕. 교화
如是無量大菩薩眾當成阿耨多羅三藐三菩提。
여시무량대보살중당성아뇩다라삼먁삼보리.

이때 미륵보살마하살과 무수한 보살들이 의심을 내고 처음 보는 일이라 하며 이렇게 생각하였다.
'세존께서 어떻게 이 짧은 세월 동안에 이렇게 한량없고 그지없는 아승지 수의 대보살들을 교화하여 아뇩다라삼먁삼보리에 머무르게 하시었는가.'라고.
그래서 부처님께 사뢰었다.
"세존이시여, 여래께서는 태자로 계시다가 석가족의 궁궐에서 나오시어 가야성에서 얼마 멀지 않는 도량에 앉아 아뇩다라삼먁삼보리를 이루셨나이다.
그때부터 지금까지 40여 년쯤 되었는데, 세존께서 어떻게 이 짧은 시간에 큰 불사를 지으셨습니까.
부처님의 세력에 의함입니까, 부처님의 공덕에 의함입니까.
이와 같은 한량없는 대보살들을 어떻게 교화하여 아뇩다라삼먁삼보리를 이루게 하시었나이까.

강설

미륵보살과 대중들은 아직도 부처님만이 갖고 계시는 능연지력(能緣智力)에 대해서 모르고 있다.
의도한 대로 연(緣)을 조절할 수 있으면 새로운 생명도 창조할 수 있고 본원본제도 창조할 수 있다.
그로 인해서 새로운 여래장을 창조하고 시공의 얽매임에서 벗어날 수 있게 된다.

본문

世尊。此大菩薩眾。假使有人。於千萬億劫。數不能盡不

세존. 차대보살중. 가사유인. 어천만억겁. 수불능진부
得其邊。斯等久遠已來。於無量無邊諸佛所殖諸善根。成
득기변. 사등구원이래. 어무량무변제불소식제선근. 성
就菩薩道常修梵行。
취보살도상수범행.

세존이시여, 이 대보살 무리들은, 어떤 사람이 천 만억 겁 동안을 두고 세어도 다할 수 없어 그 끝을 알 수 없을 것이옵니다.
이네들은 오랜 옛날부터 지금까지 한량없고 그지없는 부처님 계신 데서 여러 가지 선근을 심고 보살의 도를 성취하며, 항상 범행을 닦았을 것입니다.

강설

이렇게 많은 보살들을 어느 세월에 가르치셨으며, 이와 같은 깨달음을 얻기 위해서는 수많은 세월을 필요로 했을 터인데 언제부터 가르치게 되었냐고 여쭙는 것이다.

본문

世尊。如此之事世所難信。譬如有人。色美髮黑年二十五。
세존. 여차지사세소난신. 비여유인. 색미발흑연이십오.

指百歲人言是我子。其百歲人。亦指年少言是我父生育我
지백세인언시아자. 기백세인. 역지연소언시아부생육아
等。是事難信。佛亦如是。得道已來其實未久。而此大衆
등. 시사난신. 불역여시. 득도이래기실미구. 이차대중
諸菩薩等。已於無量千萬億劫。爲佛道故懃行精進。善入
제보살등. 이어무량천만억겁. 위불도고근행정진. 선입
出住無量百千萬億三昧。得大神通久修梵行。善能次第習
출주무량백천만억삼매. 득대신통구수범행. 선능차제습
諸善法。巧於問答人中之寶。一切世間甚爲希有。
제선법. 교어문답인중지보. 일체세간심위희유.

세존이시여, 이런 일은 세상 사람들이 믿기 어려운 일입니다. 비유하면, 어떤 사람이 얼굴이 예쁘고 머리카락이 검은 25세 쯤의 젊은이로서, 100살 된 노인을 가리켜 내 아들이라 하고, 100살 된 노인도 그 젊은이를 가리켜 나의 아버지로 나를 낳아 길렀다 한다면, 이 일은 믿을 수 없을 것입니다.
부처님도 그와 같아서 도를 얻으신 지 오래지 않사온데, 이 보살 대중들은 이미 한량없는 천만억 겁부터 불도를 위하여 부지런히 정진하였사오며, 한량없는 백 천 만억 삼매에 잘 들고 나며 머물러서 큰 신통을 얻고, 오래도록 범행을 닦았으며, 모든 선한 법을 차례차례 익히어 문답에 능하여 사람 가운데 보배로, 모든 세간에서 매우 희유한 일입니다.

강설

부처님의 연세가 저 보살들보다 많지 않은데 어떻게 그런 일이 있을 수 있느냐고 여쭙고 있다.
부처님은 성불하신지 겨우 49년이 되셨고 이 보살 대중들은 이미 한량없는 천만억겁 전부터 불도를 닦았는데 어떻게 부처님께서 처음부터 가르침을 줄 수 있었냐는 말이다.

본문

今日世尊方云得佛道時初令發心敎化示導。令向阿耨多羅
금일세존방운득불도시초영발심교화시도. 영향아뇩다라
三藐三菩提。世尊得佛未久。乃能作此大功德事。
삼먁삼보리. 세존득불미구. 내능작차대공덕사.

오늘 세존께서 말씀하시기를, 바른 각을 이루었을 적에 처음으로 마음을 내게 하고 교화하여 지도하여 아뇩다라삼먁삼보리에 나아가게 하셨다 하였나이다.
세존께서 부처를 이루신지 오래지 않았사온데 이렇게 큰 공덕을 능히 지으셨나이까.

강설

처음 성도했을 때부터 가르쳤다 하셨는데 49년 만에 어떻게 초심자를 등각보살이 되도록 하셨느냐는 말이다.

본문

我等雖復信佛隨宜所說。佛所出言未曾虛妄。
아등수부신불수의소설. 불소출언미증허망.
佛所知者皆悉通達。然諸新發意菩薩。於佛滅後。若聞是
불소지자개실통달. 연제신발의보살. 어불멸후. 약문시
語或不信受。而起破法罪業因緣。唯然世尊。願為解說除
어혹불신수. 이기파법죄업인연. 유연세존. 원위해설제
我等疑。及未來世諸善男子。聞此事已亦不生疑。爾時彌
아등의. 급미래세제선남자. 문차사이역불생의. 이시미
勒菩薩欲重宣此義。而說偈言。
륵보살욕중선차의. 이설게언.

저희들은 부처님이 마땅하게 하시는 말씀을 믿삽고, 부처님이 설하시는 말씀이 허망하지 않으며, 부처님은 아실 것을 다 통달하였음을 믿습니다.
그러나 만일 새로 발심한 보살들이 부처님이 열반하신 뒤에 이 말씀을 듣자오면, 혹 믿지 아니하고 법을 파괴하는 죄업의 인연을 일으킬듯 하오니, 바라옵건대 세존께서 풀어 말씀하시사 저희들의 의심을 덜게 하시며, 오는 세상의 모든 선남자들이 이 사실을 듣고 의심을 내지 않게 하여 주시옵소서."
이때, 미륵보살이 이 뜻을 거듭 펴려고 게송을 읊었다.

강설

비록 제자들은 이 말씀을 믿지만 뒤에 오는 불자들이 이 말을 들으면 황당하다 할 수 있으니 죄를 짓지 않게 하기 위해서 그 이치를 설명해 달라는 말이다.

본문

佛昔從釋種	出家近伽耶	坐於菩提樹	爾來尙未久
불석종석종	**출가근가야**	**좌어보리수**	**이래상미구**
此諸佛子等	其數不可量	久已行佛道	住於神通力
차제불자등	**기수불가량**	**구이행불도**	**주어신통력**
善學菩薩道	不染世間法	如蓮華在水	從地而涌出
선학보살도	**불염세간법**	**여연화재수**	**종지이용출**
皆起恭敬心	住於世尊前	是事難思議	云何而可信
개기공경심	**주어세존전**	**시사난사의**	**운하이가신**
佛得道甚近	所成就甚多	願爲除衆疑	如實分別說
불득도심근	**소성취심다**	**원위제중의**	**여실분별설**
譬如少壯人	年始二十五	示人百歲子	髮白而面皺
비여소장인	**연시이십오**	**시인백세자**	**발백이면추**

是等我所生	子亦說是父	父少而子老	舉世所不信
시등아소생	**자역설시부**	**부소이자노**	**거세소불신**
世尊亦如是	得道來甚近	是諸菩薩等	志固無怯弱
세존역여시	**득도래심근**	**시제보살등**	**지고무겁약**
從無量劫來	而行菩薩道	巧於難問答	其心無所畏
종무량겁래	**이행보살도**	**교어난문답**	**기심무소외**
忍辱心決定	端正有威德	十方佛所讚	善能分別說
인욕심결정	**단정유위덕**	**시방불소찬**	**선능분별설**
不樂在人衆	常好在禪定	爲求佛道故	於下空中住
불락재인중	**상호재선정**	**위구불도고**	**어하공중주**
我等從佛聞	於此事無疑	願佛爲未來	演說令開解
아등종불문	**어차사무의**	**원불위미래**	**연설령개해**
若有於此經	生疑不信者	卽當墮惡道	願今爲解說
약유어차경	**생의불신자**	**즉당타악도**	**원금위해설**
是無量菩薩	云何於少時	敎化令發心	而住不退地
시무량보살	**운하어소시**	**교화령발심**	**이주불퇴지**

부처님은	오랜옛날	석씨왕성	출가하여
가야성의	가까운곳	보리나무	이래앉아
오래있지	않았건만	교화하신	여러불자
한량없고	가이없어	그수효를	알수없네
불도오래	행한그들	신통력에	머무르며
보살도를	잘배워서	세간법에	물안들어

물속에핀　　연꽃처럼　　땅속에서　　솟아나와
공경스런　　마음으로　　세존앞에　　있사오니
이런일은　　부사의라　　어찌우리　　믿으리까
성불하심　　가까운데　　성취한일　　많으시니
진실하게　　설하시어　　대중의심　　푸옵소서
비유하면　　이러하니　　스물다섯　　젊은이가
흰머리에　　주름잡힌　　백세노인　　가리키며
저사람은　　나의아들　　아들또한　　아비라니
아비젊고　　자식늙어　　세상누가　　믿으리까
세존또한　　이와같아　　도이룬지　　가까운데
이에많은　　보살들은　　뜻이굳고　　떳떳하며
한량없는　　옛날부터　　보살도를　　행하여서
문답에도　　교묘하니　　두려운맘　　하나없고
인욕의맘　　결정되어　　단정하고　　위덕있어
시방부처　　찬탄받고　　분별하여　　잘설하며
대중속을　　피하면서　　선정항상　　즐겨하며
부처님법　　구하려고　　아래허공　　머무르네
저희들은　　부처말씀　　의심다시　　없사오나
미래중생　　위하여서　　연설하여　　주옵소서
법화경을　　의심하여　　믿지않는　　사람들은
나쁜길에　　떨어지니　　해설하여　　주옵소서
그렇게도　　짧은세월　　한량없이　　많은보살
어떻게　　　교화하여　　도의마음　　내게하고

물러섬이   없는경지   머물도록   했나이까

강설

종지용출품(從地涌出品)의 내용은 다섯 가지로 요약된다.
하나는 연기를 거치지 않고 출현한 새로운 생명들이 어떻게 생겨나게 되었는지 그 과정과 절차에 대한 말씀이다.
둘은 그렇게 생겨난 생명들이 거처했던 공간이 생겨나게 된 이유와 과정에 대한 말씀이다.
셋은 본원본제와 동법계를 이루는 절차에 대한 것이다.
넷은 석가모니 부처님이 깨달음을 이루었던 시기와 부처님의 수명에 대한 것이다.
다섯은 연기를 거치지 않은 존재들이 갖고 있는 자질과 근기에 대한 것이다.

법화경을 보기 전에는 등각의 절차와 방법에 대해서 알지 못했다. 단순하게 불이문(不二門)을 이루는 것이라고만 알고 있었지, 12단계의 대적정문 체계와 23단계의 대자비문 체계에 대해서는 알지 못했다.
여래장연기의 원인과 과정에 대해 알게 되고 등각도의 절차를 알게 되니 본원본제의 일이 보이기 시작했다.
그러면서 본원본제의 향하문(向下門)적 성향에 대해 알게 되었다. 그때부터 본원본제의 제도에 대해 생각하게 되었다. 그즈음 "화성유품" 대통지승여래편을 보게 되었다. 그 대목을 읽고 나서 부처님께서 말씀하시는 정토불사의 최종 목적지가 본원본제의 제도라는 것을 알게 되었다. 그때부터 묘법연화경의 내용을 그 관점으로 들여다보게 되었다.
묘법연화경에는 본원본제가 출현하게 된 과정과, 본원본제의 상태와, 본원본제가 여래장계를 만들어가는 과정이 상세하게 표현되어 있었다.
그리고 본원본제를 제도할 수 있는 방법과 절차가 제시되어 있었다.

10여시(十如是)를 통해 본원본제로부터 여래장연기가 시작되는 원인과 과정에 대해 말씀하셨고, 여시본말구경등(如是本末究境等)을 통해 본원본제를 제도하는 절차에 대해 말씀하셨다.
본원본제가 출현하게 된 원인에 대해서는 여실성(如實性)이 드러나게 된 원인에 대해 말씀하시면서 설명하셨다. 연(緣)과 능성(能性), 각성(覺性), 대사(代謝)를 통해서 본원본제의 성(性)과 상(相)과 체(體)와 본연(本然)이 생겨나는 과정에 대해 말씀하셨다.
연(緣)으로 인해 본성(本性)이 드러나고 본성으로 인해 여시성(如是性)이 갖추어지며, 여시성으로 인해 능성(能性)이 생겨나고 능성으로 인해 각성(覺性)이 생겨나며, 각성으로 인해 여시상(如是相)이 갖춰진다.

여시상 안에서 이루어지는 각성의 비춤으로 인해 대사(代謝)가 시작되고 대사로 인해 여시체(如是體)가 생겨난다.
여시체 안에서 일어나는 본연(本然)으로 인해 자연(自然)과 인연(因緣)이 생겨나고 그로써 생멸연기와 진여연기가 시작된다.

본원본제와 동법계를 이루는 방법에 대해서는 묘법연화경을 통해서는 직접적으로 언급하지 않으셨다.
그 방법에 대해서는 밀교 경전을 통해 말씀하셨다.

본원본제와 동법계를 이룬 이후에 나타나는 변화와 절차에 대해서는 네 보살의 이름을 통해서 암시해 주셨다.
상행(上行), 무변행(無邊行), 정행(淨行), 안립행(安立行)이 그것이다.

본원본제와 동법계를 이룬 시기와 그 이후에 나타나는 결과에 대해 말씀하시는 대목이 종지용출품이다.
이 대목을 접하고부터는 부처님이 갖고 계시는 능연지력(能緣智力)에 대해서 알게 되었고 새로운 관점의 세계관을 갖게 되었다.

부처님이 본원본제와 동법계를 이루는 시기가 묘각도 이후일 것이라고 생각하고 있었다. 그래서 부처님의 여래지(如

來智)는 정토불사의 과정에서 얻어진 것이라고 생각하고 있었다. 하지만 종지용출품을 보면서 그 생각이 잘못되었다는 것을 알게 되었다.
부처님께서는 이미 묘각을 이루는 과정에서 본원본제와 동법계를 이루셨다.
그 시기에 대해서도 분신불들과 등각화신불들의 관계를 사례로 들고 처음 성도 이후부터 등각화신불들을 가르쳤다는 말씀으로 암시해 주신다.

부처님이 본원본제의 여래장계 밖에 새로운 여래장을 창조할 수 있는 것은 능연(能緣)을 조장할 수 있는 능력 때문이다. 그로인해 부처님은 향하문적 성향을 갖고 있지 않는 새로운 본원(本源)을 창조할 수 있다. 다중 구조의 여래장이 출현할 수도 있는 것이다.

묘법연화경 앞부분을 강의할 때는 10여시(十如是) 조차도 부처님에게서 일어난 변화인 줄 알았다. 그것이 본원본제의 상태를 말하는 것이라고는 상상도 하지 못했다. 그래서 그 당시에는 불(佛)의 열가지 상(相)으로 10여시를 설명했다. 그런데 강의록을 정리하면서 그것이 본원본제의 상태와 변화에 대해 말씀하신 것이라는 것을 알게 되었다. 그 다음부터 본원본제와 불(佛)을 비교해보기 시작했다. 그 과정에서 佛은 과(果)와 보(報)가 없다는 것을 알게 되었다.

불연(佛緣)도 일대사인연(一大事因緣)을 제외하고는 생기지 않는다.

佛은 8불시(八佛是)를 갖추고 있고 본원본제는 10여시(十如是)를 갖추고 있다.

불성(佛性), 불상(佛相), 불체(佛體), 불력(佛力), 불작(佛作), 불인(佛因), 불연(佛緣), 불본(佛本)이 8불시(八佛是)이다.

여시성(如是性), 여시상(相), 여시체(體), 여시력(力), 여시작(作), 여시인(因), 여시연(緣), 여시과(果), 여시보(報), 여시본(本)이 10여시(十如是)이다.

8불시를 갖고 있는 佛과 10여시를 갖고 있는 본원본제가 동법계를 이루게 되면 세 가지 변화가 일어난다.

첫 번째 변화는 각성의 변화이다.

두 번째 변화는 밝은성품의 변화이다.

세 번째 변화는 본성의 변화이다.

일심법계가 갖추고 있는 두 개의 간극(寂滅處)으로 인해서 본원본제의 각조(覺照)적 습성이 제도된다.

이로써 대시(代謝)가 일어나지 않게 된다.

밝은성품의 자연적 성향이 제도되어서 천백억 등각화신불로 나타난다. 이로써 본연(本然)이 나타나지 않게 된다.

불식(佛識)과 불심(佛心)으로 본원본제의 심(心)과 식(識)이 갖추어진다. 이로써 본원본제의 향하문적 성향이 제도되고 미망에서 벗어난다.

《묘법연화경 여래수량품 如來壽量品 第十六》

본문

爾時佛告諸菩薩及一切大衆諸善男子。 汝等當信解如來誠
이시불고제보살급일체대중제선남자. 여등당신해여래성
諦之語。 復告大衆。 汝等當信解如來誠諦之語。 又復告諸
제지어. 부고대중. 여등당신해여래성제지어. 우부고제
大衆。 汝等當信解如來誠諦之語。 是時菩薩大衆。 彌勒爲
대중. 여등당신해여래성제지어. 시시보살대중. 미륵위
首合掌白佛言。 世尊。 唯願說之。 我等當信受佛語。 如是
수합장백불언. 세존. 유원설지. 아등당신수불어. 여시
三白已。 復言唯願說之。 我等當信受佛語。 爾時世尊。
삼백이. 부언유원설지. 아등당신수불어. 이시세존.
知諸菩薩三請不止。 而告之言。 汝等諦聽。 如來祕密神通
지제보살삼청부지. 이고지언. 여등제청. 여래비밀신통
之力。 一切世間天人及阿修羅。 皆謂今釋迦牟尼佛出釋氏
지력. 일체세간천인급아수라. 개위금석가모니불출석씨
宮。 去伽耶城不遠坐於道場。 得阿耨多羅三藐三菩提。
궁. 거가야성불원좌어도량. 득아뇩다라삼먁삼보리.
然善男子。 我實成佛已來。 無量無邊百千萬億那由他劫。
연선남자. 아실성불이래. 무량무변백천만억나유타겁.
譬如五百千萬億那由他阿僧祇三千大千世界。 假使有人末

비여오백천만억나유타아승지삼천대천세계. 가사유인말
為微塵。過於東方五百千萬億那由他阿僧祇國。乃下一
위미진. 과어동방오백천만억나유타아승지국. 내하일
塵。如是東行盡是微塵。諸善男子。於意云何。是諸世界。
진. 여시동행진시미진. 제선남자. 어의운하. 시제세계.
可得思惟校計知其數不。彌勒菩薩等俱白佛言。世尊。
가득사유교계지기수부. 미륵보살등구백불언. 세존.
是諸世界無量無邊非算數所知。亦非心力所及。一切聲聞
시제세계무량무변비산수소지. 역비심력소급. 일체성문
辟支佛。以無漏智。不能思惟知其限數。我等住阿惟越致
벽지불. 이무루지. 불능사유지기한수. 아등주아비발치
地。於是事中亦所不達。世尊。如是諸世界無量無邊。
지. 어시사중역소부달. 세존. 여시제세계무량무변.

그때, 부처님이 여러 보살과 모든 대중에게 세 번 말씀하셨다.
"여러 선남자들아, 그대들은 여래의 진실하고 참된 말을 마땅히 믿고 이해하라."
"그대들은 여래의 진실하고 참된 말을 마땅히 믿고 이해하라."
"그대들은 여래의 진실하고 참된 말을 마땅히 믿고 이해하라."
이때, 보살 대중은 미륵보살이 우두머리가 되어 합장하고 부처님께 사뢰었다.
"세존이시여, 원컨대 설해 주옵소서. 저희는 마땅히 부처님의 말씀을 믿어 지니겠나이다."

이렇게 세번 사뢰고 다시 말하였다.
"원컨대, 설해 주옵소서. 저희는 마땅히 부처님의 말씀을 믿어 지니겠나이다."
이때, 세존께서는 보살들이 세 번 청하여 그치지 아니함을 아시고 말씀하셨다.
"그대들은 여래의 비밀하고 신통한 힘을 자세히 들어라.
모든 세간의 하늘과 사람과 아수라들은 모두 지금의 석가모니불은 석가씨의 궁전에서 나와 가야성에서 멀지 아니한 도량에 앉아 아뇩다라삼먁삼보리를 얻었다고 생각한다.
선남자여, 내가 참으로 성불한 것은 한량없고 그지없는 백천만억 나유타겁 전의 일이니라.
비유하면, 5백천만억 나유타 아승지 3천대천세계를 어떤 사람이 부수어 가는 티끌을 만들어 가지고, 동쪽 5백 천만억 나유타 아승지 세계를 지나서 한 티끌을 내려놓고, 또 이렇게 동쪽으로 가면서 그 티끌이 다하도록 하였다면, 선남자들아, 어떻게 생각하느냐.
이 모든 세계를 능히 생각하고 계산하여 그 수효를 알 수 있겠는가 없겠는가."
미륵보살 등이 함께 부처님께 사뢰었다.
"세존이시여, 이 모든 세계는 한량없고 그지없어 산수로 알 수 없사오며, 마음으로도 미칠 수 없나이다.
모든 성문이나 벽지불들이 무루의 지혜로 생각하여도 그 수효를 알 수 없사오며, 물러남이 없는 지위에 머무른 저희도 이런 일을 통달할 수 없나이다.
세존이시여, 이와 같은 모든 세계는 한량없고 그지없는 것이옵니다."

강설

부처님이 성불을 하신 것은 아주 오래전의 일이라고 말씀을 하신다.
한나절을 50소겁으로 늘리는 것을 기준으로 22,356대겁 전에 성불하셨을 수도 있겠다고 생각했는데 그보다도 훨씬 더 이전에 성불하셨다고 말씀하신다.

그때, 부처님이 여러 보살과 모든 대중에게 세 번 말씀하셨다. "여러 선남자들아, 그대들은 여래의 진실하고 참된 말을 마땅히 믿고 이해하라."

왜 이렇게 세 번을 거듭 말씀하셨을까? 뒤에 하실 말씀이 대단히 중요하기 때문이다.

본문

爾時佛告大菩薩眾。諸善男子。今當分明宣語汝等。是諸
이시불고대보살중. 제선남자. 금당분명선어여등. 시제

世界。若著微塵及不著者。盡以為塵一塵一劫。
세계. 약착미진급불착자. 진이위진일진일겁.
我成佛已來。復過於此百千萬億那由他阿僧祇劫。自從是
아성불이래. 부과어차백천만억나유타아승지겁. 자종시
來。我常在此娑婆世界說法教化。亦於餘處百千萬億那由
래. 아상재차사바세계설법교화. 역어여처백천만억나유
他阿僧祇國導利眾生。諸善男子。於是中間。我說燃燈佛
타아승지국도리중생. 제선남자. 어시중간. 아설연등불
等。又復言其入於涅槃。
등. 우부언기입어열반.

이때, 부처님이 대보살들에게 말씀하셨다.
"선남자들아, 이제 분명히 그대들에게 말하리라.
이 모든 세계, 즉 가는 티끌을 내려놓거나 내려놓지 아니한 것을 모두 티끌로 만들어 한 티끌로 한 겁을 삼는다 하여도, 내가 성불한 지는 이보다 더 지나가기가 백천만억 나유타 아승지겁이니라.
이때부터 나는 이 사바세계에 항상 있으면서 법을 설하여 교화하였고, 또 다른 세계의 백천만억 나유타 아승지 국토에서도 중생을 지도하여 이익되게 하였느니라.
선남자들아, 이러는 중간에서 나는 연등불 등이 되었다고 설하였고, 또 그 부처는 열반에 들었다 말하였노라.

강설

성불의 시기를 놓고 보면 이 말씀은 네 가지 관점에서 생각해 볼 수 있다.
첫 번째 관점은 49년의 시간을 그와 같이 장구한 시간으로 늘일 수 있다는 것이다.
49년의 세월 동안 이 사바세계 남섬부주에서 제자들을 교화하면서도 그 이면에서는 그와 같은 일들을 하고 계셨다는 말씀이다.

하지만 '그때는 연등불 등으로 불렸고 지금은 석가모니로도 불린다' 라는 이 대목을 놓고서는 다른 관점으로도 생각해 봐야 한다. 이것이 두 번째 관점이다.
지금 이 말씀을 하고 계시는 부처님은 싯다르타로 태어나서 묘각을 이루었던 그 석가모니 부처님과는 전혀 다른 존재로 받아들여진다.
차라리 '본원본제가 석가모니로 출현했다'라고 하면 그럴 수도 있다고 생각할 수 있다.
본원본제가 천지만물을 낳고 그중에서 어느 한 생명이 부처가 되고 또 다른 생명이 부처가 되고 하면서 '석가도 본원본제의 자식이요, 아미타불도 본원본제의 자식이다. 연등불도 본원본제의 자식이다.'라고 말하면 틀린 말이 아니다.
또한 본원본제의 관점에서 '이것도 나고, 저것도 나고, 그

무엇도 나 아닌 것이 없다.'라고 말하면 그것도 틀린 말이 아니다.
때문에 석가모니불도 본원본제의 의도에 의해서 천지만물들을 구제하기 위해서 나타난 부처님이라고 생각할 수도 있다.
하지만 이 경우에는 한 가지 의문이 생긴다.
'본원본제가 갖고 있는 항하문적 성향과 생멸문이 갖고 있는 무명적 습성도 본원본제의 의도로 만들어진 것일까? 그렇다면 정토불사는 왜 해야 하는 것일까?'

세 번째 관점은 본원본제와 동법계를 이루었던 일심법계 부처님이 오랜 세월 전에 있었고 그 부처님이 시대마다 다른 모습으로 나타났다는 것이다.
이 경우에는 본원본제의 항하문적 성향이 이미 다 제도되었다는 말이다. 그렇다면 이미 정토불사가 끝났어야 하는데 그렇지 못한 상태이다. 아직도 부처님께서는 정토불사의 필요성에 대해 말씀하시고 계시기 때문이다.

네 번째 관섬은 부치의 존재성이라고 하는 것은 시간과 공간에 관여되지 않는다는 것이다.
일심법계가 되면 여래장연기의 굴레에서도 벗어나기 때문에 여래장계 안에서 일어나는 어떤 사건의 경우라도 능히 관여할 수 있고 과거, 현재, 미래도 임의대로 조절할 수 있다.
생멸출가를 통해서 생멸문을 벗어나고 진여출가를 통해서 진여문을 벗어난다. 부처는 여래장 출가를 통해 여래장의 굴레에서도 벗어난 존재이다.
이런 존재라면 여래장계 안에서 일어나는 모든 과거, 현재, 미래의 일들을 주재할 수 있다.

석가모니는 이미 49년 전에 성불을 이루고 나서 그 시간 동안 본원본제의 일마저도 넘어서서 여래장연기의 모든 굴레에서조차도 자유로워진 존재이다. 그래서 여래장계의 시공의 개념조차도 초월한 존재다.

제도된 본원본제의 일만을 가지고서는 이와 같은 성취가 이루어지지 않는다.
단순히 시공을 조절해서 늘리고 줄이는 능력만을 가지고서도 이와 같은 일이 성취되지 않는다.
이 대목은 '천백억×6만 항하사 보살마하살들이 사바세계 밑에 있다가 올라왔다'라는 부분과 서로 일맥상통한다. 여래장연기의 굴레에서 벗어난 존재가 있다는 것을 그 부분을 통해서 미리 암시해 준 것이다.

장(場) 안에서는 문(門)과 식(識)의 일이 일어난다.
장(場)은 여래장이다. 문(門)은 생멸문과 진여문이다.

식(識)은 천지만물이다.
장(場) 안에는 무량극수의 생멸문과 진여문이 있다.
그 문(門) 안에는 또다시 무량극수에 무량극수를 곱한 수의 천지만물이 있다.
식(識)을 가지고 있는 존재가 본성을 인식하고 의식·감정·의지를 제도하는 것을 생멸출가라 한다.
이 식(識)을 벗어나서 스스로 진여문(門)이 되는 것을 진여출가라 한다.
진여수행을 통해 불이문(不二門)을 이루어서 여래장계에 들어간 불(佛)이 이 장(場)을 제도하면서 여래장출가를 한다. 그러면서 새로운 장(場)을 창조하고 과거, 현재, 미래의 시공을 임의롭게 초월한다.
불세계로 들어간 석가모니가 여래장출가를 해서 여래장계의 모든 시공으로부터 벗어난 존재가 되었다.

본문

如是皆以方便分別。諸善男子。若有眾生來至我所。我以
여시개이방편분별. 제선남자. 약유중생내지아소. 아이
佛眼。觀其信等諸根利鈍。隨所應度。處處自說名字不同
불안. 관기신등제근이둔. 수소응도. 처처자설명자부동
年紀大小。亦復現言當入涅槃。又以種種方便說微妙法。
년기대소. 역부현언당입열반. 우이종종방편설미묘법.

能令衆生發歡喜心。諸善男子。如來。見諸衆生樂於小法
능령중생발환희심. 제선남자. 여래. 견제중생락어소법
德薄垢重者。爲是人說。我少出家得阿耨多羅三藐三菩
덕박구중자. 위시인설, 아소출가득아뇩다라삼먁삼보
提。然我實成佛已來久遠若斯。但以方便敎化衆生。令入
리. 연아실성불이래구원약사. 단이방편교화중생. 영입
佛道作如是說。諸善男子。如來所演經典。皆爲度脫衆生。
불도작여시설. 제선남자. 여래소연경전. 개위도탈중생.
或說己身或說他身。或示己身或示他身。或示己事或示他
혹설기신혹설타신. 혹시기신혹시타신. 혹시기사혹시타
事。諸所言說皆實不虛。
사. 제소언설개실불허.

이와 같은 것은 다 방편으로 분별한 것이니라.
여러 선남자들아, 만일 어떤 중생이 나에게 오면, 내가 부처의 눈으로 그의 신심 등의 근성이 날래고 아둔함을 관찰하여, 그를 제도할 방법에 따라 여러 곳에서 말하는 이름이 같지 않고, 나이도 많기도 하고 적기도 하며, 또 열반에 든다고 말하기도 하고, 또 여러 가지 방편으로 미묘한 법을 설하여 중생으로 하여금 환희한 마음을 내게 하였느니라.
선남자들아, 여래는 중생이 작은 법을 좋아하여 박덕하고 죄업이 무거운 경우를 보면 이 사람을 위하여, 나는 젊어서 출가하여 아뇩다라삼먁삼보리를 얻었다고 설하느니라.

그러나 내가 참으로 성불한 지는 이렇게 오래되나니라.
다만, 방편으로 중생을 교화하여 불도에 들어오게 하기 위하여 이런 말을 하는 것이니라.
선남자들아, 여래가 연설한 경전들은 모두 중생을 제도하기 위한 것이므로, 혹은 나의 몸을 말하고 혹은 다른 이의 몸을 말하며, 혹은 나의 몸을 보이고 혹은 다른 이의 몸을 보이며, 혹은 나의 일을 보이고 혹은 다른 이의 일을 보이지만, 여러 가지로 말한 것이 다 진실하여 허망하지 아니하니라.

강설

"선남자들아, 여래는 중생이 작은 법을 좋아하여 박덕하고 죄업이 무거운 경우를 보면 이 사람을 위하여, 나는 젊어서 출가하여 아뇩다라삼먁삼보리를 얻었다고 설하느니라."

'**작은 법을 좋아하여**'란 소승법을 좋아하는 것이다.
'**박덕하고 죄업이 무거운 경우**'란 세간의 업보인 의식·감정·의지에 물들어 있다는 말이다.

부처님이 인간 세상에 오셔서 출가하고 깨닫는 모습을 보여주시는 것은 박덕하고 죄업이 무거운 중생들을 구제하기 위해서일뿐 이미 오래전에 성불을 하셨다는 말씀이시다.

"혹은 나의 몸을 말하고 혹은 다른 이의 몸을 말하며, 혹은 나의 몸을 보이고 혹은 다른 이의 몸을 보이며, 혹은 나의 일을 보이고 혹은 다른 이의 일을 보이지만, 여러 가지로 말한 것이 다 진실하여 허망하지 아니하니라."

서로 다른 모습으로 몸을 보일 수 있는 것은 수능엄삼매의 공덕이다. 하지만 그 모든 모습이 진실한 모습이라는 말씀이시다.

체성(體性)이 서로 다르면 세 가지가 공유되지 않는다.
첫째는 깨달음이 공유되지 않는다.
둘째는 각성이 공유되지 않는다.
셋째는 업보가 공유되지 않는다.

본문

所以者何。如來。如實知見三界之相。無有生死若退若出。
소이자하. 여래. 여실지견삼계지상. 무유생사약퇴약출.
亦無在世及滅度者。非實非虛非如非異。不如三界見於三界。
역무재세급멸도자. 비실비허비여비이. 불여삼계견어삼계.

왜냐하면, 여래는 실제와 같이 삼계의 모양을 알고 보나니, 나고 죽고, 물러가거나 나오거나 함이 없으며, 세상에 사는 이도 없고 열반하는 이도 없으며, 진실하지도 않고 허망하지도 않으며, 같지도 않고 다르지도 않음을 지견하여 삼계의 사람이 삼계를 보는 것과 다르기 때문이니라.

강설

'여래는 실제와 같이 삼계의 모양을 알고 보나니'

실제와 같이 삼계의 모양을 알고 본다는 것은 불성(佛性)을 보듯이 삼계의 모양을 본다는 말이다.
적멸상(寂滅相)에 머물러서 삼계의 모양을 보시는 것이다.
적멸상에 머물러서 삼계를 보게 되면 '나고 죽음이 없고, 물러가거나 나오거나 하지 않고, 세상에 사는 이도 없고 열반하는 이도 없으며, 진실하지도 않고 허망하지도 않으며, 같지도 않고 다르지도 않음을 지견하게 된다.

'삼계의 사람이 삼계를 보는 것과 다르기 때문이니라.'

삼계의 사람은 심(心)과 식(識), 의(意)로써 삼계를 본다.
때문에 실제와 같이 삼계를 보지 못한다.
심·식·의로써 인식하는 삼계는 환(幻)이며 가제(假際)이다.

중생은 환(幻)을 붙들고서 참(眞)이라 생각한다.
여래장계 밖에서 삼계을 보게 되면 삼계의 실상을 볼 수 있게 된다.

본문

如斯之事。如來明見無有錯謬。以諸眾生有種種性種種欲
여사지사. 여래명견무유착류. 이제중생유종종성종종욕
種種行種種憶想分別故。欲令生諸善根。以若干因緣譬喻
종종행종종억상분별고. 욕령생제선근. 이약간인연비유
言辭種種說法。所作佛事未曾暫廢。
언사종종설법. 소작불사미증잠폐.

이러한 일을 여래가 밝게 보아 잘못이 없건마는, 여러 중생에게는 가지가지 성품과 가지가지 욕망과 가지가지 행동과 가지가지 생각과 분별이 있기 때문에 그들로 하여금 선근을 내게 하기 위하여 여러 가지 인연과 비유와 언사로 갖가지 법을 설하여 불사를 지어 잠깐도 폐하지 않았느니라.

강설

이렇게 벗어난 존재이건만 이 삼계 안에 있는 중생들을 근기에 맞추어 제도하기 위해 갖가지 인연과 비유와 언사로 법을 설하셨다는 말씀이시다.

본문

如是我成佛已來甚大久遠。壽命無量阿僧祇劫常住不滅諸
여시아성불이래심대구원. 수명무량아승지겁상주불멸제
善男子。我本行菩薩道所成壽命。今猶未盡復倍上數。然
선남자. 아본행보살도소성수명. 금유미진부배상수. 연
今非實滅度。而便唱言當取滅度。如來以是方便教化眾生。
영비실멸도. 이경창언당취멸도. 여래이시방편교화중생.

이와 같이 내가 성불한지 매우 오래이니라.
수명이 한량없는 아승지겁이어서 항상 머물러 있고 멸하지 않느니라.
선남자들아, 내가 본래 보살의 도를 행하여 이룩한 수명은 아직도 다하지 아니하여 위에 말한 수명의 여러 곱이니라.
그러나 지금 참으로 열반하는 것이 아니지마는 문득 말하기를, 마땅히 열반하리라 함은 여래가 이러한 방편으로 중생을 교화함이니라.

강설

부처님의 수명은 한량없는 아승지겁보다도 여러 곱이 더

남아있다고 하신다. 지금 이렇게 열반에 든다고 하시는 것은 중생을 교화하기 위해서 하시는 말씀이지 실제로 열반에 드는 것은 아니라는 말씀이시다.

본문

所以者何。若佛久住於世。薄德之人不種善根。貧窮下賤
소이자하. 약불구주어세. 박덕지인부종선근. 빈궁하천
貪著五欲。入於憶想妄見網中。若見如來常在不滅。便起
탐착오욕. 입어억상망견망중. 약견여래상재불멸. 편기
憍恣而懷厭怠。不能生難遭之想恭敬之心。是故如來以方
교자이회염태. 불능생난조지상공경지심. 시고여래이방
便說。比丘當知。諸佛出世難可値遇。所以者何。諸薄德
편설. 비구당지. 제불출세난가치우. 소이자하. 제박덕
人。過無量百千萬億劫。或有見佛或不見者。以此事故我
인. 과무량백천만억겁. 혹유견불혹불견자. 이차사고아
作是言。諸比丘。如來難可得見。斯眾生等聞如是語。
작시언. 제비구. 여래난가득견. 사중생등문여시어.
必當生於難遭之想。心懷戀慕渴仰於佛。便種善根。
필당생어난조지상. 심회연모갈앙어불. 변종선근.
是故如來。雖不實滅而言滅度又善男子。諸佛如來法皆如
시고여래. 수불실멸이언멸도우선남자. 제불여래법개여

是。爲度衆生皆實不虛。
시. 위도중생개실불허.

무슨 연고냐. 만일 부처가 세상에 오래 머무른다면, 박덕한 사람들이 선근을 심지 아니하고 빈궁하고 하천하면서도, 5욕락에 탐착하여 기억하고 생각하는 허망한 소견의 그물에 들어가기 때문이니라.

만일 여래가 항상 있고 열반하지 아니함을 보면, 문득 교만한 마음을 내고 게으른 생각을 품어서 만나기 어렵다는 생각과 공경하는 마음을 내지 아니하리라.

그러므로 여래는 방편으로 말하는 것이니라.

'비구들아, 마땅히 알라. 부처님이 세상에 오시는 일은 만나기 어려우니라.'라고.

왜냐하면, 박덕한 사람들은 한량없는 백천만억 겁을 지나서야 혹 부처를 보기도 하고 보지 못하기도 하느니라. 그러므로 나는 말하노라.

'여러 비구들아, 여래는 만나 뵈옵기 어려우니라.'라고. 중생이 이런 말을 들으면, 반드시 만나기 어렵다는 생각을 내고, 사모하는 마음을 품어, 부처님을 갈망하여 선근을 심게 되나니라.

그러므로 여래는 참으로 열반하는 것이 아니지마는 열반한다고 말하는 것이니라.

또 선남자여, 부처님의 법이 다 이와 같이 중생을 위하는 것이므로, 모두 진실하여 허망하지 아니하니라.

강설

불의 존귀함과 법의 소중함을 일깨워주기 위해서 열반에 드는 것이라고 말씀하신다.
부처님이 열반에 들지 않고 세상에 계속 계시게 되면 어떤 일이 일어날까? 아마도 욕심과 게으름과 방만함으로 인해서 중생들의 창조성이 말살될 것이다.
열반에 든 부처님에게도 끊임없이 원하는데 살아있는 부처님을 보면 얼마나 많은 것을 원하게 될까?
그런 중생들을 바라보는 부처님의 마음도 안쓰러울 것이다.

"부처님을 갈망하여 선근을 심게 되나니라."

부처님을 갈망하는 일은 대단히 중요하다.
억불(憶佛)로써 묘각에 들어가기 때문이다.
그동안에는 억불의 대상이 되는 석가모니 부처님이 본원본제의 여래장계 안에서 정토불사를 하고 계신다고 생각했었다. 하지만 이 대목에 이르러서는 부처님이 본원본제의 여래장계를 벗어나서 새로운 여래장계에 계시다는 것을 알게 되었다.
억불의 방법과 방향이 달라져야 한다.
능연지력을 키워가면서 억불을 행하고 동법계를 이루는 방법도 달라져야 한다.

본문

譬如良醫智慧聰達。明練方藥善治眾病。其人多諸子息。
비여양의지혜총달. 명련방약선치중병. 기인다제자식.
若十二十乃至百數。以有事緣遠至餘國。諸子於後飲他毒
약십이십내지백수. 이유사연원지여국. 제자어후음타독
藥。藥發悶亂宛轉于地。是時其父還來歸家。諸子飲毒。
약. 약발민란완전우지. 시시기부환래귀가. 제자음독.
或失本心或不失者。遙見其父皆大歡喜。拜跪問訊善安隱
혹실본심혹불실자. 요견기부개대환희. 배궤문신선안온
歸。我等愚癡誤服毒藥。願見救療更賜壽命。父見子等苦
귀. 아등우치오복독약. 원견구료갱사수명. 부견자등고
惱如是。依諸經方。求好藥草色香美味皆悉具足。擣篩和
뇌여시. 의제경방. 구호약초색향미미개실구족. 도사화
合與子令服。而作是言。此大良藥。色香美味皆悉具足。
합여자영복. 이작시언. 차대양약. 색향미미개실구족.
汝等可服。速除苦惱無復眾患。其諸子中不失心者。見此
여등가복. 속제고뇌무부중환. 기제자중불실심자. 견차
良藥色香俱好。即便服之病盡除愈。餘失心者。
양약색향구호. 즉변복지병진제유. 여실심자.
見其父來。雖亦歡喜問訊求索治病。然與其藥而不肯服。
견기부래. 수역환희문신구색치병. 연여기약이불긍복.
所以者何。毒氣深入失本心故。於此好色香藥而謂不美。

소이자하. 독기심입실본심고. 어차호색향약이위불미.
父作是念。此子可愍。為毒所中心皆顛倒。雖見我喜求索
부작시념. 차자가민. 위독소중심개전도. 수견아희구색
救療。如是好藥而不肯服。我今當設方便令服此藥。
구료. 여시호약이불긍복. 아금당설방편영복차약.
即作是言。
즉작시언.

비유하면, 훌륭한 의사가 있는데, 지혜 있고 총명하여 약방문과 약을 분명하게 알아 모든 병을 잘 치료하였느니라.
그 의사는 아들이 많아 열, 스물, 백에 이르렀는데, 볼 일이 있어 다른 나라에 간 동안에 그 아들들이 독한 약을 먹고 독기가 발작하여 정신이 없고 혼란하여 땅에 뒹굴고 있었느니라.
이때, 그 아버지가 집에 돌아와 보니, 아들들이 독약을 먹고는 혹 본마음을 잃어버리기도 하였고, 혹 아주 잃어버리지 않은 아들도 있었는데, 멀리서 아버지를 보고 모두 반가워서 절하고 꿇어앉아 문안하고 말하였다.
'안녕히 다녀오셨습니까. 저희들이 미련하여 잘못 독약을 먹었사오니, 바라옵건대 구원하시어 목숨을 살려 주소서.'
아버지는 아들들의 괴로워함을 보고, 약방문에 의지하여 빛과 향기와 좋은 맛을 구비한 약재를 구하여 찧고 치고 화합하여 아들에게 주고 먹어라 하면서 말하였다.
'이 훌륭한 약은 빛깔과 향기와 아름다운 맛을 모두 갖춘 것

이니, 너희가 먹으면 괴로움과 걱정스러움이 속히 쾌차하여 걱정이 없으리라.'

그 아들 중에 본심을 잃지 않은 이는 이 약의 빛과 향기가 훌륭함을 보고 곧 먹어서 병이 나았지마는, 본심을 잃어버린 이는 비록 아버지가 온 것을 보고 기뻐서 문안하고 병을 고쳐 달라 하면서도 주는 약을 먹으려 하지 않았다.

왜냐하면, 독기가 깊이 들어가 본심을 잃었으므로, 그 좋은 빛과 향기를 갖춘 약을 좋지 않은 것이라고 생각하였기 때문이니라.

아버지는 이렇게 생각하였다. '이것은 가엾은 일이다. 독약에 중독이 되어 마음이 뒤집혀졌구나. 나를 보고 기뻐하며 병을 고쳐 달라고 하면서도 이렇게 좋은 약을 먹지 않으니, 내가 방편을 내어 이 약을 먹게 하리라.'

강설

"의사가 볼일이 있어서 다른 나라에 갔다"라는 것은 부처님이 열반에 든 것을 비유하신 말씀이다.

"다시 집에 돌아와서"라는 것은 부처님이 다시 출현하신 것이다.

"그 아들들이 독한 약을 먹고 독기가 발작하여 정신이 없고 혼란하여 땅에 뒹굴고 있었느니라."

아들들이 먹은 독한 약이라는 것은 심·식·의로부터 나오는 탐·진·치 3독을 말한다.

"혹 본마음을 잃어버리기도 하였고, 혹 아주 잃어버리지 않은 아들도 있었는데"

중생들 중에서도 의식·감정·의지가 나가 아니라는 것을 알고 본성을 자기로 삼는 사람들이 있다.
그런 사람들은 바른 법을 만나게 되면 삼독심에서 금방 벗어난다.
하지만 의식·감정·의지를 자기라고 굳게 믿고 있는 사람들은 법을 만나도 그것을 받아들이지 못한다.

"독약에 중독이 되어 마음이 뒤집혀졌구나."

탐·진·치 삼독에 천착하고 의식·감정·의지를 자기로 생각해서 본성·각성·밝은성품을 잃어버린 것을 말한다. 의사가 처방해 준 빛깔 좋은 약이 본성·각성·밝은성품을 말한다.

본문

汝等當知。我今衰老死時已至。是好良藥今留在此。汝可
여등당지. 아금쇠노사시이지. 시호양약금류재차. 여가
取服勿憂不差。作是教已復至他國。遣使還告。汝父已死。
취복물우불차. 작시교이복지타국. 유사환고. 여부이사.
是時諸子聞父背喪。心大憂惱而作是念。若父在者。慈愍
시시제자문부배상. 심대우뇌이작시념. 약부재자. 자민
我等能見救護。今者捨我遠喪他國。自惟孤露無復恃怙。
아등능견구호. 금자사아원상타국. 자유고로무부시호.
常懷悲感心遂醒悟。乃知此藥色味香美。即取服之毒病皆
상회비감심수성오. 내지차약색미향미. 즉취복지독병개
愈。其父聞子悉已得差。尋便來歸咸使見之諸善男子。於
유. 기부문자실이득차. 심변래귀함사견지제선남자. 어
意云何。頗有人能說此良醫虛妄罪不。不也世尊。佛言。
의운하. 파유인능설차양의허망죄부. 불야세존. 불언.
我亦如是。成佛已來。無量無邊百千萬億那由他阿僧祇
아역여시. 성불이래. 무량무변백천만억나유타아승지
劫。為眾生故。以方便力言當滅度。亦無有能如法說我虛
겁. 위중생고. 이방편력언당멸도. 역무유능여법설아허
妄過者。爾時世尊欲重宣此義。而說偈言。
망과자. 이시세존욕중선차의. 이설게언.

'너희는 분명히 알아라. 나는 지금 늙어서 죽을 때가 가까웠
다. 이 훌륭한 약을 여기에 두겠으니, 너희가 가져다 먹어라.

차도가 있으리니 걱정하지 말아라.'
이렇게 일러 놓은 다음 다른 나라에 가서 사람을 보내어 전하기를 '너의 아버지가 벌써 죽었다.'라고 하였다.
이때, 아들들은 아버지가 세상을 버리고 죽었다는 말을 듣고 크게 걱정하면서 이렇게 생각하였다.
'아버지가 만일 계셨으면 우리를 어여삐 여겨 구해주시련마는, 이제 우리를 버리고 타국에서 돌아가셨으니, 우리는 외로운 고아로서 의지할 부모가 없도다. 항상 슬퍼하였는데, 이제 우리를 버리고 타국에서 돌아가셨으니, 우리는 외로운 고아로서 의지할 부모가 없도다.'
그러는 중에 전도된 마음이 본심으로 돌아와 이 약의 빛, 향, 맛이 아름다움을 알고 약을 먹어 병이 깨끗이 나았다.
그 아버지는 아들들의 병이 쾌차했다는 소식을 듣고 돌아와서 아들들을 만나 보았느니라.
선남자들아, 어떻게 생각하느냐. 어떤 사람이나 이 의사의 거짓말한 죄를 능히 말할 이가 있겠느냐."
"그렇지 않나이다, 세존이시여."
"나도 그와 같아서 성불한 지가 한량없고 그지없는 백천만억 나유타 아승지겁 전이지만, 중생을 위하여 방편으로 마땅히 열반하리라고 말한 것이다. 아무라도 나의 허망한 허물을 분명하게 말할 이는 없으리라."
이때, 세존께서 이 뜻을 거듭 펴시려고 게송을 읊으셨다.

강설

타국에 가시면서 약을 남겨놓았다는 것은 열반에 드시면서 법을 남겨놓았다는 비유이다.

본문

自我得佛來	所經諸劫數	無量百千萬	億載阿僧祇
자아득불래	**소경제겁수**	**무량백천만**	**억재아승지**
常說法教化	無數億衆生	令入於佛道	爾來無量劫
상설법교화	**무수억중생**	**영입어불도**	**이래무량겁**
爲度衆生故	方便現涅槃	而實不滅度	常住此說法
위도중생고	**방편현열반**	**이실불멸도**	**상주차설법**
我常住於此	以諸神通力	令顚倒衆生	雖近而不見
아상주어차	**이제신통력**	**영전도중생**	**수근이불견**
衆見我滅度	廣供養舍利	咸皆懷戀慕	而生渴仰心
중견아멸도	**광공양사리**	**함개회연모**	**이생갈앙심**
衆生旣信伏	質直意柔軟	一心欲見佛	不自惜身命
중생기신복	**질직의유연**	**일심욕견불**	**부자석신명**
時我及衆僧	俱出靈鷲山		
시아급중승	**구출영취산**		
我時語衆生	常在此不滅	以方便力故	現有滅不滅
아시어중생	**상재차불멸**	**이방편력고**	**현유멸불멸**

餘國有衆生
여국유중생
汝等不聞此
여등불문차
故不爲現身
고불위현신
神通力如是
신통력여시
衆生見劫盡
중생견겁진
園林諸堂閣
원림제당각
諸天擊天鼓
제천격천고
我淨土不毀
아정토불훼
是諸罪衆生
시제죄중생
諸有修功德
제유수공덕
或時爲此衆
혹시위차중
我智力如是

恭敬信樂者
공경신락자
但謂我滅度
단위아멸도
令其生渴仰
영기생갈앙
於阿僧祇劫
어아승지겁
大火所燒時
대화소소시
種種寶莊嚴
종종보장엄
常作衆伎樂
상작중기악
而衆見燒盡
이중견소진
以惡業因緣
이악업인연
柔和質直者
유화질직자
說佛壽無量
설불수무량
慧光照無量

我復於彼中
아부어피중
我見諸衆生
아견제중생
因其心戀慕
인기심연모
常在靈鷲山
상재영취산
我此土安隱
아차토안은
寶樹多華果
보수다화과
雨曼陀羅華
우만다라화
憂怖諸苦惱
우포제고뇌
過阿僧祇劫
과아승지겁
則皆見我身
즉개견아신
久乃見佛者
구내견불자
壽命無數劫

爲說無上法
위설무상법
沒在於苦海
몰재어고해
乃出爲說法
내출위설법
及餘諸住處
급여제주처
天人常充滿
천인상충만
衆生所遊樂
중생소유락
散佛及大衆
산불급대중
如是悉充滿
여시실충만
不聞三寶名
불문삼보명
在此而說法
재차이설법
爲說佛難値
위설불난치
久修業所得

아지력여시	혜광조무량	수명무수겁	구수업소득
汝等有智者	勿於此生疑	當斷令永盡	佛語實不虛
여등유지자	물어차생의	당단령영진	불어실불허
如醫善方便	爲治狂子故	實在而言死	無能說虛妄
여의선방편	위치광자고	실재이언사	무능설허망
我亦爲世父	救諸苦患者	爲凡夫顚倒	實在而言滅
아역위세부	구제고환자	위범부전도	실재이언멸
以常見我故	而生憍恣心	放逸著五欲	墮於惡道中
이상견아고	이생교자심	방일착오욕	타어악도중
我常知衆生	行道不行道	隨所應可度	爲說種種法
아상지중생	행도불행도	수소응가도	위설종종법
每自作是念	以何令衆生	得入無上慧	速成就佛身
매자작시념	이하령중생	득입무상혜	속성취불신

내가부처 이문지는 겁의수로 따지어도
한량없는 백천만억 아승지가 되느니라
설법으로 한량없는 만억중생 교화하여
부처님도 들게하니 그세월도 무량한겁
중생제도 위하여서 방편열반 말하지만
실은멸도 하지않고 항상이법 설법하니
항상여기 머물면서 신통으로 설하지만
어리석은 중생에겐 가까워도 안보인다
나의멸도 보는대중 사리에다 공양하며

연모의정　마음품고　그리운맘　다시내니
중생들이　모두믿고　뜻이곧고　부드럽고
한결같은　마음으로　신명까지　다바쳐서
부처뵙기　원하면은　그때내가　대중들과
영축산에　나타나서　중생들에　말하기를
나는항상　여기있고　멸도가　없지마는
오직방편　힘으로써　멸과불멸　보이니라
다른나라　중생들이　공경하여　믿으면은
내가다시　그가운데　위없는법　설하지만
너희들은　듣지않고　나의멸도　말만하네
내가보니　여러중생　고통속에　빠졌구나
그러므로　은신하여　그리운맘　내게하고
연모의정　일으키면　나타나서　설법하네
신통력이　이와같아　아승지겁　오랜세월
영축산과　다른곳에　머물러　있느니라
중생들이　겁다하여　큰불속에　탈때에도
나의땅은　안온하여　하늘인간　충만하며
동산수풀　여러집들　보배로써　장엄되고
보배나무　꽃이만발　중생들이　즐겨놀며
여러천인　북을쳐서　여러기악　연주하고
부처님과　대중에게　만다라꽃　비내리네
정토헐림　없건마는　중생들은　불에타고
근심고통　괴로움이　가득함을　다보노라

죄가많은	이런중생	악한업의	인연으로
아승지겁	지나도록	삼보이름	못들으며
모든공덕	잘닦아서	부드럽고	정직한이
여기있는	나의몸이	설법함을	보리로다
이런중생	위하여서	어느때는	말하기를
부처수명	길고길어	무량하다	하지마는
부처님을	오랜만에	만나뵈온	사람에겐
부처님을	친히뵙기	어렵다고	말을하네
나의지혜	이와같아	광명또한	한없으며
수명또한	끝없나니	오래닦은	업이니라
너희들은	지혜론자	의심된맘	내지말고
죄업영영	끊어내라	부처말씀	진실이다
의사좋은	방편으로	미친자식	구하려고
거짓말로	죽는일이	허망함이	아니듯이
나도세간	아비로서	고통받는	환자들과
뒤바뀐범부	구하려고	거짓멸도	말했노라
나를항상	보게되면	교만하고	방자하여
오욕락에	깊이빠져	악한길에	떨어진다
나는항상	중생보아	행하는도	모두알고
제도할바	근기따라	갖가지로	설법하며
매양하는	이런생각	어찌하면	저중생을
무상지혜	들게하여	성불빨리	시킬건가

강설

"중생제도 위하여서 방편열반 말하지만
실은멸도 하지않고 항상이법 설법하니
항상여기 머물면서 신통으로 설하지만
어리석은 중생에겐 가까워도 안보인다"

부처님이 머무는 곳은 능연처(能緣處)이시다.
능연지력으로 창조해낸 능연처에 머물러서 여래장계 모든 중생들을 신통으로 보살핀다.

"신통력이 이와같아 아승지겁 오랜세월
영축산과 다른곳에 머물러 있느니라"

능연처(能緣處)에 계시면서 영축산을 오고 가신다는 말씀이시다.
부처님은 열반에 들지 않는다.
여래에게는 수명이 없다.

묘각도를 이루기 위해서 갖추어야 하는 세 가지 조건이 있고 묘각도를 이룬 다음에 성취해야 하는 다섯 가지 목표가 있다. 부처님께서는 이 전체 과정을 '묘한 법의 이치'라고 말씀하셨다.

묘각도를 이루기 위해 갖춰야 하는 첫 번째 조건은 내세득불(來世得佛)의 수기를 받는 것이다.
두 번째 조건은 불이문을 통해서 일심법계를 이루는 것이다. 세 번째 조건은 억불(憶佛)을 하는 것이다.

묘각도를 이룬 다음에 성취해야 하는 첫 번째 목표는 불세계와 교류하는 것이다.
두 번째 목표는 여래장계 생멸문들에 정토불사를 행하는 것이다.
세 번째 목표는 본원본제와 동법계를 이루는 것이다.
네 번째 목표는 본원본제의 향하문적 성향을 제도하고 등각화신불을 만들어내는 것이다.
다섯 번째 목표는 능연지력(能緣智力)을 활용해서 여래장계 밖에 새로운 여래장을 형성시키는 것이다.
이 과정들이 불지(佛智)와 여래지(如來智) 사이에서 이루어진다.

일심법계에서 만들어지는 천백억화신불은 본신에 귀속된 본신귀속불이다. 여래장계 생멸문의 정토불사는 이 분들이 담당한다.
본원본제와 동법계를 이룬 상태에서 생겨나는 등각화신불들은 연기를 거치지 않은 부처님의 자식들이다.
이 등각화신불들은 스스로가 성불해서 각자의 불국정토를

이루게 된다.
부처님께서는 이들을 통해서 시방법계에 묘법연화경을 전하고자 하신다.

여기까지의 내용을 요약해 보자.
경전의 첫 부분에서는 10여시를 통해서 여래장연기의 과정과 생멸연기의 과정에 대해 말씀하셨고 본원본제의 상태에 대해 말씀하셨다. 그러면서 '마지막에 가서 구경으로 평등해진다'라는 말씀을 통해서 본원본제를 제도하는 방법과 방향에 대해서 말씀해 주셨다.

약초유품을 통해서는 자연지, 무사지, 일체종지에 대해 말씀하셨다. 자연지와 무사지를 성취해서 여래장연기와 생멸연기, 진여연기의 과정을 들여다보고 일체종지를 체득해서 묘각도로 나아가라고 말씀해 주셨다.
묘각도에 들어가서 불세계와 교류하면서 불지를 갖추고 정토불사를 하면서 여래지를 갖추라고 말씀하셨다.
일심법계를 이룬 부처님이 천백억화신불로 여래장계 생멸문에 정토불사를 하고, 본원본제와 동법계를 이루고, 등각화신불을 만들어내고, 여래장계 밖에 새로운 명(明)여래장계를 형성하는 것이 여래지를 성취하는 것이라고 말씀하셨다.

여래장계 생멸문의 정토불사에 대해서는 대통지승여래와

열여섯 아들들을 예로 들어서 설명을 하셨다.
등각화신불에 대해서는 용녀와 천백억×6만 항하사 보살마하살을 예로 들어서 말씀하셨다.
여래장계 밖에 새로운 여래장을 형성하는 것에 대해서는 등각불 화신불들이 거처하고 있던 공간에 대해 설명하면서 말씀하셨다.

새로운 여래장을 형성할 수 있는 존재는 수명이 없다.
그러면서 언제든지 본원본제의 여래장계로 들어와서 정토불사를 할 수가 있다.
본원본제의 여래장으로 돌아올 때는 이 부처님이란 이름으로도 오고 저 부처님이란 이름으로도 오신다.
그렇게 하는 것은 중생들에게 부처님의 소중함을 알려주기 위해서다.

《묘법연화경 분별공덕품 分別功德品 第十七》

본문

爾時大會聞佛說壽命劫數長遠如是無量無邊阿僧祇眾生得
이시대회문불설수명겁수장원여시무량무변아승지중생득
大饒益。於時世尊。告彌勒菩薩摩訶薩。阿逸多。我說是
대요익. 어시세존. 고미륵보살마하살. 아일다. 아설시
如來壽命長遠時。六百八十萬億那由他恒河沙眾生。得無
여래수명장원시. 육백팔십만억나유타항하사중생. 득무
生法忍。
생법인.

그때, 모였던 대중은 부처님이 말씀하시는 수명의 겁수가 이렇게 오랜 것을 듣고, 한량없고 그지없는 아승지 중생이 큰 이익을 얻었음을 알았다.
이때, 세존께서 미륵보살마하살에게 말씀하셨다.
"아일다여, 내가 여래의 수명이 오랜 것을 말할 때에 6백 80만억 나유타 항하사 중생이 무생법인을 얻었느니라.

강설

"아일다여, 내가 여래의 수명이 오랜 것을 말할 때에 6백

80만억 나유타 항하사 중생이 무생법인을 얻었느니라."

'무생법인'
무생(無生)이란. 생(生)이 없다는 말이다.
생은 생명이 일으키는 변화를 말한다.
여시체(如是體)에서 본연(本然)이 생겨난 것이 생(生)의 시작이다. 生 이전에는 무(無)와 묘유(妙有)가 있었다.
無란 여시성(如是性)과 여시상(如是相)의 상태를 말한다.
묘유(妙有)란 여시체(如是體)의 상태를 말한다.
무(無)와 묘유(妙有)사이에서 일어나는 생명의 변화는 대사(代謝)라 이름한다. 대사는 실제(實際)의 상태에서 일어나는 생명의 변화이다.
生은 가제(假際) 상태에서 일어나는 생명의 변화이다.

무생법인(無生法印)은 生이 없는 법을 체득했다는 말이다.
실제(實際)에 들어갔기 때문에 가제(假際)의 상태에서 일어나는 생명의 변화를 겪지 않는다는 말이다.
생이 없는 깨달음을 갖추었다는 것은 연기의 굴레에서 벗어났다는 말이다.

본래의 것이 아닌 幻이 일으키는 변화가 生이다.
본래의 것이란 본원본제의 성(性)과 상(相)이다.
본래의 것이 아닌 것은 본연을 통해서 나타난 생멸문과

진여문이다.

생멸문 안에서는 12연기의 생이 나타나고 진여문 안에서는 50과위의 생이 나타난다.

중생들은 해탈도로써 12연기의 생에서 벗어나고 보살들은 50과위를 성취하면서 진여연기의 생을 거슬러 올라간다. 보살은 공여래장과 불공여래장으로 불이문을 이루므로써 진여연기의 생에서 벗어난다.

680만억 나유타 항하사 중생들이 무생법인을 득했다는 것은 해탈도를 이루었다는 말씀이다.

분별공덕품에서는 본불에 대한 신앙에 대해 말씀하신다. 능연지력(能緣智力)으로 새로운 여래장을 창조할 수 있는 부처님을 어떻게 억불(憶佛)하는지 그 방법에 대해 말씀해 주신다.

본문

復有千倍菩薩摩訶薩。得聞持陀羅尼門。復有一世界微塵
부유천배보살마하살. 득문지다라니문. 부유일세계미진
數菩薩摩訶薩。得樂說無礙辯才。復有一世界微塵數菩薩
수보살마하살. 득요설무애변재. 부유일세계미진수보살
摩訶薩。得百千萬億無量旋陀羅尼。復有三千大千世界微

마하살. 득백천만억무량선다라니. 부유삼천대천세계미
塵數菩薩摩訶薩。能轉不退法輪。復有二千中國土微塵數
진수보살마하살. 능전불퇴법륜. 부유이천중국토미진수
菩薩摩訶薩。能轉清淨法輪。復有小千國土微塵數菩薩摩
보살마하살. 능전청정법륜. 부유소천국토미진수보살마
訶薩。八生當得阿耨多羅三藐三菩提。復有四四天下微塵
하살. 팔생당득아뇩다라삼먁삼보리. 부유사사천하미진
數菩薩摩訶薩。四生當得阿耨多羅三藐三菩提。復有三四
수보살마하살. 사생당득아뇩다라삼먁삼보리. 부유삼사
天下微塵數菩薩摩訶薩。三生當得阿耨多羅三藐三菩提。
천하미진수보살마하살. 삼생당득아뇩다라삼먁삼보리.
復有二四天下微塵數菩薩摩訶薩。二生當得阿耨多羅三藐
부유이사천하미진수보살마하살. 이생당득아뇩다라삼먁
三菩提。復有一四天下微塵數菩薩摩訶薩。一生當得阿耨
삼보리. 부유일사천하미진수보살마하살. 일생당득아뇩
多羅三藐三菩提。復有八世界微塵數眾生。皆發阿耨多羅
다라삼먁삼보리. 부유팔세계미진수중생. 개발아뇩다라
三藐三菩提心。
삼먁삼보리심.

또, 1천 곱 보살마하살은 문지다라니문을 얻었느니라.
또 한 세계의 티끌 수 보살마하살은 무애요설변재를 얻었느니라.
또 한세계의 티끌 수 보살마하살은 백천만억 한량없는 선다라니를 얻었느니라.

또 3천 대천세계의 티끌 수 보살마하살은 물러나지 않는 법륜을 굴리었느니라.

또 2천 중천세계의 티끌 수 보살마하살은 청정한 법륜을 굴리었느니라.

또 소천세계의 티끌 수 보살마하살은 8생에 아뇩다라삼먁삼보리를 얻으리라.

또 세 4천하의 티끌 수 보살마하살은 4생에 아뇩다라삼먁삼보리를 얻으리라.

또, 세 4천하의 티끌 수 보살마하살은 3생에 아뇩다라삼먁삼보리를 얻으리라.

또, 두 4천하의 티끌 수 보살마하살은 2생에 아뇩다라삼먁삼보리를 얻으리라.

또, 한 4천하의 티끌 수 보살마하살은 1생에 아뇩다라삼먁삼보리를 얻으리라.

또, 8세계의 티끌 수 중생은 모두 아뇩다라삼먁삼보리심을 내었느니라."

강설

"또, 1천 곱 보살마하살은 문지다라니문을 얻었느니라."

'문지다라니'는 보살이 얻게 되는 10가지 다라니 중에 첫 번째 다라니이다.

일체법을 지니어서 잃어버리지 않게 하는 다라니문이다.
10행(十行)의 수행절차에서 문지다라니문이 갖추어진다.
10행으로 체득할 수 있는 깨달음은 보살도 5지 난승지이다. 아직까지 6지 현전지가 갖추어지지 않은 상태이다. 5지 난승지를 넘어설 수 있는 방법을 문지다라니문을 통해서 제시받는다.

다라니는 두 가지 용처(用處)가 있다.
하나는 그 말이 내포하고 있는 뜻에 따라 활용하는 것이다. 또 하나는 운용하는 것이다.
단(壇)을 세우고 생명에너지를 운용하면서 동법계를 이루는데 활용한다. 난승지에서 동법계의 대상이 되는 존재가 보현보살이다. 5지보살이 보현보살과 동법계를 이룰 수 있는 다라니문이 문지다라니이다.

보살도수행에서 가장 큰 난관이 난승지에서 일어난다.
그 과정에서 생멸심에 굴복당하면 다시 반야해탈로 떨어져 내린다. 반면에 난승지를 극복하면 6지로 나아가서 암마라식을 얻게 된다.
그 과정이 어렵기 때문에 보현보살의 도움을 받는다.
문지다라니를 아는 보살은 보현보살을 만나게 된다.
하지만 문지다라니를 알지 못하면 보현보살을 만나지 못한다.

화엄경 '이세간품'에는 보살이 체득해야하는 열 가지 다라니가 설해져 있다.

첫 번째가 문지(聞持) 다라니이니, 일체 법을 지니어 잊어버리지 않는 까닭이다.

두 번째가 수행(修行) 다라니이니, 실답고 교묘하게 일체 법을 관하는 까닭이다.

셋 째가 사유(思惟) 다라니이니, 일체 모든 법성(法性)을 요달해 아는 까닭이다.

넷 째가 법광명(法光明) 다라니이니, 부사의한 모든 부처님 법을 비추는 까닭이다.

다섯 째가 삼매(三昧) 다라니이니, 널리 현재의 일체 부처님에게서 들은 정법에 마음이 산란하지 않는 까닭이다.

여섯 째가 원음(圓音) 다라니이니, 부사의한 음성과 말[語言]의 이치를 아는 까닭이다.

일곱 째가 삼세(三世) 다라니이니, 삼세의 불가사의한 모든 불법을 연설하는 까닭이다.

여덟 째가 종종변재(種種辯才) 다라니이니, 가없는 모든 불법을 연설하는 까닭이다.

아홉 째가 출생무애이(出生無礙耳) 다라니이니, 말할 수 없는 부처님이 설하신 법을 다 들을 수 있는 까닭이다.

열번 째가 일체불법(一切佛法) 다라니이니, 여래의 법에 안주하여 두려움이 없는 까닭이다.

"또 한 세계의 티끌 수 보살마하살은 무애요설변재를 얻었느니라."

'요설무애변재'란 막힘없이 법을 설할수 있는 능력을 말한다.

"또 한세계의 티끌 수 보살마하살은 백천만억 한량없는 선다라니를 얻었느니라."

선다라니는 공관(空觀)을 할수 있는 모든 방법을 말한다. 백천삼매를 이룰 수 있는 모든 방법을 선다라니라 한다.
시상막관법, 소뇌막관법, 척수막관법도 선다라니의 일종이다.
문지다라니로 난승지를 넘고, 현전지로 들어가서 무애요설변제를 얻는다. 원행지를 통해서 선나다리를 얻는다.
5지, 6지, 7지의 과정을 말씀하신 것이다.

"또 3천대천세계의 티끌 수 보살마하살은 물러나지 않는 법륜을 굴리었느니라."

불퇴전의 법륜을 굴린다는 것은 8지 부동지를 말한다.
어떤 생멸적 현상에도 물들지 않는 힘을 얻었다고 해서 부동지라 한다.

"또 2천 중천세계의 티끌 수 보살마하살은 청정한 법륜을 굴리었느니라."

청정한 법륜을 굴린다는 것은 육근원통을 이루었다는 말이다. 9지 선혜지의 경지이다..

"또 소천세계의 티끌 수 보살마하살은 8생에 아뇩다라삼먁삼보리를 얻으리라."

8생에 아뇩다라삼먁삼보리를 얻는다는 것은 등각도일 수도 있고 묘각도일 수도 있다. 앞의 문맥과 연결해서 해석하면 등각도를 말한다.

"또 세 4천하의 티끌 수 보살마하살은 4생에 아뇩다라삼먁삼보리를 얻으리라.
또, 세 4천하의 티끌 수 보살마하살은 3생에 아뇩다라삼먁삼보리를 얻으리라.
또, 두 4천하의 티끌 수 보살마하살은 2생에 아뇩다라삼먁삼보리를 얻으리라.
또, 한 4천하의 티끌 수 보살마하살은 1생에 아뇩다라삼먁삼보리를 얻으리라."

등각을 이루는 시간이 점점 더 짧아진다.

"또, 8세계의 티끌 수 중생은 모두 아뇩다라삼먁삼보리심을 내었느니라."

중생이 아뇩다라삼먁삼보리심을 냈다는 것은 견성오도나 해탈도를 말한다.

본문

佛說是諸菩薩摩訶薩得大法利時。於虛空中。雨曼陀羅華
불설시제보살마하살득대법리시. 어허공중. 우만다라화
摩訶曼陀羅華。以散無量百千萬億眾寶樹下師子座上諸佛。
마하만다라화. 이산무량백천만억중보수하사자좌상제불.
幷散七寶塔中師子座上釋迦牟尼佛及久滅度多寶如來。
병산칠보탑중사자좌상석가모니불급구멸도다보여래.
亦散一切諸大菩薩及四部眾。又雨細末栴檀沈水香等。於
역산일체제대보살급사부중. 우우세말전단침수향등. 어
虛空中。天鼓自鳴妙聲深遠。又雨千種天衣。垂諸瓔珞真
허공중. 천고자명묘성심원. 우우천종천의. 수제영락진
珠瓔珞摩尼珠瓔珞如意珠瓔珞。遍於九方眾寶香爐燒無價
주영락마니주영락여의주영락. 변어구방중보향로소무가
香。自然周至供養大會。一一佛上。有諸菩薩執持幡蓋。
향. 자연주지공양대회. 일일불상. 유제보살집지번개.
次第而上至于梵天。是諸菩薩以妙音聲歌無量頌讚歎諸

차제이상지우범천. 시제보살이묘음성가무량송찬탄제
佛。爾時彌勒菩薩從座而起。偏袒右肩合掌向佛。
불. 이시미륵보살 종좌이기. 편단우견합장향불.
而說偈言。
이설게언.

부처님께서 이 보살마하살들이 큰 법의 이익 얻은 일을 말씀
하실때, 허공중에서 만다라화와 마하만다라화가 비 내려 한량
없는 백천만억 보배 나무 아래 있는 사자좌에 앉으신 여러 부
처님들께 흩어졌으며, 아울러 7보탑 안 사자좌에 앉으신 석가
모니불과 오래전에 열반하신 다보여래께 흩고, 또 모든 대보
살들과 4부 대중에게도 흩었다.
또, 전단향과 침수향의 보드라운 가루가 비 내리고, 허공중에
서는 하늘 북이 저절로 울려 아름다운 소리가 깊고도 멀었으
며, 또 1천 가지 하늘 옷이 비 내리며 여러 가지 영락, 진주
영락, 바니주 영락, 여의주 영락을 9방에 두루 드리우고, 모
든 보배 향로에 값을 칠 수 없는 향을 사르니, 저절로 두루
퍼져 큰 회중에 공양하였다.
모든 부처님 위에는 여러 보살들이 번기와 일산을 들고 차례
차례 올라가 범천에까지 이르며, 이 보살들은 미묘한 음성으
로 한량없는 게송을 읊어 부처님을 찬탄하였다.
이때, 미륵보살이 자리에서 일어나 오른쪽 어깨를 드러내고
합장하고 부처님을 향하여 게송을 읊었다.

佛說希有法	昔所未曾聞	世尊有大力	壽命不可量
불설희유법	**석소미증문**	**세존유대력**	**수명불가량**
無數諸佛子	聞世尊分別	說得法利者	歡喜充徧身
무수제불자	**문세존분별**	**설득법리자**	**환희충변신**
或住不退地	或得陀羅尼	或無碍樂說	萬億旋總持
혹주불퇴지	**혹득다라니**	**혹무애요설**	**만억선총지**
或有大千界	微塵數菩薩	各各皆能轉	不退之法輪
혹유대천계	**미진수보살**	**각각개능전**	**불퇴지법륜**
復有中千界	微塵數菩薩	各各皆能轉	淸淨之法輪
부유중천계	**미진수보살**	**각각개능전**	**청정지법륜**
復有小千界	微塵數菩薩	餘各八生在	當得成佛道
부유소천계	**미진수보살**	**여각팔생재**	**당득성불도**
復有四三二	如此四天下	微塵數菩薩	隨數生成佛
부유사삼이	**여차사천하**	**미진수보살**	**수수생성불**
或一四天下	微塵數菩薩	餘有一生在	當成一切智
혹일사천하	**미진수보살**	**여유일생재**	**당성일체지**
如是等衆生	聞佛壽長遠	得無量無漏	淸淨之果報
여시등중생	**문불수장원**	**득무량무루**	**청정지과보**
復有八世界	微塵數衆生	聞佛說壽命	皆發無上心
부유팔세계	**미진수중생**	**문불설수명**	**개발무상심**
世尊說無量	不可思議法	多有所饒益	如虛空無邊
세존설무량	**불가사의법**	**다유소요익**	**여허공무변**
雨天曼陀羅	摩訶曼陀羅	釋梵如恒沙	無數佛土來

우천만다라	**마하만다라**	**석법여항사**	**무수불토래**
雨栴檀沈水	繽紛而亂墜	如鳥飛空下	供散於諸佛
우전단침수	**빈분이난추**	**여조비공하**	**공산어제불**
天鼓虛空中	自然出妙聲	天衣千萬種	旋轉而來下
천고허공중	**자연출묘성**	**천의천만종**	**선전이래하**
衆寶妙香爐	燒無價之香	自然悉周徧	供養諸世尊
중보묘향로	**소무가지향**	**자연실주변**	**공양제세존**
其大菩薩衆	執七寶幡蓋	高妙萬億種	次第至梵天
기대보살중	**집칠보번개**	**고묘만억종**	**차제지범천**
一一諸佛前	寶幢懸勝幡	亦以千萬偈	歌詠諸如來
일일제불전	**보당현승번**	**역이천만게**	**가영제여래**
如是種種事	昔所未曾有	聞佛壽無量	一切皆歡喜
여시종종사	**석소미증유**	**문불수무량**	**일체개환희**
佛名聞十方	廣饒益衆生	一切具善根	以助無上心
불명문시방	**광요익중생**	**일체구선근**	**이조무상심**

부처님이	설하신법	다시없이	희유하여
저희들은	지금까지	들은적이	없나이다
세존의힘	위대하고	그수명은	무량하며
한량없이	많은제자	세존께서	분별하사
부처님의	설법듣고	법의이익	얻었다니
저희들은	그말듣고	환희한맘	충만하네
어떤이는	불퇴지에	머무르고	어떤이는

다라니를 얻었는바 걸림없는 요설로써
만억의 한량없는 선다라니 얻어서는
중생위해 세상에다 널리펴는 힘을얻고
대천세계 티끌같은 많고많은 보살들은
불퇴지의 법륜들을 능히모두 잘굴리고
중천세계 티끌같은 많고많은 보살들은
청정한 법륜들을 능히모두 잘굴리며
소천세계 티끌같은 많고많은 보살들은
여덟번을 태어나서 부처님도 이루리니
또한다시 사사천하 삼사천하 이사천하
그들세계 모두부순 티끌같이 많은수의
보살들이 그수대로 모두다들 성불하며
혹은다시 일사천하 티끌처럼 많은보살
남은일생 머물면서 일체지혜 이루었네
이런중생 부처수명 길고멀단 말을듣고
번뇌없고 미혹없는 청정과보 얻으리니
여덟세계 티끌같이 많고많은 중생들도
부처수명 말씀듣고 무상심을 일으키네
세존께서 설하신법 한량없고 알수없어
많은중생 얻은이익 허공처럼 끝이없고
하늘에선 만다라꽃 마하만다라 꽃비오고
갠지스강 모래같은 한량없는 제석범천
수없는 부처님의 세계에서 찾아왔네

전단침수	향가루가	분분하게	날리기를
새가공중	날으듯이	흩어지며	공양하고
허공에는	하늘북이	묘한소리	절로내고
천만가지	하늘옷들	빙빙돌아	내려오며
여러가지	보배향로	값도모를	향을피워
두루가득	퍼진향기	여러세존	공양하네
많은대중	큰보살은	높고묘한	만억가지
칠보장엄	깃발들고	차례차례	범천올라
하나하나	부처앞에	보배깃대	당번달고
천만가지	게송으로	부처님들	찬탄하네
가지가지	이러한일	전에없던	일이어라
부처님의	그수명이	영원하단	말씀듣고
일체모든	중생들이	환희하는	마음되네
부처이름	널리들려	많은중생	이익되니
일체선근	갖추어서	위없는맘	돕나이다

본문

爾時佛告彌勒菩薩摩訶薩。阿逸多。其有衆生。聞佛壽命
이시불고미륵보살마하살. 아일다. 기유중생. 문불수명
長遠如是。乃至能生一念信解。所得功德無有限量。若有
장원여시. 내지능생일념신해. 소득공덕무유한량. 약유
善男子善女人。爲阿耨多羅三藐三菩提故。於八十萬億那

선남자선여인. 위아뇩다라삼먁삼보리고. 어팔십만억나
由他劫。行五波羅蜜。檀波羅蜜。尸羅波羅蜜。羼提波羅
유타겁. 행오바라밀. 단바라밀. 시라바라밀. 찬제바라
蜜。毘梨耶波羅蜜。禪波羅蜜。除般若波羅蜜。以是功德
밀. 비리야바라밀. 선바라밀. 제반야바라밀. 이시공덕
比前功德。百分千分百千萬億分不及其一。乃至算數譬喩
비전공덕. 백분천분백천만억분불급기일. 내지산수비유
所不能知。若善男子善女人。有如是功德。於阿耨多羅三
소불능지. 약선남자선여인. 유여시공덕. 어아뇩다라삼
藐三菩提退者。無有是處。爾時世尊欲重宣此義。
먁삼보리퇴자. 무유시처. 이시세존욕중선차의.
而說偈言。
이설게언.

이때, 부처님이 미륵보살마하살에게 말씀하셨다.
"아일다여, 어떤 중생이 부처님의 수명이 이와 같이 장구함을 듣고 한 생각이라도 믿음을 내면, 그의 얻는 공덕은 한량없느니라.
만일 선남자 선여인이 아뇩다라삼먁삼보리를 위하여 80만억 나유타겁 동안에 보시 바라밀다, 인욕 바라밀다, 정진 바라밀다, 선정 바라밀다의 다섯 바라밀다를 행하여도, 반야바라밀다만 제외하면 이 공덕은 앞의 공덕에 비하여 백분의 일, 천분의 일, 백천만억분의 일에도 미치지 못하며, 또, 산수와 비유로도 알 수 없느니라.
만일 선남자 선여인으로서 이러한 공덕이 있으면 아뇩다라삼먁삼보리에서 물러나는 일이 없느니라."
그때, 세존께서 이 뜻을 거듭 펴시려고 게송을 읊었다.

강설

"반야바라밀다만 제외하면 이 공덕은 앞의 공덕에 비하여 백분의 일, 천분의 일, 백천만억분의 일에도 미치지 못하며,"

반야바라밀다를 제외하면. 인욕, 선정, 보시, 지계 바라밀을 다 성취했어도 묘각을 이룬 뒤에 불지와 여래지 사이에서 일어나는 절차를 이해하는 것만 못하다는 말씀이다.

이 대목에서 말씀하시는 반야바라밀다는 난승지 이후에 성취하는 반야바라밀이다. 진여심은 6지 현전지로 들어가고 생멸심은 반야해탈의 두 번째 단계로 들어간 상태이다. 난승지를 넘어서는 그 공덕만 빼놓고는 나머지 다섯 가지 바라밀을 성취한 것보다 불지에서 여래지 사이에서 일어나는 다섯 단계의 절차를 아는 것이 더 중요하다는 말씀이다.
묘법연화경을 이해했다는 것은 묘각도 이후에 이루어지는 다섯 단계의 성취에 대해 아는 것이다. 그것이 부처님의 수명이 무한한 이치를 아는 것이다.
그 과정을 모른다면 부처님의 수명이 무한한 이치를 아는 것도 아니고, 묘법연화경을 아는 것이 아니다.

"만일 선남자 선여인으로서 이러한 공덕이 있으면 아뇩다라삼먁삼보리에서 물러서는 일이 없느니라."

난승지를 넘어서야 아뇩다라삼먁삼보리에서 벗어나지 않는다. 선혜지를 얻고 불퇴지를 얻는 것은 난승지를 넘어섰기 때문에 가능한 것이다.

법화경은 설법의 대상이 보살들이다.
부처님께서 이 경전은 보살들을 위한 설법이지 아라한을 위한 설법이 아니라고 말씀하셨다.
보살을 대상으로 설법을 하셨다는 것은 초지 보살부터 10지 보살까지 모든 보살들을 대상으로 삼은 것이다.
2지 보살, 3지 보살, 4지 보살, 5지 보살에게는 난승지를 넘어가는 방법을 제시해 주셨고 7지 보살에게는 부동지를 얻는 방법을 제시해 주셨으며 8지 보살에게는 육근원통을 이룰 수 있는 방법을 제시해 주셨다.

본문

若人求佛慧
약인구불혜
於是諸劫中
어시제겁중
珍異之飮食
진이지음식
如是等布施
여시등보시
若復持禁戒
약부지금계
若復行忍辱
약부행인욕
諸有得法者
제유득법자
若復勤精進
약부근정진
又於無數劫
우어무수겁
以是因緣故
이시인연고
持此一心福
지차일심복
是人於百千

於八十萬億
어팔십만억
布施供養佛
보시공양불
常服與臥具
상복여와구
種種皆微妙
종종개미묘
淸淨無缺漏
청정무결루
住於調柔地
주어조유지
懷於增上慢
회어증상만
志念常堅固
지념상견고
住於空閑處
주어공한처
能生諸禪定
능생제선정
願求無上道
원구무상도
萬億劫數中

那由他劫數
나유타겁수
及緣覺弟子
급연각제자
栴檀立精舍
전단립정사
盡此諸劫數
진차제겁수
求於無上道
구어무상도
設衆惡來加
설중악래가
爲此所輕惱
위차소경뇌
於無量億劫
어무량억겁
若坐若經行
약좌약경행
八十億萬劫
팔십억만겁
我得一切智
아득일체지
行此諸功德

行五波羅密
행오바라밀
幷諸菩薩衆
병제보살중
以園林莊嚴
이원림장엄
以廻向佛道
이회향불도
諸佛之所歎
제불지소탄
其心不傾動
기심불경동
如是悉能忍
여시실능인
一心不懈息
일심불해식
除睡常攝心
제수상섭심
安住心不亂
안주심불란
盡諸禪定際
진제선정제
如上之所說
여상지소설

묘법연화경 분별공덕품 • 187

시인어백천
有善男女等
유선남녀등
若人悉無有
약인실무유
其有諸菩薩
기유제보살
如是諸人等
여시제인등
如今日世尊
여금일세존
我等未來世
아등미래세
若有深心者
약유심심자
如是之人等
여시지인등

만억겁수중
聞我說壽命
문아설수명
一切諸疑悔
일체제의회
無量劫行道
무량겁행도
頂受此經典
정수차경전
諸釋中之王
제석중지왕
一切所尊敬
일체소존경
淸淨而質直
청정이질직
於此無有疑
어차무유의

행차제공덕
乃至一念信
내지일념신
深心須臾信
심심수유신
聞我說壽命
문아설수명
願我於未來
원아어미래
道場師子吼
도장사자후
坐於道場時
좌어도장시
多聞能總持
다문능총지

여상지소설
其福過於彼
기복과어피
其福爲如此
기복위여차
是則能信受
시즉능신수
長壽度衆生
장수도중생
說法無所畏
설법무소외
說壽亦如是
설수역여시
隨義解佛語
수의해불어

만일어떤 사람들이 부처지혜 구하려고
팔십만억 나유타겁 5바라밀 행하기를
많고많은 겁동안에 부처님과 연각제자
여러보살 대중에게 좋은의복 좋은음식
아름다운 침구들과 전단으로 지은정사

장엄스런	동산들을	보시하고	공양하며
가지가지	미묘한것	이와같이	보시하길
그많은겁	다채워서	불도에다	회향하고
또한청정	계율지녀	부족함이	하나없이
위없는도	구하므로	여러부처	찬탄받고
또한인욕	행하여서	부드러운	땅머물러
많은고통	가하여도	그마음이	부동이라
삿된법에	걸린이가	교만한맘	품고와서
멸시하며	괴롭혀도	이런일을	능히참네
부지런히	정진하여	뜻과생각	견고하고
한량없는	억겁동안	게으르지	아니하며
셀수없이	오랜겁을	고요한데	머물면서
앉고서고	거닐면서	자지않고	마음닦아
이런인연	공덕으로	여러선정	생기어서
팔십억만	겁동안에	마음편히	머무르며
이와같은	복을가져	위없는도	구하여서
일체지혜	내가얻어	선정극치	도달하리
이와같이	많은사람	백천만억	겁동안에
행한여러	공덕등이	위에말함	같다해도
선남자와	선여인이	나의수명	설함듣고
일념으로	믿는다면	그복이더	많으리라
만일어떤	사람들이	의심하나	내지않고
깊이잠깐	믿더라도	오는복이	이같노라

묘법연화경 분별공덕품

많고많은	보살들이	무량한겁	도닦다가
나의수명	설함듣고	이를받아	믿는다면
이와같은	여러사람	법화경을	받들어서
오는세상	오래살며	중생제도	원하리라
오늘날의	세존처럼	석가족의	왕으로서
도량에서	사자후로	두렴없는	법설하며
우리들도	오는세상	모든중생	존경받아
도량에서	설법할때	이런수명	말하리라
마음깊이	믿는이가	청정하고	질직하여
많이듣고	모두지녀	부처말씀	이해하면
미래오는	세상에서	부처같은	수명으로
두려움과	의심없어	모든설법	잘하리라

又阿逸多。若有聞佛壽命長遠解其言趣。是人所得功德無
우아일다. 약유문불수명장원해기언취. 시인소득공덕무
有限量。能起如來無上之慧。何況廣聞是經。若教人聞。
유한량. 능기여래무상지혜. 하황광문시경. 약교인문.
若自持若教人持。若自書若教人書。若以華香瓔珞幢幡繒
약자지약교인지. 약자서약교인서. 약이화향영락당번증
蓋香油酥燈供養經卷。是人功德無量無邊。能生一切種
개향유소등공양경권. 시인공덕무량무변. 능생일체종
智。阿逸多。若善男子善女人。聞我說壽命長遠深心信
지. 아일다. 약선남자선여인. 문아설수명장원심심신

解. 則爲見佛常在耆闍崛山。 共大菩薩諸聲聞衆圍繞說法。
해. 즉위견불상재기사굴산. 공대보살제성문중위요설법.

"또 아일다여, 만일 어떤 이가 부처님의 수명이 장구함을 듣고 그 뜻을 이해한다면, 이 사람의 얻는 공덕은 한량없으며, 여래의 위없는 지혜를 일으키리라.
하물며 이 경을 많이 듣거나, 사람들로 하여금 듣게 하거나, 스스로 지니거나, 사람으로 하여금 지니게 하거나, 자기가 쓰거나, 사람으로 하여금 쓰게 하거나, 또 꽃과 향과 영락과 당기, 번기와 비단, 일산과 향유와 등불로써 경전을 공양함일까 보냐.
이 사람의 공덕은 한량없고 그지없어 갖가지 지혜를 능히 내리라.
아일다여, 만일 선남자 선여인이 내가 말하는 수명이 장구함을 듣고 깊은 마음으로 믿고 이해하면, 곧 부처님이 항상 영취산에 계시면서 대보살과 성문 대중에게 둘러싸여 법을 설하심을 보게 되리라.

강설

"내가 말하는 수명이 장구함을 듣고 깊은 마음으로 믿고 이해하면, 곧 부처님이 항상 영취산에 계시면서 대보살과 성문 대중에게 둘러싸여 법을 설하심을 보게 되리라."

부처님의 수명이 무한하다는 것을 이해하기 위해서는 묘각도 이후에 성취되는 다섯 단계의 깨달음에 대해 알고 있어야 하고 그 논리에 입각해서 새로운 세계관이 갖추어져야 한다.

묘각도 이후에 이루어지는 깨달음의 절차를 놓고서는
"불세계의 인식, 정토불사, 본원본제와의 계합, 등각화신불의 생성, 여래장계의 벗어남"에 대해 알아야 한다.
이것을 이해했다면 묘법연화경의 절반을 이해한 것이다.

새로운 세계관을 갖춘다는 것은 본원본제의 여래장계를 벗어나서 새로운 여래장이 창조될 수 있다는 것을 믿는 것이다. 불(佛)의 능연지력(能緣智力)으로 인해 새로운 여래장이 다중으로 생겨날 수 있다는 것을 믿는다면 묘법연화경의 나머지 절반을 이해한 것이다.
그 두 가지 이치를 알게 되면 중생은 무생법인을 얻고 보살은 난승지를 넘어간다.

세계관의 관점에 따라서 억불(憶佛)의 방향이 달라지고 신앙의 대상이 달라진다.
그리움의 대상으로 삼는 부처님이 세계관에 따라서 결정되는 것이다.
어떤 사람들은 본원본제를 근원불(根源佛)로 삼아서 신앙의 대상으로 삼는다. 대부분의 사람들은 묘각 부처님을 신앙의 대상으로 삼는다.
여래장계를 벗어난 능연 부처님(能緣佛)을 신앙의 대상으로 삼는 사람들은 많지가 않다.

본문

又見此娑婆世界。其地瑠璃坦然平正。閻浮檀金以界八道
우견차사바세계. 기지류리탄연평정. 염부단금이계팔도
寶樹行列。諸臺樓觀皆悉寶成。其菩薩衆咸處其中。若有
보수행렬. 제대누관개실보성. 기보살중함처기중. 약유
能如是觀者。當知是為深信解相。又復如來滅後若聞是
능여시관자. 당지시위심신해상. 우부여래멸후약문시
經。而不毀呰起隨喜心。當知已為深信解相。何況讀誦受
경. 이불훼자기수희심. 당지이위심신해상. 하황독송수
持之者。斯人則為頂戴如來。阿逸多。是善男子善女人。
지지자. 사인즉위정대여래. 아일다. 시선남자선여인.
不須為我復起塔寺及作僧坊以四事供養衆僧。
불수위아부기탑사급작승방이사사공양중승.

또, 이 사바세계의 땅이 유리와 같아서 평탄하고 반듯하며, 염부단금으로 여덟 갈래 길의 경계를 짓고, 보배 나무가 줄을 지었으며, 모든 대(臺)와 누각이 모두 보배로 되었고, 보살 대중들이 그 안에 살고 있음을 보리라.
마땅히 이렇게 아는 것을 심신해상이라 하느니라.
또 여래가 열반한 뒤에 이 경을 듣고 훼방하지 않으며, 따라서 기뻐하는 마음을 일으키면, 그것이 벌써 깊이 믿고 이해하는 모습이어든, 하물며 읽고 외고 받아 지니는 사람일까 보냐.
이 사람은 곧 여래를 머리에 이고 받든 것이니라.
아일다여, 이러한 선남자 선여인은 다시 나를 위하여 탑을 세우고 승방을 짓고, 네 가지 일(四事)로 여러 스님을 공양할 필요가 없느니라.

강설

當知已爲深信解相 (당지이위 심신해상)
"마땅히 이렇게 아는 것을 심신해상이라 하느니라"

'심신해상'이란 깊은 믿음과 이해로써 갖추어지는 상을 말한다.
이해란 묘각도 이후에 이루어지는 다섯 단계 깨달음에 대한 이해이다. 믿음이란 능연불(能緣佛)에 대한 믿음이다. 능연불에 대한 이해와 믿음이 갖추어지면 심신해상(深信解相)을 보게 된다는 말씀이시다.
부처님이 항상 영취산에 계시면서 대보살과 성문 대중에게 둘러싸여 법을 설하심을 보는 것이 '심신해상'이다.

"네 가지 일"

탑을 짓고 스님을 공양하고 절을 짓고 경책을 출판하는 것이 네 가지 불사이다.

본문

所以者何。是善男子善女人。受持讀誦是經典者。為已起
소이자하. 시선남자선여인. 수지독송시경전자. 위이기
塔造立僧坊供養眾僧。則為以佛舍利起七寶塔高廣漸小至
탑조입승방공양중승. 즉위이불사리기칠보탑고광점소지
于梵天。懸諸幡蓋及眾寶鈴。華香瓔珞末香塗香燒香。眾
우범천. 현제번개급중보령. 화향영락말향도향소향. 중
鼓伎樂簫笛箜篌種種舞戲。以妙音聲歌唄讚頌。則為於無
고기악소적공후종종무희. 이묘음성가패찬송. 즉위어무
量千萬億劫作是供養已阿逸多。若我滅後聞是經典。有能
량천만억겁작시공양이아일다. 약아멸후문시경전. 유능
受持若自書若教人書。則為起立僧坊。以赤栴檀作諸殿堂
수지약자서약교인서. 칙위기립승방. 이적전단작제전당
三十有二。高八多羅樹高廣嚴好。百千比丘於其中止。
삼십유이. 고팔다라수고광엄호. 백천비구어기중지.
園林浴池經行禪窟。衣服飲食床褥湯藥。一切樂具充滿其
원림욕지경행선굴. 의복음식상욕탕약. 일체락구충만기

中。是僧坊堂閣若干。百千萬億其數無量。以此現前供養
중． 시승방당각약간． 백천만억기수무량． 이차현전공양
於我及比丘僧。是故我說如來滅後。若有受持讀誦為他人
어아급비구승． 시고아설여래멸후． 약유수지독송위타인
說。若自書若教人書供養經卷。不須復起塔寺及造僧坊供
설． 약자서약교인서공양경권． 불수부기탑사급조승방공
養眾僧。況復有人能持是經。兼行布施持戒忍辱精進一心
양중승． 황부유인능지시경． 겸행보시지계인욕정진일심
智慧。其德最勝無量無邊。譬如虛空東西南北四維上下無
지혜． 기덕최승무량무변． 비여허공동서남북사유상하무
量無邊。是人功德亦復如是無量無邊。疾至一切種智。若
량무변． 시인공덕역부여시무량무변． 질지일체종지． 약
人讀誦受持是經為他人說。若自書若教人書。復能起塔及
인독송수지시경위타인설． 약자서약교인서． 부능기탑급
造僧坊。供養讚歎聲聞眾僧。亦以百千萬億讚歎之法。讚
조승방． 공양찬탄성문중승． 역이백천만억찬탄지법． 찬
歎菩薩功德。又為他人種種因緣隨義解說此法華經。復能
탄보살공덕． 우위타인종종인연수의해설차법화경． 부능
清淨持戒與柔和者而共同止。忍辱無瞋志念堅固。常貴坐
청정지계여유화자이공동지． 인욕무진지념견고． 상귀좌
禪得諸深定。精進勇猛攝諸善法。利根智慧善答問難阿逸
선득제심정． 정진용맹섭제선법． 이근지혜선답문난아일
多。若我滅後。諸善男子善女人。受持讀誦是經典者。復

다. 약아멸후. 제선남자선여인. 수지독송시경전자. 부
有如是諸善功德。當知是人已趣道場。近阿耨多羅三藐三
유여시제선공덕. 당지시인이취도장. 근아뇩다라삼먁삼
菩提坐道樹下。阿逸多。是善男子善女人。若坐若立若行
보리좌도수하. 아일다. 시선남자선여인. 약좌약립약행
處此中便應起塔。一切天人皆應供養如佛之塔。爾時世尊
처차중변응기탑. 일체천인개응공양여불지탑. 이시세존
欲重宣此義。而說偈言。
욕중선차의. 이설게언.

왜냐하면, 이 선남자 선여인이 이 경전을 받아지니고 읽고 외면, 이미 탑을 세우고 승방을 짓고 여러 스님을 공양한 것이기 때문이니라.

곧, 부처님의 사리로 7보탑을 세우되 높이와 넓이가 점점 작아져서 범천에까지 이르게 하고, 여러 가지 번기와 일산, 보배 풍경을 달며, 꽃과 향과 영락과 가루향, 바르는 향, 사르는 향과 여러 가지 북과 풍류와 퉁소와 저와 공후로 가지가지 춤을 추고 노닐며, 아름다운 음성으로 노래하고 찬탄하였느니라.

곧, 이와 같이 한량없는 천만억 겁에 이렇게 공양하여 마친 것이니라.

아일다여, 만일 내가 열반한 뒤에 이 경전을 듣고 능히 받아지니거나 스스로 쓰거나 남을 시켜 쓰거나 하면, 그것은 곧 절을 지으면서 붉은 전단으로 32전당을 짓는데, 높이가 8다라수요, 넓고 크고 장엄하고 아름다워 백천 비구가 그 안에 있으며, 동산과 산림과 목욕하는 못과 거니는 마당, 선방(禪窟)과 의복, 음식과 평상과 금침과 탕약 등의 온갖 기구가 속에 충만하느니라.
이러한 승방과 전당과 누각이 백천만억이어서 한량없노라.
이러한 것들로 나와 비구에게 공양하느니라.
그러나 내가 말하기를 '여래가 열반한 뒤에 어떤 사람이 이 경을 받아지니고 읽고 외고 다른 이에게 설하여 주며, 제가 쓰거나, 남을 시켜 써서 경전을 공양한다면, 탑과 절을 창건하거나, 승방을 짓거나, 스님에게 공양할 필요가 없다'고 하느니라.
하물며, 어떤 사람이 이 경을 받아 지니면서, 겸하여 보시와 계율과 인욕과 정진과 한결같은 마음(선정)과 지혜를 행함이랴. 그 공덕이 가장 수승하여 한량없고 그지없나니라.
마치 허공의 동, 서, 남, 북과 네 간방과 상방과 하방이 한량없고 그지없음과 같으니라.
이 사람의 공덕도 그와 같아서 한량없고 그지없어서 일체종지에 갖가지 지혜에 빨리 이르게 되리라.
어떤 사람이 이 경전을 읽고 외고 받아지니고, 남에게 해설하거나 제가 쓰거나 남을 시켜 쓰게 하며, 또 탑을 세우고 승방을 짓고 성문 대중을 공양하고 찬탄하며, 또 백천만억 가지 찬탄하는 법으로 보살의 공덕을 찬탄하며, 또 다른 이를 위하여 여러 가지 인연으로 이 법화경을 뜻에 따라 해설하고, 다시 계행을 청정하게 가지며, 부드럽고 화평한 이들과 함께 있고, 욕됨을 참아 성내지 않으며, 뜻이 견고하고 항상 좌선하기를 숭상하여 깊은 선정을 얻고 용맹하게 정진하여 선한 법을 모두 섭수하여 가지며, 지혜 있고 총명하여 어려운 물음을 잘 해답하느니라.

아일다여, 내가 열반한 뒤에 모든 선남자 선여인들이 이 경전을 받아지니고 읽고 외면 이와 같은 선한 공덕이 있으리라.

마땅히 알아라.

이 사람은 이미 도량에 나아가 아뇩다라삼먁삼보리에 가까워서 보리수 아래에 앉음이니라.

아일다여, 이 선남자 선여인이 앉거나 섰거나 거니는 곳이면, 여기에는 마땅히 탑을 세울 것이니라.

모든 하늘 사람, 인간 사람들은 모두 부처님의 탑을 공양함과 같이 하라"

이때, 세존께서 이 뜻을 거듭 펴시려고 게송을 읊으셨다.

강설

묘법연화경을 이렇게 알고 이해하고 이 체계에 입각해서 수행하는 사람이 있다면 그 사람을 부처님 모시듯 하라는 말씀이시다.

본문

若我滅度後
약아멸도후
是則爲具足
시즉위구족
表刹甚高廣
표찰심고광
又於無量劫
우어무량겁
然香油蘇燈
연향유소등
惡世末法時
악세말법시
若能持此經
약능지차경
堂有三十二
당유삼십이
百千衆住處
백천중주처
若有信解心
약유신해심
散華香抹香
산화향말향
如是供養者

能奉持此經
능봉지차경
一切諸供養
일체제공양
漸小至梵天
점소지범천
而供養此塔
이공양차탑
周帀常照明
주잡상조명
能持是經者
능지시경자
則如佛現在
즉여불현재
高八多羅樹
고팔다라수
園林諸浴池
원림제욕지
受持讀誦書
수지독송서
以須曼蒼蔔
이수만담복
得無量功德

斯人福無量
사인복무량
以舍利起塔
이사리기탑
寶鈴千萬億
보령천만억
華香諸瓔珞
화향제영락

則爲已如上
즉위이여상
以牛頭栴檀
이우두전단
上饌妙衣腹
상찬묘의복
經行及禪窟
경행급선굴
若復敎人書
약부교인서
阿提目多伽
아제목다가
如虛空無邊

如上之所說
여상지소설
七寶而莊嚴
칠보이장엄
風動出妙音
풍동출묘음
天衣衆伎樂
천의중기악

具足諸供養
구족제공양
起僧坊供養
기승방공양
床臥皆具足
상와개구족
種種皆嚴好
종종개엄호
及供養經卷
급공양경권
薰油常然之
훈유상연지
其福亦如是

여시공양자	**득무량공덕**	**여허공무변**	**기복역여시**
況復持此經	兼布施持戒	忍辱樂禪定	不瞋不惡口
황부지차경	**겸보시지계**	**인욕낙선정**	**부진불악구**
恭敬於塔廟	謙下諸比丘	遠離自高心	常思惟智慧
공경어탑묘	**겸하제비구**	**원리자고심**	**상사유지혜**
有問難不瞋	隨順爲解說	若能行是行	功德不可量
유문난부진	**수순위해설**	**약능행시행**	**공덕불가량**
若見此法師	成就如是德	應以天華散	天衣覆其身
약견차법사	**성취여시덕**	**응이천화산**	**천의복기신**
頭面接足禮	生心如佛想	又應作是念	不久詣道樹
두면접족례	**생심여불상**	**우응작시념**	**불구예도수**
得無漏無爲	廣利諸人天	其所住止處	經行若坐臥
득무루무위	**광이제인천**	**기소주지처**	**경행약좌와**
乃至說一偈	是中應起塔	莊嚴令妙好	種種以供養
내지설일게	**시중응기탑**	**장엄영묘호**	**종종이공양**
佛子住此地	則是佛受用	常在於其中	經行及坐臥
불자주차지	**즉시불수용**	**상재어기중**	**경행급좌와**

내멸도후　　법화경을　　받들어서　　지니며는
받는복이　　한량없어　　위에설함　　같으리니
일체모든　　공양들을　　갖춘것이　　되느니라
사리로　　　탑을세워　　칠보로　　　장엄한데
높고넓은　　꼭대기는　　차츰차츰　　좁아져서

그높이가　이르기를　하늘범천　다다르고
천만억의　보배방울　바람불면　묘한소리
한량없이　오랜세월　꽃과향과　영락들과
하늘옷과　기악으로　사리탑에　공양하네
향유등과　소등으로　시방두루　밝히오며
악한세상　말법시대　능히이경　지니면은
앞서말한　여러공양　갖춘것이　되느니라
법화경을　간직하면　부처님이　계실때에
우두전단　향나무로　승방지어　일으키되
서른두칸　좋은전당　그높이가　팔다라수
좋은음식　좋은의복　침대침구　다갖추고
거처하는　백천대중　꽃동산과　연못들과
경행하는　장소들과　좌선하는　토굴들을
아름답게　장엄하여　공양함과　같느니라
이해하고　믿는마음　법화경을　받아지녀
읽고외고　또한쓰고　남을시켜　쓰게하여
이경전에　공양하며　꽃과향을　뿌리거나
수만첨복　아제목다가　기름으로　불밝히니
이런공양　하는이는　한량없는　공덕얻어
끝이없는　허공처럼　복과덕이　이와같네
또한이경　받아지녀　보시하고　계율지켜
인욕하고　선정즐겨　성내는일　전혀없어
악한말도　하지않고　사리탑에　공경하며

비구에게 　겸손하며 　자만심을 　멀리하며
지혜로써 　생각하여 　어려운것 　물어와도
성안내고 　순수하게 　뜻에따라 　해설하니
이런행을 　닦는사람 　그공덕이 　한량없어
이런공덕 　성취하신 　큰법사를 　보게되면
하늘꽃을 　뿌려주고 　하늘옷을 　입혀주며
부처님을 　뵈온듯이 　머리숙여 　예배하며
이와같이 　생각하라 　불도량에 　빨리나가
번뇌없고 　집착없는 　무루무위 　법을얻어
하늘중생 　많은인간 　빠짐없이 　이익주리
그법사가 　머무는곳 　거닐거나 　앉고누워
한게송만 　설하여도 　그자리에 　탑을세워
미묘하고 　장엄하게 　가지가지 　공양하라
이런경지 　머문불자 　부처계신 　곳이오니
그가운데 　항상있어 　앉고눕고 　거닐어라

《묘법연화경 수희공덕품 隨喜功德品 第十八》

본문

爾時彌勒菩薩摩訶薩白佛言。世尊。若有善男子善女人。
이시미륵보살마하살백불언. 세존. 약유선남자선녀인.
聞是法華經隨喜者。得幾所福。而說偈言。
문시법화경수희자. 득기소복. 이설게언.

그때, 미륵보살마하살이 부처님께 사뢰었다.
"세존이시여, 만일 선남자 선여인이 이 법화경을 듣고 따라서 기뻐하는 이는 얼마만한 복을 얻겠나이까."
게송으로 다시 읊었다.

世尊滅度後	其有聞是經	若能隨喜者	爲得幾所福
세존멸도후	**기유문시경**	**약능수희자**	**위득기소복**

세존께서	열반한뒤	법화경을	받아들고
능히따라	기뻐하면	받는복이	얼맙니까

爾時佛告彌勒菩薩摩訶薩。阿逸多。如來滅後。若比丘比
이시불고미륵보살마하살. 아일다. 여래멸후. 약비구비
丘尼優婆塞優婆夷。及餘智者若長若幼。聞是經隨喜已。

구니우바새우바이. 급여지자약장약유. 문시경수희이.
從法會出至於餘處. 若在僧坊若空閑地. 若城邑巷陌聚落
종법회출지어여처. 약재승방약공한지. 약성읍항맥취락
田里. 如其所聞. 為父母宗親善友知識隨力演說. 是諸人
전리. 여기소문. 위부모종친선우지식수력연설. 시제인
等聞已隨喜復行轉敎. 餘人聞已亦隨喜轉敎. 如是展轉至
등문이수희부행전교. 여인문이역수희전교. 여시전전지
第五十. 阿逸多. 其第五十善男子善女人隨喜功德. 我今
제오십. 아일다. 기제오십선남자선녀인수희공덕. 아금
說之. 汝當善聽. 若四百萬億阿僧祇世界六趣四生眾生卵
설지. 여당선청. 약사백만억아승지세계육취사생중생난
生胎生濕生化生. 若有形無形. 有想無想. 非有想非無想.
생태생습생화생. 약유형무형. 유상무상. 비유상비무상.
無足二足四足多足. 如是等在眾生數者. 有人求福.
무족이족사족다족. 여시등재중생수자. 유인구복.
隨其所欲娛樂之具皆給與之. 一一眾生與滿閻浮提金銀琉
수기소욕오락지구개급여지. 일일중생여만염부제금은류
璃車磲馬腦珊瑚虎珀諸妙珍寶及象馬車乘七寶所成宮殿樓
리자거마노산호호박제묘진보급상마거승칠보소성궁전루
閣等.
각등.

이때, 부처님이 미륵보살마하살에게 말씀하셨다.

"아일다여, 여래가 열반한 뒤에 비구, 비구니, 우바새, 우바이나 그밖에 지혜 있는 이로서 늙은이 젊은이가 이 경을 듣고 따라서 기뻐하며, 법회에서 나와 다른 데로 가, 승방에서나 한적한 데서나, 도시에서나 거리에서나, 마을에서나 논밭에서 법회에서 들은 대로 부모, 친척, 친구, 아는 이에게 힘에 맞게 연설하면, 그 사람이 듣고 기뻐하여 다시 다른 이에게 전하고, 그 다른 사람이 기뻐하여 또 다른 이에게 전하여, 이와 같이 전하고 또 전하여 50째 사람에게 이르느니라.

아일다여, 그 50째의 선남자 선여인이 듣고 따라서 기뻐한 공덕을 내가 말하리니, 그대는 자세히 들어라.

4백 만억 아승지 세계의 육도 사생의 중생으로 알로 나는 것, 태로 나는 것, 습기로 나는 것, 화해 나는 것, 형태로 나는 것, 형상 있는 것, 형상 없는 것, 생각 있는 것, 생각 없는 것, 생각 있는 것 아닌 것, 생각 없는 것 아닌 것, 발 없는 것, 두 발 가진 것, 네 발 가진 것, 여러 발 가진 것, 그런 중생들 속에 있는 어떤 사람이 복을 구하려고 그들의 욕망에 따라 오락거리를 주는데, 낱낱 중생에게 남섬부주를 가득히 채운 금, 은, 유리, 자거, 마노, 산호, 호박 등의 여러 가지 보물과 코끼리, 말, 수레와 7보로 지은 궁전, 누각 등을 주었느니라.

강설

"4백 만억 아승지 세계의 육도사생".

육도는 천상계, 인간계, 아수라계, 축생계, 지옥계, 아귀계를 말한다. 육도윤회계라 한다.
사생은 태생, 난생, 습생, 화생을 말한다.
육도 생명들이 윤회에 들어갈 때 생(生)이 이루어지는 네 가지 형태가 사생이다.
윤회는 생멸연기의 과정중에 생(生)과 사(死)의 과정을 반복하는 것이다. 윤회에 들어갈 때는 복력과 업력, 원신(源神)의 형태와 구조, 크기에 따라서 서로 다른 세계에서 생(生)하게 된다. 육도윤회를 하는 생명들은 서로 다른 수명이 있다.

사생 중 태생과 난생은 육체로 태어나는 생의 형태이다.
육도윤회계 중에서 해와 달의 인력이 작용하는 세계에서 이루어지는 생(生)의 형태이다.
천상계 중에서는 사왕천에서 태생이 이루어지고 인간계, 축생계, 아수라계의 일부에서 태생이 이루어진다.
난생은 축생계와 아수라계의 일부에서 이루어진다.
습생과 화생은 육체로 생하는 경우도 있고 영혼으로 생하는 경우도 있다.
습생은 한 개의 영혼이 여러 개의 생명으로 나누어져서 태어나는 것이다. 육도윤회계 전체에서 이루어진다.

화생은 원신의 크기가 커지면서 생(生)이 이루어지는 것이다. 여러 개의 생명이 하나로 합쳐져서 커지기도 하고 원신적 진화를 통해서 커지기도 한다.
육도윤회계 전체에서 이루어진다.
습생과 화생으로 인해서 생명의 진화와 퇴화가 반복적으로 일어난다.
습생과 화생이 일어나는 원인은 업력과 복력의 관계와 의식·감정·의지의 성향이다.
복력보다 업력이 많고 의식·감정·의지의 성향이 부정적이면 습생이 일어난다. 반대로 업력보다 복력이 많고 의식·감정·의지의 성향이 긍정적이면 화생이 일어난다.
화생이 일어나면 상위 생명으로 진화하고 습생이 일어나면 하위 생명으로 퇴화한다.

태생과 난생으로 태어나는 생명들은 스스로가 빛을 생성해 내지 못하는 생명들이다.
스스로가 빛을 생성해 내지 못하기 때문에 해와 달을 쫓아서 태어나고 그 과보로 태생과 난생을 하게 된다.
난생으로 태어나는 생명들은 영혼으로 존재할 때 귀신, 허깨비, 야차, 아수라로 살던 존재들이다.
그런 생명들이 육체를 갖고 태어날 때는 알로 태어난다.

애증이 많은 생명은 태생으로 태어난다.

주체의식이 여섯 개인 생명이 애증을 갖게 되면 인간으로 태어나고 주체의식이 다섯 개 이하인 생명이 애증을 갖게 되면 동물로 태어난다.

생명이 분열되어서 태어나는 것도 습생이고 물에서 태어나는 것도 습생이다. 이런 경우에는 쓰여지는 문자의 뜻이 다르다. 분열되어서 태어날 때는 익힐 습(習)자를 쓰고 물에서 태어날 때는 젖을 습(濕)자를 쓴다.
기존 불교에서는 젖을 습자의 습생(濕生)만을 말한다. 하지만 이것은 좁은 의미의 습생이다.

화생의 경우도 두 가지 유형이 있다.
여러 개의 영혼이 하나로 합쳐져서 태어나는 것과 한 개의 영혼이 확장되면서 큰 영혼으로 변화되는 것이 그것이다. 인간이 신으로 태어나는 것도 화생이고 동물이 인간으로 태어나는 것도 화생이다.

습생은 집착과 애착 때문에 일어난다.
집착한 마음이 따로 떨어져서 습생이 된다.
반대로 화생은 다른 생명이 호응과 깨달음으로 이루어진다. 본성을 인식해서 영혼의 크기가 점점 더 커지게 되면 화생이 이루어진다.

"형상 있는 것, 형상 없는 것,"
육체와 영혼을 말하는 것이다.

"생각 있는 것, 생각 없는 것,"
주체의식 중에서 여섯 번째 식이 있으면 생각이 있고 여섯 번째 식이 없으면 생각이 없다.

"생각 있는 것 아닌 것"
감정만 있는 상태를 말한다.

"생각 없는 것 아닌 것"
여섯 번째 식의 구조가 완전하게 갖추어지지 않은 상태에서도 생각할 줄 아는 것이다.

"발 없는 것, 두 발 가진 것"
뱀이나 지렁이, 새 등.

"네 발 가진 것, 여러 발 가진 것"
지네, 거미, 개미, 거북이, 돼지, 소, 이런 생명들이 우리가 사는 이 생멸문에서는 축생이고 미물이지만 사바아승지 생멸문을 벗어나서는 꼭 미물이 아닐 수도 있다.
돼지처럼 생겼는데 그 존재가 신일 수도 있고 소처럼 생겼는데 그 존재가 인간보다 훨씬 더 똑똑할 수도 있다. 저

승의 우두나찰 마두나찰은 소처럼 생기고 말처럼 생겼어도 나찰이다.

본문

是大施主。如是布施滿八十年已。而作是念。我已施眾生
시대시주. 여시보시만팔십연이. 이작시념. 아이시중생
娛樂之具。隨意所欲。然此眾生皆已衰老年過八十。髮白
오락지구. 수의소욕. 연차중생개이쇠노년과팔십. 발백
面皺將死不久。當以佛法而訓導之。即集此眾生。宣布
면추장사불구. 당이불법이훈도지. 즉집차중생. 선포
法化示教利喜。一時皆得須陀洹道斯陀含道阿那含道阿羅
법화시교리희. 일시개득수다원도사다함도아나함도아라
漢道。盡諸有漏於深禪定皆得自在具八解脫。於汝意云
한도. 진제유루어심선정개득자재구팔해탈. 어여의운
何。是大施主所得功德寧為多不。
하. 시대시주소득공덕영위다부.

이 대시주가 이렇게 80년 동안 보시하고는 또 생각하기를, '내가 중생들의 욕망을 따라 오락거리를 보시하였으나, 이 중생들이 이미 늙어서 나이 80이 넘어 머리가 세고 얼굴이 쭈그러져서 죽을 때가 가까웠으니, 이제는 부처님 법으로 인도하리라.'라고 하였다.

그래서 그 중생들을 모아 불법으로 교화하며, 보여주고 가르쳐서 이익을 얻게 하고 기쁘게 하여, 일시에 수다원과 사다함과 아나함과 아라한 도를 얻어 모든 번뇌가 없어지고, 깊은 선정에 자재함을 얻고, 여덟 가지 해탈을 구족하게 하였느니라.
그대는 어떻게 생각하는가. 이 대시주가 얻는 공덕이 많다고 하겠는가, 아니라고 하겠는가."

강설

"일시에 수다원과 사다함과 아나함과 아라한 도를 얻어 모든 번뇌가 없어지고,"

무념·무심·간극의 상태를 인식한 다음에 간극의 적멸처에 머무를 수 있는 사람이 수다원이다.
견성오도 이후에 금강해탈도와 허공해탈도를 거쳐서 수다원과를 이룬다. 수다원과가 반야해탈도의 초입이다.

간극을 인식한 이후에 각성이 무념·무심·간극 사이를 내왕할 줄 아는 것이 사다함이다. 사다함과에서는 본성과 의식·감정·의지가 서로 분리가 된다. 반야해탈도의 중입이다.

본성을 이루고 있는 세 가지 요소를 놓고 25가지 원통관을 행한다. 25원통관이 한번 행해지면 아나함과를 이룬 것이다. 반야해탈도의 종입이다.

25원통관을 수시로 하다 보면 의식·감정·의지가 인식되지 않는다. 그 상태에서 간극에 머물러 있게 되면 멸진정에 들어간 것이다. 생멸심이 인식의 대상이 되지 않고 멸진정에 머물러있게 되면 아라한과를 증득한 것이다.

"깊은 선정에 자재함을 얻고, 여덟 가지 해탈을 구족하게 하였느니라."

8해탈은 내유색상관외색해탈(內有色想觀外色解脫), 내무색상관외색해탈((內無色想觀外色解脫), 정해탈신작증구족해탈(淨解脫身作證具足解脫), 공무변처해탈((空無邊處解脫), 식무변처해탈(識無邊處解脫), 무소유처해탈(無所有處解脫), 비상비비상처해탈(非想非非想處解脫), 멸수상정해탈(滅受想定解脫)을 말한다.

본문

彌勒白佛言。世尊。是人功德甚多無量無邊。若是施主。
미륵백불언. 세존. 시인공덕심다무량무변. 약시시주.
但施衆生一切樂具功德無量。何況令得阿羅漢果。佛告彌
단시중생일체낙구공덕무량. 하황영득아라한과. 불고미

勒。我今分明語汝。是人以一切樂具。施於四百萬億阿僧
륵. 아금분명어여. 시인이일체낙구. 시어사백만억아승
祇世界六趣眾生。又令得阿羅漢果。所得功德。不如是第
지세계육취중생. 우영득아라한과. 소득공덕. 불여시제
五十人。聞法華經一偈隨喜功德。百分千分百千萬億分不
오십인. 문법화경일게수희공덕. 백분천분백천만억분불
及其一。乃至算數譬喻所不能知。
급기일. 내지산수비유소불능지.
阿逸多。如是第五十人展轉聞法華經隨喜功德。尚無量無
아일다. 여시제오십인전전문법화경수희공덕. 상무량무
邊阿僧祇。何況最初於會中聞而隨喜者。其福復勝無量無
변아승지. 하황최초어회중문이수희자. 기복부승무량무
邊阿僧祇。不可得比。
변아승지. 불가득비.

미륵보살이 부처님께 사뢰었다.
"세존이시여, 이 사람의 공덕이 엄청나게 많아 한량없고 그지
없나이다. 이 시주가 중생들에게 모든 오락거리만 보시하였어
도 공덕이 한량없을 터이온데, 하물며 아라한과를 얻게 함이
오리까."
부처님이 미륵보살에게 말씀하셨다.
"내 이제, 그대에게 분명하게 말하노라. 이 사람이 모든 오락
거리로 4백만억 아승지 세계의 여섯 갈래 중생에게 보시하고

또 아라한과를 얻게 한 공덕이, 이 50째 사람이 법화경의 한 게송을 듣고 따라서 기뻐한 공덕만 못하느니라.
백분의 1에도, 천분의 1에도, 백천만억분의 1에도 미치지 못하며, 산수와 비유로도 알지 못하느니라.
아일다여, 이 50째 사람이 법화경의 법문을 듣고 따라서 기뻐한 공덕은 한량없고 그지없나니라.
하물며 맨 처음에 그 회중에서 듣고 따라서 기뻐한 이의 공덕이랴.
그 복덕은 더욱 훌륭하여 한량없고 그지없는 아승지로도 비길 수 없느니라.

강설

4백만억 아승지 세계의 여섯 갈래 중생에게 보시하고, 또 아라한과를 얻게 한 공덕이, 이 50째 사람이 법화경의 한 게송을 듣고 따라서 기뻐한 공덕만 못하다고 말씀하신다.

금강경에서는 금강경의 사구계 중 한 귀절 만이라도 다른 사람에게 말해주면 삼천대천세계에 7보로 가득 보시한 것보다 더 공덕이 있다고 말씀하셨다.
금강경은 견성오도 이후에 금강해탈도와 허공해탈도를 성취하는 방법에 대해서 말씀하신 경전이다. 선정으로는 5선정, 6선정을 성취하는 방법이다.

5선정의 공무변처정과 6선정의 식무변처정을 증득한 사람은 무색계 4천에서 태어난다. 무색계 4천에서 태어나는 생명들은 언제든지 아라한이 될 수 있다.
삼천대천세계는 10억 개의 생멸문으로 이루어져 있다.
한 명의 아라한이 출현하게 되면 10억 개의 생멸문에 칠보를 가득 채운 것만큼의 공덕이 있다고 말씀하신다.
하나의 인간이 그와 같이 큰 생명으로 성장할 수 있는 가르침을 주었으니 그 공덕이 그만큼 크다는 말씀이시다.

법화경의 내용은 생멸문의 일을 논하는 것이 아니다.
여래장계를 벗어나서 연기가 없는 새로운 여래장을 창조할 수 있는 방법에 대해서 말씀하신 것이다.
능연 부처님이 출현할 수 있는 방법을 전해주는 것이기 때문에 그 공덕이 그와 같다는 것이다.
중생이 법화경을 이해하게 되면 언제라도 부처의 길을 가게 된다. 그러니 한 사람의 능연 부처님을 만들어내는 공덕이 있는 것이다.

부처가 되는 방법은 유전자로 저장이 되어 있다.
우리들의 유전자 속에는 묘각을 이루고 여래지를 얻어서 무명이 없는 여래장을 창조할 수 있는 방법이 이미 기록되어 있다. 법화경을 들음으로써 그 유전자가 깨어난다.
법화경을 듣고서 '아! 그렇구나'라고 이해하는 순간 이미 그 유전자가 촉발되기 시작한다.
이것이 가장 큰 불사(佛事)이다.

본문

又阿逸多。若人爲是經故。往詣僧坊若坐若立。須臾聽受。
우아일다. 약인위시경고. 왕예승방약좌약입. 수유청수.
緣是功德轉身所生。得好上妙象馬車乘珍寶輦輿及乘天宮。
연시공덕전신소생. 득호상묘상마거승진보연여급승천궁.
若復有人。於講法處坐。更有人來。勸令坐聽。若分座令
약부유인. 어강법처좌. 갱유인래. 권령좌청. 약분좌령
坐。是人功德轉身。得帝釋坐處。若梵王坐處。若轉輪聖
좌. 시인공덕전신. 득제석좌처. 약법왕좌처. 약전륜성
王所坐之處。
왕소좌지처.

또 아일다여, 어떤 사람이 이 경을 위하여 승방에 가서 앉거나 서서 잠깐만 들어도, 이 공덕으로 다음에 날 적에는 대단히 훌륭한 코끼리와 말과 수레와 보배로 꾸민 연을 가지게 되며, 하늘 궁전에 타고 가리라.
또, 어떤 사람이 법을 강론하는 처소에 앉았을 적에 다른 사람이 오면, 그 사람을 권하여 앉아서 듣게 하거나 또는 자기가 앉은 자리를 나누어 앉게 하면, 이 사람의 공덕은 다음에 태어날 적에 제석천왕이 앉는 곳이나 범천왕이 앉는 곳에 앉게 되리라.

강설

제석천왕은 욕계 2천의 천왕이고 도리천왕이다.
범천왕은 색계 3천 대범천의 천왕이다.
초선정을 얻은 사람이 원초신을 발현시키면 범천왕이 된다. 초선정을 얻지 못했어도 식의 청정함을 통해 원초신을 발현시킨 사람은 제석천왕이 된다.
법화경을 듣는 자리에 앉게만 해줘도 초선정을 얻은 깨달음의 공덕과 같고 식의 청정함을 인식한 공덕과 같다는 말씀이시다.

본문

阿逸多。若復有人語餘人言。有經名法華可共往聽。
아일다. 약부유인어여인언. 유경명법화가공왕청.
即受其教。乃至須臾間聞。是人功德轉身。
즉수기교. 내지수유간문. 시인공덕전신.
得與陀羅尼菩薩共生一處。
득여다라니보살공생일처.
아일다여, 또 어떤 사람이 다른 이에게 말하기를 '저기 법화경

설하는 데가 있으니 함께 가서 듣자.'라고 하여, 그 사람이 그 말을 듣고 가서 잠깐만 듣더라도 이 사람의 공덕은 다음에 태어날 적에 다라니 보살과 함께 한 곳에 태어나게 되리라.

강설

"다라니보살"

5지 난승지부터 문지다라니를 만난다.
5지 이상을 성취한 보살들과 같이 태어나는 공덕을 갖게 된다는 말씀이시다.

본문

利根智慧。百千萬世終不瘖瘂。口氣不臭。舌常無病。
이근지혜. 백천만세종불음아. 구기불취. 설상무병.
口亦無病。齒不垢黑。不黃不踈。亦不缺落。不差不曲。
구역무병. 치불구흑. 불황불소. 역불결락. 불차불곡.
脣不下垂。亦不褰縮。不麁澁。不瘡胗。亦不缺壞。
순불하수. 역불건축. 불추삽. 불창진. 역불결괴.
亦不喎斜。不厚不大。亦不黧黑。無諸可惡。鼻不匾㔸。
역불과사. 불후불대. 역불리흑. 무제가악. 비불변제.

亦不曲戾。面色不黑。亦不狹長。亦不窊曲。無有一切不
역불곡려. 면색불흑. 역불협장. 역불와곡. 무유일체불
可喜相。脣舌牙齒悉皆嚴好。鼻修高直面貌圓滿。眉高而
가희상. 순설아치실개엄호. 비수고직면모원만. 미고이
長額廣平正。人相具足世世所生。見佛聞法信受教誨。
장액광평정. 인상구족세세소생. 견불문법신수교회.
阿逸多。汝且觀是勸於一人令往聽法功德如此。何況一心
아일다. 여차관시근어일인영왕청법공덕여차. 하황일심
聽說讀誦。而於大眾為人分別如說修行。爾時世尊欲重宣
청설독송. 이어대중위인분별여설수행. 이시세존욕중선
此義。而說偈言。
차의. 이설게언.

근성이 총명하고 지혜가 있으며, 백천만번 태어나도 벙어리가
되지 않고, 입에서 냄새가 나지 않으며, 혀에 병이 없고, 입에
병이 없으리라.
이는 검지도 누르지도 성글지도 않고, 빠지지도 않고 들쭉날
쭉하지도 않고, 옥니도 아니며, 입술은 아래로 처지지도 위로
걷어 올라가지도 않고, 거칠지도 않고 부스럼도 없고, 언청이
도 안 되고, 비뚤어지지도 않고, 두텁지도 크지도 않고, 퍼럴
지도 않아서 모든 보기 싫은 것이 없으리라.
코는 납작하지도 않고 비뚤어지지도 않으며, 얼굴은 검지도
않고, 홀쭉하지도 않고 길지도 않고 오목하지도 않아서, 못생

긴 모습이 하나도 없으리라.
입술, 혀, 치아가 모두 잘생기고, 코는 길고 높고 곧으며, 얼굴은 원만하고, 눈썹이 높고 길며, 이마가 번듯하고 넓으며, 여러 가지 모습을 갖추느니라.
또, 태어날 적마다 부처님을 뵈옵고 법을 듣게 되며 가르침을 믿고 가르침을 믿어 지니게 되리라.
아일다여, 그대는 잠시 보라. 이 한 사람을 권하여 가서 법문을 듣게 한 공덕이 이러하거든, 하물며 일심으로 듣고 설하고 읽고 외며 대중이 모인 데서 분별하여 설하며 들은 대로 수행함일까 보냐."
이때 세존께서 이 뜻을 거듭 펴시려고 게송을 읊으셨다.

강설

천상인간들의 모습이 이렇다고 한다.

'태어날 적마다 부처님을 뵈옵고 법을 듣게 되며 가르침을 믿고 지니게 되리라.'

중생이 받을 수 있는 가장 큰 상이다.

본문

若人於法會
약인어법회
如是展轉教
여시전전교
如有大施主
여유대시주
見彼衰老相
견피쇠노상
我今應當敎
아금응당교
世皆不牢固
세개불뢰고
諸人聞是法
제인문시법
最後第五十
최후제오십
如是展轉聞
여시전전문
若有勸一人
약유권일인
卽修敎往聽
즉수교왕청
世世無口患

得聞是經典
득문시경전
至于第五十
지우제오십
供給無量衆
공급무량중
髮白而面皺
발백이면추
令得於道果
영득어도과
如水沫泡焰
여수말포염
皆得阿羅漢
개득아라한
聞一偈隨喜
문일게수희
其福尙無量
기복상무량
將引聽法華
장인청법화
乃至須臾聞
내지수유문
齒不疎黃黑

乃至於一偈
내지어일게
最後人獲福
최후인획복
具滿八十歲
구만팔십세
齒疎形枯竭
치소형고갈
卽爲方便說
즉위방편설
汝等咸應當
여등함응당
具足六神通
구족육신통
是人福勝彼
시인복승피
何況於法會
하황어법회
言此經深妙
언차경심묘
斯人之福報
사인지복보
唇不厚蹇缺

隨喜爲他說
수희위타설
今當分別之
금당분별지
隨意之所欲
수의지소욕
念其死不久
염기사불구
涅槃眞實法
열반진실법
疾生厭離心
질생염리심
三明八解脫
삼명팔해탈
不可爲譬喩
불가위비유
初聞隨喜者
초문수희자
千萬劫難遇
천만겁난우
今當分別說
금당분별설
無有可惡相

세세무구환	**치불소황흑**	**순불후건결**	**무유가악상**
舌不乾黑短	鼻高修且直	額廣而平正	面目悉端嚴
설불건흑단	**비고수차직**	**액광이평정**	**면목실단엄**
爲人所喜見	口氣無臭穢	優鉢華之香	常從其口出
위인소희견	**구기무취예**	**우발화지향**	**상종기구출**
若故詣僧坊	欲聽法華經	須臾聞歡喜	今當說其福
약고예승방	**욕청법화경**	**수유문환희**	**금당설기복**
後生天人中	得妙象馬車	珍寶之輦輿	及乘天宮殿
후생천인중	**득묘상마거**	**진보지연여**	**급승천궁전**
若於講法處	勸人坐聽經	是福因緣得	釋梵轉輪座
약어강법처	**권인좌청경**	**시복인연득**	**석범전륜좌**
何況一心聽	解說其義趣	如說而修行	其福不可限
하황일심청	**해설기의취**	**여설이수행**	**기복불가한**

어떤이가	법회에서	이경듣고	기뻐하여
그가운데	한게송을	남을위해	설해주며
이와같이	점차전해	오십번째	교화받은
그사람의	얻는복을	이제내가	분별하리
만일어떤	큰시주가	한량없는	중생에게
팔십년의	긴세월을	뜻에따라	나눠주되
그중생들	노쇠하여	백발되고	주름잡혀
이빨빠져	성글었고	바싹마른	모양보고
멀지않아	죽을것을	큰시주가	생각하고

이제그들 가르쳐서 도의결과 얻게하려
방편으로 열반세계 진실한법 설법하니
세상일은 다물거품 연기같이 허망하니
그대들은 모두다들 싫은생각 빨리내라
이법들은 여러사람 아라한과 모두얻고
여섯신통 삼명얻고 팔해탈을 갖추어도
오십번째 그사람이 한게송을 얻어듣고
능히따라 기뻐하면 이사람이 얻는복은
먼저말한 시주보다 한량없이 더욱많아
비유로도 말을할수 없는일이 되느니라
이와같이 전하고   전하여서 들은것도
한량없는 복이거늘 법문하는 도량에서
처음듣고 능히따라 기뻐함은 어떠하랴
만일어떤 사람있어 한사람을 권하여서
법화경을 듣게하되 매우깊고 미묘하여
천만억겁 지내어도 만나보기 어렵다고
그들에게 일러주어 잠깐동안 듣게해도
이런사람 얻는복을 내가이제 말하리라
세세생생 입병없고 치아는   단정하여
누렇거나 검지않고 두입술도 마찬가지
두껍거나 안거칠어 나쁜모습 전혀없고
혀도또한 마르거나 검거나   짧지않고
미끈하게 높은코는 듬직하게 곧고길며

이마모양	평정하고	얼굴모양	단정하여
사람들이	즐겨보고	추한냄새	없는입엔
우담발화	좋은향기	그안에서	항상나네
어떤사람	절에가서	법화경의	설법함을
잠깐듣고	환희하면	그런사람	받는복을
내가이제	마땅히	너희에게	말하리라
뒤에오는	다음세상	하늘인간	그가운데
아름다운	코끼리와	잘생긴말	수레들과
진귀하고	아름다운	보배가마	연을타고
환희한맘	가득하여	하늘궁전	오르며
법설하는	곳에나가	다른사람	권하여서
같이앉아	듣게하면	이런복의	인연으로
제석범천	전륜성왕	높은자리	얻으리니
하물며	일심으로	법화경을	받아듣고
미묘하고	깊은뜻을	분명하게	해설하고
설한대로	수행하면	받는복이	한량없다

강설

50번째 들은 사람도 그런 공덕이 있다고 하니 참으로 놀라운 말씀이시다.
중생이 부처가 무엇인지를 안다는 것은 대단히 어려운 일이다. 더군다나 능연 부처님(能緣佛)을 이해하는 것은 더욱

더 어려운 일이다.

불상(佛相), 불성(佛性), 불체(佛體), 불력(佛力), 불작(佛作), 불인(佛因)의 일을 알아야 부처가 무엇인지를 알 수가 있다. 부처가 무언지를 알아야 부처를 믿을 수 있게 되고 부처의 가르침을 따를 수 있게 된다.

내가 믿는 부처가 본원본제인지, 10지 보살인지, 아니면 일심법계 부처님인지, 능연 부처님인지를 알아야 한다.

법화경에서는 여래장출가를 통해 능연지력을 갖추신 능연 부처님을 믿으라 하신다.

그 부처님이 석가모니불이시다.

《묘법연화경 법사공덕품 法師功德品 第十九》

본문

爾時佛告常精進菩薩摩訶薩。若善男子善女人。受持是法
이시불고상정진보살마하살. 약선남자선녀인. 수지시법
華經。若讀若誦若解說若書寫。是人當得八百眼功德。千
화경. 약독약송약해설약서사. 시인당득팔백안공덕. 천
二百耳功德八百鼻功德。千二百舌功德。八百身功德。千
이백이공덕팔백비공덕. 천이백설공덕. 팔백신공덕. 천
二百意功德。以是功德莊嚴六根皆令淸淨。
이백의공덕. 이시공덕장엄육근개령청정.

그때 부처님이 상정진 보살마하살에게 말씀하셨다.
"만일 선남자 선여인이 이 법화경을 받아지니거나 읽거나 외거나 해설하거나 베껴 쓴다면, 이 사람은 으레 눈의 8백 공덕과 귀의 천2백 공덕과 코의 8백 공덕과 혀의 천2백 공덕과 몸의 8백 공덕과 뜻의 천2백 공덕을 얻을 것이니, 이러한 공덕으로 6근을 장엄하여 모두 청정하게 하리라.

강설

"눈의 8백 공덕과 귀의 천2백 공덕과 코의 8백 공덕과 혀의 천2백 공덕과 몸의 8백 공덕과 뜻의 천2백 공덕."

가장 큰 공덕이 깨달음의 공덕이다. 눈을 깨닫게 되면 8백 공덕이 생기고 귀를 깨닫게 되면 천2백 공덕이 생긴다. 코를 깨달으면 8백 공덕이 생기고 말을 깨달으면 천2백 공덕이 생긴다. 뜻을 깨달으면 천2백 공덕이 생기고 몸을 깨달으면 8백 공덕이 생긴다.

눈, 귀, 코, 입, 몸, 생각을 깨닫는다는 것은 육근청정을 이루는 것이다.
육근청정을 이루려면 육식이 쓰여지는 경로와 작용을 관찰할 줄 알아야 한다.
'본다'는 의식을 놓고서 그 의식이 드러나는 경로와 작용을 관찰할 수 있어야 하고 듣는 의식, 냄새 맡는 의식, 맛보는 의식, 지각하는 의식, 생각하는 의식이 드러나는 경로와 작용을 관찰할 수 있어야 한다.

인식의 주체와 인식되는 대상이 만나는 것은 크게 두 가지 조건에서 이루어진다.
능동적 인식과 수동적 인식이 그것이다.
능동적 인식은 자기 의도를 통해 인식하는 것이다.
내처(內處)의 작용이라 한다.
수동적 인식은 의도가 없어도 저절로 인식되는 것이다. 외처(外處)의 작용이라 한다.
인식이 일어나는 원인에 따라 서로 다른 식의 경로가 활용된다.
외처의 작용으로는 내장 경로가 쓰여진다.
내림차로라고 한다. 안 몸(척수)의 배쪽 경로와 가쪽 경로가 쓰여진다.
내처의 작용으로는 표출 경로가 쓰여진다.
오름차로라 한다. 안 몸(척수)의 등쪽 경로가 쓰여진다.

식의 틀은 여섯 단계의 구조로 이루어져 있다.
첫째는 본성단이다. 무념·무심·간극으로 이루어져 있다. 식이 드러나는 원인처이다. 세포 구조물 안에서는 신경세포와 신경세포의 사이에 내재되어 있다.
둘째는 에너지단이다. 본성에서 생성되는 밝은성품으로 이루어져 있다.
셋째는 각성단이다. 이 단에서 지각, 분별, 의도가 이루어진다. 본성 정보와 함께 신경세포의 간극에 내재되어 있다.
넷째는 식업단이다. 숙생에 체득한 업식이 내장되어 있는 단이다. 대뇌, 시상, 뇌줄기, 소뇌, 척수를 이루고 있는 신경세포에 식업의 정보가 내재되어 있고 장부와 뼈, 피부와 근육에 심업의 정보가 내재되어 있다.
다섯째는 공유단이다. 들어오는 정보(外入處)와 나가는 정보(內入處)가 만나는 단이다. 대뇌변연계와 대뇌연합령에 위치해 있다.
여섯째는 식근단이다. 눈, 귀, 코, 입, 몸, 머리가 여기에 해당된다.

내처(內處)의 작용으로 인식이 이루어질 때는 인식의 시발점이 각성이다. 각성의 의도가 유희적 성향에 치중하게 되면 밝은성품이 식업단에 공급되면서 공유단과 식근단이 함께 작용한다. 이때 활용되는 경로가 오름차로이다.

외처(外處)의 작용으로 인식이 이루어질 때는 인식의 시발점이 눈, 귀, 코, 입, 몸, 머리이다. 대상과의 접촉을 통해 육근이 자극되면 연쇄적으로 전자이동이 일어나면서 공유단을 자극하고 식업단을 자극한다. 내림차로 경로가 쓰여진다.
능동적 인식으로 이루어지는 정보의 체득은 대부분 식업단에 내장된다. 하지만 수동적 인식으로 채집된 정보는 대부분 내장되지 않고 지워진다.

육식과 육근의 작용을 놓고서 식의 청정이 이루어지려면 일곱 가지 절차가 행해져야 한다.

첫 번째 절차는 참회이다.
본성과 각성에 입각해서 살지 못하고 의식과 감정, 의지에 입각해서 살아가고 있는 삶에 대해서 진심으로 참회해야 한다. 진참회가 이루어지려면 의식·감정·의지가 업식의 소산이라는 것을 알아야 한다. 십이연기를 통해 의식·감정·의지가 생겨난 과정을 알게 되면 진참회가 이루어진다.

두 번째 절차는 불념(佛念)이다.
불념은 본성단의 간극에 각성을 두는 것이다.

세 번째 절차는 법념(法念)이다.
법념은 본성단의 무념처와 무심처, 밝은성품에 각성을 두는 것이다.

네 번째 절차는 시념(施念)이다.
시념은 내처의 식업이나 외처의 경계에 대해 베푸는 마음을 일으키는 것이다. 내처나 외처가 환(幻)이라고 해서 부정적으로 보지 말고 긍정적으로 바라보는 것이 시념이다. 시념을 통해서 외처의 경계는 아름답게 내입되고 내처의 업식은 원만하게 표현된다.

다섯 번째 절차는 계념(戒念)이다.
계념이란 청정하게 씻어주는 것이다.
내처의 업식과 외처의 경계를 식의 바탕을 활용해서 청정하게 씻어준다. 보는 경로의 식의 바탕은 중황과 미심 사이에서 세워진다. 중황과 미심 사이에서 인식되는 맑고 투명한 공간 감각이 보는 경로의 식의 바탕이다.
식의 바탕에 각성을 두고 내처와 외처를 지켜보는 것이 계념이다.

여섯번째 절차는 승념(僧念)이다.
승념이란 조화스러운 관계를 통해 화합을 이끌어내는 것이다. 내처와 외처가 화합하도록 하고 본성과 식(識)의 바탕이 서로를 여의지 않도록 하는 것이 승념이다.
승념이 이루어지려면 내림 경로와 오름 경로에서 각각의 단마다 화합상(和合相)을 성취해야 한다.
이때 화합상을 주도하는 주체가 각성이다.

본성단에서는 무념·무심·간극을 명확하게 인식하는 것이 화합상을 성취하는 것이다.

밝은성품단에서는 미는 힘과 당기는 힘이 생겨나지 않도록 하는 것이 화합상을 성취하는 것이다. 긍정성도 취하지 않고 부정성도 취하지 않으면 밝은성품이 변화를 일으키지 않는다. 밝은성품이 변화되지 않으면 식이 표출될 때 착함과 뿌듯함이 함께 수반된다.

각성단에서는 밝은성품과 본성을 균등하게 비춰보는 것이

화합상을 성취하는 것이다.
각성이 밝은성품에 치중하게 되면 유희적 성향에 빠지게 되고 본성에 치중하게 되면 식업이 촉발되는 것을 도외시하게 된다.

식업단에서는 시념(施念)과 계념(戒念)을 균등하게 쓰는 것이 화합상을 성취하는 것이다.
시념이 지나치면 식의 바탕을 망각하게 되고 계념이 지나치게 되면 식업이 도외시된다.

공유단에서는 감성과 이성을 균등하게 쓰는 것이 화합상을 성취하는 것이다. 이성은 좌뇌와 해마체가 담당하고 감성은 우뇌와 편도체가 담당한다.
좌뇌와 우뇌, 해마와 편도체가 함께 쓰여지면 내장 경로가 전체적으로 열리게 되고 표출 경로도 전체적으로 열리게 된다. 그러면서 내처와 외처 간에 화합이 성취된다.

식근단에서는 본성으로 비춰보고 식의 바탕을 함께 주시하는 것이 화합상을 성취하는 것이다.
본성으로 외처와 내처를 비춰봄으로써 탐, 진, 치에 빠지지 않게 되고 식의 바탕을 함께 주시함으로써 내처와 외처에 물들지 않게 된다. 내처에 물들게 되면 관념에 얽매이게 되고 외처에 물들게 되면 스스로를 잃어버리게 된다.

일곱 번째 절차는 천념(天念)이다.
천념이란 외처(外處)로부터 유입된 정보가 내처(內處)에 내장되는 경로를 인식하는 것이다. 육근의 종류에 따라서 서로 다른 내장 경로가 활용되고 서로 다른 지점에 업식이 내장된다.
천념이 이루어지는 경로를 '뇌척수로'라고 한다.
업식이 내장되는 장소는 뇌와 척수, 장부와 뼈, 근육과 힘줄, 피부 등이다.
이 중에 뇌와 척수를 '안 몸'이라고 하고 나머지 장소들을 '바깥 몸'이라고 한다.
업식이 내장된 장소를 지켜보는 것을 천념(天念)이라고 부르는 것은 안 몸의 구조와 기능성 때문이다.
안 몸을 이루고 있는 뇌와 척수는 각 분절마다 육도윤회계와 연결되어 있다. 그중 경수 6번부터 천상세계와 연결되어 있기 때문에 그 지점을 관찰하는 것을 천념이라 한다.
5념처관을 통해서 제도한 내처와 외처의 경계를 내장하는 것도 천념이다.

눈을 통해 유입된 외처의 정보가 내장되는 경로를 시각 경로라 한다.
시각 경로는 시신경 경로와 시개척수로로 이루어져 있다.
시신경 경로는 망막, 시신경유두, 시상판사이, 시신경공, 두개강내부, 반대측시각피질로 이어진다. 그 과정에서 시신경교차가 이루어진다.
시신경은 주행하는 경로의 조건에 따라서 길이와 굵기가 서로 달라진다. 4가지로 분류된다.
공막내부, 안와내부, 시신경관내부, 두개강내부가 그것이다.
공막내부는 약0.7mm 길이로 직경은 1.5mm~3mm 정도이다. 1.5mm는 시상판 내의 굵기이고 3mm는 시상판 밖의 굵기이다.
안와내부는 25~30mm 길이이고 근원추 속을 지나 시신경으로 간다. 공막과 시신경공 사이의 최단거리가 약18mm여서 안구운동 시 그 길이에 여유가 있게 된다.
시신경관내부의 길이는 약 4~9mm이다. 시신경초는 골막과 강하게 유착되어 있다.
두개강내부 길이는 약 10mm이며 시신경교차와 연결된다. 시신경초는 뇌막의 연장으로 경막은 시신경관에서 골막과 유착되어 있고 안구에서는 공막으로 이행한다.

시신경교차를 지난 시신경섬유는 양측 시삭을 형성한다.
시각에 관여하는 약80%의 시신경섬유만 후외방으로 주행하여 외측슬상체에 이르고 나머지 약 20%는 중뇌로 주행하여 여러가지 눈의 반사작용에 관여한다.
외측슬상체에서 축삭들이 부채 모양으로 시각방사를 형성하여 후방으로 주행한 후 시각피질에서 종지한다.

시각방사선의 하방에 위치하는 축삭은 측두엽극으로 향하다가 고리를 형성하면서 뒤쪽으로 진행한다.
상방에 위치하는 축삭은 측뇌실의 삼각 및 후각곁을 지나 비교적 짧은 거리를 주행하여 시각피질에 이른다.
하방축삭 고리의 앞쪽은 측뇌실의 하각까지 도달한다.
하방축삭은 동측 측두측 아래쪽 절반과 반대쪽 망비(望鼻)측 아래쪽 절반 사이에서 오는 시신경 자극을 전달하고 상방축삭은 위쪽 절반에서 유래한 시신경 자극을 전달한다.

시개척수로는 중뇌상구에서 기시한다.
척수경수부로 하강하여 흉수 1, 2, 3번 전삭에 위치한다.
중뇌상구, 시상외측무릎체, 중뇌동안신경, 중뇌도르레신경, 교뇌외전신경, 삼차신경안분지, 대뇌시각피질, 시각연합령, 시개척수로, 소뇌, 목신경 3, 4, 5번, 흉수 1, 2, 3번, 심장, 간, 가로막신경, 천골신경, 무릎신경, 발목관절, 엄지발가락, 갈비뼈, 엄지손가락, 검지손가락 등등이 시개척수로와 연결된 영역이다. 이 영역 전체에 눈으로부터 유입된 정보가 흩어져서 내장된다. 식업 정보가 눈을 통해서 표출될 때에는 이 영역에 내장되어 있던 정보들이 다시 합쳐져서 재조합된다.
보는 경로를 천념할 때는 흉수 1, 2, 3번에 머물러서 척수막관을 한다.

귀를 통해 유입된 외처의 정보가 내장되는 경로는 크게 두 가지 경로로 이루어져 있다.
첫 번째 경로는 청각 경로이다.
두 번째 경로는 전정 경로이다.
청각 경로는 내이(內耳)의 나선 신경절에서 시작된다. 나선 신경절의 쌍극 세포가 고막과 뼈에서 올라오는 진동을 감지해서 전자이동이 촉발되면 들음이 이루어진다.
외이도, 고막, 망치뼈, 모루뼈, 등자뼈, 와우신경, 청신경, 교뇌, 중뇌하구, 시상내측슬상체, 청각연합령, 연수상올리브핵, 폐, 신장, 뼈, 흉수 1, 2, 3번, 흉수 5번, 요수 1, 2, 3번, 검지손가락, 피부 등이 청각경로와 연결된 영역이다. 이 영역 전체에 유입된 청각정보가 흩어져서 내장된다.

전정 경로는 말초신경계와 중추신경계로 이루어져 있다.
말초신경계는 반고리관과 이석기관, 전정신경으로 이루어져 있다.
반고리관은 머리의 회전운동에서 속도를 감지한다.
이석기관은 수평 방향과 수직 방향의 머리 운동을 감지하고 전정안반사와 전정척수반사를 통해 시선 및 자세를 유지하는 기능에 도움을 준다.
반고리관의 한쪽 끝이 전정과 만나는 부위에서 감각세포와 지지세포가 모여서 능선을 이룬다.
반고리관의 흥분성 자극은 전정신경과 전정신경핵, 안구운동신경핵과 연결되어서 전정안반사가 일어난다.
이석기관에는 감각세포와 지지세포가 모여있는 청반이 있다. 청반이 중력의 변화에 반응하면 이석이 오르내리면서 전정신경이 자극된다.
전정신경은 크게 윗 가지와 아래 가지로 이루어져 있다.
윗가지는 세 개의 반고리관 중에 전반고리관과 수평반고리관으로부터 오는 정보를 전정핵으로 전달하고 난형낭으로부터 오는 정보도 전정핵으로 전달한다.
아래가지는 뒤반고리관과 구형낭으로부터 오는 정보를 전정핵으로 전달한다.
전정신경의 자극은 교뇌, 연수 접합부를 통해서 뇌줄기로 들어온다. 그런 다음에 하소뇌각을 지나서 4개의 전정신경핵에 이른다.
전정신경핵은 연수와 교뇌의 인접부에서 4뇌실 바닥에 위치해 있다. 위로는 상소뇌각, 바깥쪽으로는 하소뇌각, 앞쪽으로는 삼차신경핵과 그물척수로, 안쪽으로는 교뇌망상체와 경계를 이루며 수많은 신경들과 서로 얽혀있다.
전정신경핵은 위전정신경핵, 아래전정신경핵, 안쪽전정신경핵, 바깥쪽전정신경핵 등 주요 4개의 신경핵으로 구성되어 있다. 두 개의 수직기둥 형식으로 안쪽과 바깥쪽에 배열되어 있다.
바깥쪽 기둥에는 위전정신경핵, 아래전정신경핵, 바깥쪽전정신경핵이 포함되어 있다.

안쪽기둥에는 안쪽전정신경핵이 위치해 있다.

위전정신경핵은 교뇌의 후방에서 하소뇌각 및 4뇌실과 경계를 이루고 있다.
아래전정신경핵은 연수까지 뻗어있다.
안쪽전정신경핵은 4뇌실 벽을 따라 아래 위로 뻗어있다.
바깥전정신경핵은 다이텔스 세포로 알려진 큰신경세포를 껴안고 있다. 다이텔스세포에서 외측전정척수로가 시작된다.
전정신경핵의 주요 기능은 시각반사와 자세반사를 조절하는 것이다. 때문에 전정신경핵의 원심성투사는 동안신경핵, 전정소뇌로, 동측 및 반대편의 전정신경핵, 척수, 망상체, 시상으로 이루어진다.
각각의 전정신경핵은 다른 세포군들과 원심성으로 연결되어 있고 구심성으로도 연결되어 있다.

위쪽, 안쪽전정신경핵은 주로 세반고리관으로부터 신경섬유를 받아서 안쪽세로다발을 거쳐 위로는 동안신경핵으로 연결되고 아래로는 척수로 연결되면서 원심성 섬유를 보낸다. 안쪽전정신경핵은 흥분성으로 작용하고 위전정신경핵은 억제성으로 작용하여 주시를 조절하는 반사에 관여한다.
바깥쪽전정신경핵은 세반고리관과 이석기관으로부터 섬유를 받아서 바깥쪽 전정척수로를 통해 원심성 섬유를 보낸다. 주로 자세반사에 관여한다.

아래전정신경핵은 주로 이석기관으로부터 섬유를 받는다, 그런 다음에 척수, 반대쪽 전정신경핵, 소뇌, 망상체로 섬유를 보낸다. 전정신호와 중추성 운동신호를 통합시키는데 관여한다.

전정핵에서는 세 개의 큰 신경다발이 나온다.
한 개의 신경다발은 위로 향하고 두 개의 신경다발은 아래로 향한다. 위로 향하는 신경다발은 외전신경핵, 동안신경핵, 도르래신경핵, 간질핵과 연결되고 시상을 거쳐서 대뇌피질의 마루엽과 관자엽, 두정엽으로 올라간다.
아래쪽으로 향해지는 두 개의 신경다발 중 한개의 신경다발은 척수의 운동신경과 연결된다.
다른 신경다발은 몸통과 목의 운동신경에 연결된다.
척수의 운동신경과 연결된 신경다발은 몸의 균형을 유지해주는 역할을 하고 몸통과 목의 운동신경에 연결된 신경다발은 머리의 균형을 유지시켜주는 기능을 한다.
전정신경핵에서 소뇌와 연결된 경로를 전정소뇌로라고 한다. 전정소뇌로에서는 전정기관의 신호와 망막에서 오는 시각신호, 목빗근과 승모근에서 올라오는 고유감각신호를 받아서 하나로 통합한다.
피부, 관절, 눈에서 올라오는 정보가 대뇌관자엽과 마루엽에서 통합된다.

전정척수로는 두 가지 경로로 이루어져 있다.
바깥쪽 전정척수로와 안쪽 전정척수로가 그것이다.
바깥쪽 전정척수로는 바깥쪽 전정신경핵에서 시작된다.
연수망상체를 통과하여 같은 쪽 척수백질을 따라서 천수까지 내려간다.

안쪽 전정척수로는 안쪽 전정신경핵에서 시작된다.
뇌간 자율신경핵과 시냅스하고 내장 감각 신호를 통합한다. 편도체와 양방향으로 연결되어 있는 부안핵과 시냅스하고 경수 부분의 운동뉴런과 시냅스 하며 종지한다.

전정척수로의 주요기능은 세 가지이다.
첫째는 머리의 움직임과 눈의 움직임을 일치시키는 것이다. 내측 전정척수로가 활용된다.
둘째는 직립자세를 유지하는 것이다.
안쪽 전정척수로와 바깥쪽 전정척수로가 함께 쓰여진다.
셋째는 전정반사 기능이다.
안쪽 전정척수로와 바깥쪽 전정척수로, 피질척수로와 적핵척수로, 소뇌척수로가 함께 쓰여진다.
듣는 경로의 천념(天念)은 흉수 1, 2, 3번, 흉수 5번, 요수 1, 2, 3번에 머물러서 척수막관을 하는 것이다.

코를 통해 유입되는 외처의 정보가 내장되는 경로도 두

가지로 이루어져 있다.
첫 번째 경로는 후각 경로이다.
두 번째 경로는 호흡 경로이다.

후각 경로는 두 갈래로 이루어져 있다. 외측로와 내측로가 그것이다. 외측로와 내측로는 후삼각을 지나서 갈라진다. 후각수용체, 후구, 후삭, 후삼각, 외측선, 도역, 반월상회, 주변회. 편도, 부해마회, 후각연합령이 외측로이다. 후각수용체, 후구, 후삭, 후삼각, 내측선, 뇌량, 전연합중격부(구피질연합부)가 내측로이다.
후각 경로는 시상을 거치지 않고 대뇌피질에 연결되어 있다.

호흡은 호기와 흡기로 이루어져 있다.
호기와 흡기를 조절하는 중추가 연수와 교뇌에 있다.
호기를 조절하는 신경세포와 흡기를 조절하는 신경세포가 상호반응해서 주기적인 호흡이 일어난다.
이들 신경세포들은 주변 세포들과 시냅스하고 화학적 조성의 영향을 받는다.

호흡운동의 리듬은 상호작용하는 뉴런그룹의 시냅스로 만들어진다. 호흡을 조절하는 뇌의 중추는 4개 그룹으로 이루어져 있다. 연수에 2개의 그룹이 있고 교뇌에 두 개의 그룹이 있다.

연수에 있는 신경세포들은 느슨한 집단으로 모여서 자율적 호흡을 조절한다. 이들을 리듬센터라 부른다.
등 쪽 호흡기 그룹과 복부 쪽 호흡기 그룹으로 이루어져 있다.

등 쪽 호흡기 그룹은 주로 흡기 뉴런으로 구성되어 있다. 호흡 주기를 조절한다.
흡기 뉴런은 흡기할 때 수축하는 근육인 횡격막과 외늑간근을 자극한다. 정상적인 상황에서 호기할 때는 다른 근육이 수축하지 않고 횡격막과 외늑간근이 이완된다.
그러나 호흡이 빨라질 때는 내늑간근과 복근이 활성화하여 호기를 돕는다. 등 쪽 호흡군은 고립핵에 가깝게 위치하는데, 이것은 설인신경과 미주신경이 도달하는 영역이다.

배 쪽 호흡군은 흡기 및 호기 운동에 모두 관여한다.
또 공기가 지나가는 후두, 인두, 혀, 기도의 확장을 조절한다. 이 그룹은 안정적인 호흡이 이루어질 때는 많은 역할을 하지 않는다. 하지만 운동을 하거나 스트레스를 받는 상황에서는 적극적으로 활동을 한다. 호흡 운동이 많을 때는 복근을 자극하여 호기를 촉진한다.

교뇌에 있는 2개의 센터는 연수의 리듬 센터의 기능을 조절할 수 있다. 리듬 센터에 억제 신호를 보내서 흡기시간을 제어하는 역할을 한다. 호흡조정중추와 지속성흡식중추로 이루어져 있다.
호흡조정중추는 흡기가 과도하게 지속되지 않도록 흡기를 억제하는 역할을 한다.
지속성흡식중추는 흡기 시간을 늘리는 역할을 한다.
연수의 흡기 뉴런을 자극하여 흡기를 촉진하는 반면 호기 뉴런의 활성을 억제한다. 허파의 신장수용기가 활성화되면 억제된다.

호흡은 자발적으로 이루어지기도 하고 비자발적으로 이루어지기도 한다.
말할 때 나타나는 자발적인 호흡 변화는 호흡중추를 우회하여 척수 운동 뉴런에 직접 작용한다.
감정 변화에 따라 나타날 수 있는 비자발적 호흡작용은 척수 운동 뉴런과 호흡중추 모두에서 작용할 수 있다.
(한국통합생물학회 참고문헌 참조)

냄새 맡고 숨 쉬는 경로의 천념(天念)은 대뇌피질막관과 대뇌변연계막관, 교뇌막관과 연수막관으로 행한다.

설근(舌根)의 천념(天念)도 두 가지 경로로 이루어진다.
언어 경로와 미각 경로가 그것이다.
언어 경로는 내처(內處)가 외출(外出)하는 경로이다.

미각 경로는 외처(外處)가 내입(內入)하는 경로이다.

언어 경로는 대뇌피질, 뇌줄기, 소뇌, 척수, 장부에 걸쳐서 포괄적으로 산재되어 있다.
대뇌피질에는 3개의 언어중추가 있다.
후(後)언어중추와 전(前)언어중추, 상(上)언어중추가 그것이다.

후(後)언어중추는 청각을 맡아보는 영역을 포함하는 넓은 영역이다. 들은 소리를 언어로 이해하는 기능을 한다.
감각성 언어중추 또는 베르니케 중추라고도 한다.
이 부위가 훼손되면 소리는 들리지만 언어의 의미를 이해하지 못하게 되어서 말을 할 수 없게 된다.
베르니케 영역은 측두엽의 뒤쪽 상부에 있다.
일차청각피질과 이웃하고 있어서 듣는 기능과 연결되어 있다. 청각적으로 인지된 정보는 베르니케 영역에서 브로카 영역으로 넘어간다. 이때 활용되는 신경경로가 '활다발'이다. 브로카 영역에서 언어 경로의 근육을 움직이는 운동프로그램이 만들어지면 그 정보가 운동피질로 전달된다. 운동피질을 거친 언어정보는 중뇌와 교뇌, 소뇌, 연수를 거쳐서 언어화된다.
보는 것과 언어가 연결될 때는 시각 정보가 일차시각피질에서 처리된 이후에 각이랑을 거쳐서 베르니케 영역으로 전달된다.

전(前)언어중추는 얼굴이나 입의 운동을 도와준다.
소리를 내어 말을 할 수 있도록 근육에 운동 명령을 내린다. 운동성언어중추, 또는 브로카중추라고도 한다.
이 중추가 침해되면 소리는 낼 수 있으나 말을 할 수 없게된다.

상(上)언어중추는 前언어중추에 보조적으로 작용한다.
이들 언어중추는 대부분 왼쪽 대뇌반구에 있다.
외마디소리나 울음소리 등과 같은 본능 행동이나 감정 행동에 수반되는 소리를 낸다. 변연피질에 발성중추가 있다.

뇌줄기의 언어 경로는 중뇌, 교뇌, 연수에 있다.
중뇌에서는 적핵 경로가 쓰여지고 교뇌에서는 삼차신경 운동핵과 주감각핵이 쓰여진다. 연수에서는 설하신경, 미주신경, 설인신경, 안면신경, 하올리브핵이 쓰여진다.

설하신경은 혀의 운동에 관여하는 순수운동신경이다.
신경핵은 주로 반대쪽 대뇌피질의 지배를 받는다.
미주신경은 연구개, 인두, 후두의 근육운동을 지배한다.
설인신경은 인두, 구개, 목구멍을 지배한다.
안면신경은 입술운동을 지배한다.

하올리브핵은 척수에서 올라오는 내장 정보를 소뇌로 전달해주는 역할을 한다. 언어의 이해와 표현에 관여한다.
소뇌, 적핵경로, 피질경로, 설하신경과 연계해서 혀의 운동에 관여한다.

소뇌에서는 푸르키네세포가 하올리브핵과 반응하면서 혀의 움직임에 관여한다. 적핵과 피질경로가 함께 쓰여진다.

척수에서는 경수 1, 2번 분절과 흉수 3, 4번 분절이 쓰여진다. 장부로는 심장과 비장이 쓰여진다.

미각 경로는 연수-고속로-고속핵-(제2차 뉴런)-반사측의 내측모대를 따른 뇌간 시상의 후내측복측핵-(제3차뉴런)-대뇌피질의 체성감각부위하부로 이루어져 있다.
미각을 지배하는 신경은 안면신경, 설인신경, 미주신경이다.
안면신경은 혀의 앞부분 2/3지점까지 지배한다.
설신경, 고삭신경을 경유해서 슬신경절에 이른다.
설인신경은 혀의 하부 1/3지점까지 지배한다.
미주신경은 하인두, 후두개 부근의 미각을 전달한다.
이들 세 개의 신경을 통해 채집된 미각 정보는 연수로 들어간다.

미각을 느끼는 기관이 미각기이다.
미뢰가 이 역할을 한다.

미각의 감각세포는 미세포이다.
항아리 모양의 미뢰 속에 내재되어 있다.
사람의 혀에는 약 1만 개의 미뢰가 있다.
1개의 미뢰 속에는 4~16개의 미세포가 있다.
미각 물질은 미세포의 표면에 붙고 여기에서 세포막과 화학반응을 일으킨다. 그 과정에서 미세포가 흥분된다.
흥분한 미세포는 근처에 와있는 미각신경을 자극한다.
이 자극은 미각 경로를 거쳐서 대뇌피질의 미각중추에 도달한다. 그때 단맛, 짠맛, 신맛, 쓴맛, 감칠맛의 오미를 느끼게 된다.

말하고 맛보는 경로의 천념(天念)은 대뇌피질막관과 대뇌변연계막관, 시상막관, 중뇌막관, 소뇌막관, 교뇌막관, 연수막관, 경수 1, 2번막관, 흉수 3 ,4번막관으로 이루어진다.

몸의 감각 경로는 특수 감각과 일반 감각으로 이루어져 있다.
특수 감각은 시각, 청각, 후각, 미각, 회전운동감각, 직선가속운동감각이 있다.
일반 감각은 피부감각, 고유감각, 내장감각이 있다.

피부감각은 피부 접촉을 통해 입력되는 감각이다.
피부는 표피와 진피로 이루어져 있다.
모양에 따라서 털이 있는 피부와 털이 없는 피부로 나누어진다.
피부감각은 촉각, 온도 감각, 통각, 압각을 인지한다.
마이스너 소체, 파니치 소체, 자유신경종말이 피부의 감각 수용기이다.
마이스너소체는 민감한 촉각이나 피부를 가로지르는 움직임을 감지한다. 손바닥 발바닥 등에 집중되어있다.
파치니 소체는 지속적이고 깊은 압력과 진동을 지각한다. 근육다발막, 관절윤활막, 손바닥, 발바닥에 분포되어 있다.
자유신경종말은 통증, 온도, 가려움 등을 지각한다.
신체 전체에 광범위하게 분포한다.

고유감각은 신체 자체에 대한 감각이다.
신체 위치와 운동에 대한 감각을 지각한다.
관절, 힘줄, 근육수용기로부터 신호를 전달받는다.
고유감각기와 특수감각으로부터 유입되는 정보를 통합해서 활용된다.
고유감각기는 두 가지가 있다.
근육방추와 골지힘줄기관이 그것이다.
근육방추는 근육의 길이와 속도의 변화를 감지한다.
골지힘줄기관은 근육과 힘줄이 연결되는 부위에 위치한다.
근육이 과도하게 펴지는 것을 방지한다.

내장감각은 신체내부 장기들의 감각이다.

내장에는 통각 수용기만 있다.
신체감각 중 통증감각은 생존에 필요한 필수 감각이다.
통증의 유형은 크게 세 가지로 나누어진다.
일반 통증, 만성 통증, 정서적 통증이 그것이다.
일반 통증은 신체 자극에 대한 순수한 지각으로 생겨난다.
체감각피질에서 처리된다.
정서적 통증은 불쾌감이나 괴로움 등 정신작용에서 생겨난다. 전대상피질, 뇌섬엽, 편도체에서 처리된다.
만성 통증은 통증억제기능을 담당하고 있는 시스템이 훼손되면서 생겨난다. 통증억제물질의 분비저하나 특정 역역의 신경전도가 차단되면서 생겨난다.
전전두피질에서 처리된다.

통각은 척수로 들어가서 바로 반대쪽 상행로로 건너간다.
강한 통증은 유수축삭을 통해 빠르게 전달되고 일반 통증은 무수축삭을 통해 느리게 전달된다.

통증억제물질은 엔돌핀이다.
중뇌수도관 옆 회색질에서 분비된다.
만성통증이 지속되면 통증 정보를 받는 척수 영역의 신경을 억제해서 통증을 차단한다.

신체감각 경로는 두 가지로 이루어져 있다.

신체체감각계와 두부체감각계가 그것이다.
신체체감각계의 경로는 신체감각-척수후근-연수-중뇌-시상 후복측핵- 체감각피질로 이루어져 있다.
두부체감각경로는 삼차신경, 안면신경-연수-중뇌-시상배측 후내핵-체감각피질로 이루어져 있다.

체감각경로의 천념(天念)은 뇌와 척수 전체막에서 이루어진다. 호흡을 통해서 말초신경 세수가 병행된다.

눈, 귀, 코, 입, 몸의 경로에서 유입된 정보들은 업식단에 내장된다. 업식단은 뇌와 척수, 장부와 근골격, 뼈와 피부, 말초신경 등에 포괄적으로 산재되어 있다.
업식단에 산재된 오식의 정보들이 취합되어서 생각이 일어난다.
중추신경계 안에서 생각 경로는 크게 여섯 단계로 이루어져 있다.
첫째 단계는 척수단이다.
둘째 단계는 뇌줄기단이다.
셋째 단계는 소뇌단이다.
넷째 단계는 시상단이다.
다섯 번째 단계는 대뇌변연계단이다.
여섯 번째 단은 대뇌피질단이다.

척수단에는 선천 정보가 내재되어 있다.

뇌줄기단에는 시상단과 대뇌변연계단, 대뇌단에 내장되어 있던 식업과 척수단에 내장되어있던 식업이 서로 만나게 된다.

소뇌단에는 유전적 업식이 내장되어 있다.

시상단에서는 선천 업식과 유전 업식, 습득 업식이 서로 교류한다. 척수와 뇌줄기단에 내장되어 있던 업식이 선천 업식이고 대뇌변연계와 피질단에 내재되어 있는 업식이 습득 업식이다.

대뇌변연계단에서는 내장되었던 업식과 인식 정보가 만나게 된다. 피질연합령과 연계되어서 기억경로가 가동된다. 기억경로를 '파페츠회로'라 한다.

피질단에는 습득 정보가 내장되어 있다.

눈, 귀, 코, 입, 몸에서 유입되는 정보가 일차적으로 피질단에 내장된다.

각단에 내장된 식업들은 유입된 경로에 따라서 서로 교류된다. 그 과정에서 새로운 정보가 만들어진다.

그것을 생(生)이라 한다. 생이 이루어지는 장소가 파페츠회로이다. 생으로써 드러난 정보를 지각하는 것이 각(覺)이다. **생각 경로를 놓고 천념(天念)하는 것은 중추신경 전체막단에서 이루어진다. 43개의 막단마다 43번의 천념이 이루어진다. 척수막관법과 32진로 수행법이 함께 병용된다.**

이와 같이 육근(六根)의 내장 경로와 육식(六識)의 표출 경로를 놓고서 불념, 법념, 시념, 계념, 승념, 천념을 이루는 것이 육근청정(六根淸淨)을 이루는 것이다.
식의 바탕을 본성단, 밝은성품단, 각성단, 식업단, 공유단, 육근단으로 나누어서 볼 수 있는 각성이 갖추어져야 육근청정이 행해진다.

본문

是善男子善女人。父母所生淸淨肉眼。見於三千大千世界。
시선남자선녀인. 부모소생청정육안. 견어삼천대천세계.
內外所有山林河海。下至阿鼻地獄上至有頂。亦見其中一
내외소유산림하해. 하지아비지옥상지유정. 역견기중일
切衆生。及業因緣果報生處。悉見悉知。爾時世尊欲重宣
체중생. 급업인연과보생처. 실견실지. 이시세존욕중선
此義。而說偈言。
차의. 이설게언.

이 선남자 선여인은 부모가 낳아 준 청정한 육안으로 3천대천세계의 안과 밖에 있는 산과 숲과 강과 바다를 보리니, 아래는 아비지옥, 위는 유정천에 이르리라.
그 가운데 있는 모든 중생을 보며, 업의 인연과 과보로 태어나는 데를 모두 보아 다 알 것이니라."

이때 세존께서 이 뜻을 거듭 펴시려고 게송을 읊으셨다.

강설

식의 청정을 이루게 되면 이런 성취를 얻게 된다는 말씀이시다.

아비지옥은 팔대대지옥 중에서 다섯 번째 지옥이다. 손가락을 튕기는 시간 사이에 한번 죽었다가 또다시 살아나기를 반복하는데 엄청난 고통을 받는다고 해서 아비지옥이라 한다. 본래 명칭은 아비지지옥이다.

유정천이란 색구경천을 말한다. 색계 18천 중에서 마지막 18번째 하늘이다.
물질의 본질을 깨달아서 육체의 몸을 갖지 않고 영혼의 몸으로 돌아갈 수 있는 조건을 갖춘 존재가 색구경천에 태어난다. 색구경천에서 벗어나면 무색계로 가게 된다.
아비지옥에서부터 유정천까지 그 모든 세계를 육안으로 볼 수 있다는 말씀이시다.

육근청정을 이룬 사람은 하늘 생명과 같은 식의 구조를 갖는다.
법화경을 사경하고, 읽고, 외고, 부처님의 수명이 무한한 이치를 알고, 그런 부처님을 그리워하고, 또 한마디라도 그 요지를 알아서 스스로가 수행의 방편으로 삼을 수 있다면 그 공덕으로 이와 같은 성취를 얻는다.

본문

若於大衆中	以無所畏心	說是法華經	汝聽其功德
약어대중중	**이무소외심**	**설시법화경**	**여청기공덕**
是人得八百	功德殊勝眼	以是莊嚴故	其目甚淸淨
시인득팔백	**공덕수승안**	**이시장엄고**	**기목심청정**
父母所生眼	悉見三千界	內外彌樓山	須彌及鐵圍
부모소생안	**실견삼천계**	**내외미루산**	**수미급철위**
幷諸餘山林	大海江河水	下至阿鼻獄	上至有頂天
병제여산림	**대해강하수**	**하지아비옥**	**상지유정천**
其中諸衆生	一切皆悉見	雖未得天眼	肉眼力如是
기중제중생	**일체개실견**	**수미득천안**	**육안력여시**

만일대중	가운데서	두렴없는	마음으로
이법화경	설하면은	그공덕을	잘들으라
이런사람	팔백공덕	수승한눈	얻으리니
이와같은	장엄으로	그눈매우	청정하며
부모님께	받은눈이	삼천세계	안팎으로
미루산과	수미산과	철위산을	모두보며

다른모든	산과숲과	큰바다와	강과하수
아래로는	아비지옥	위쪽으로	유정천에
그가운데	여러중생	일체일을	다보나니
천안통은	아직까지	얻어보지	못했으나
육안으로	보는힘이	이같음을	바로알라

復次常精進。若善男子善女人。受持此經。若讀若誦若解
부차상정진. 약선남자선녀인. 수지차경. 약독약송약해
說若書寫。得千二百耳功德。以是淸淨耳。聞三千大千世
설약서사. 득천이백이공덕. 이시청정이. 문삼천대천세
界。下至阿鼻地獄上至有頂。其中內外種種語言音聲。象
계. 하지아비지옥상지유정. 기중내외종종어언음성. 상
聲馬聲牛聲車聲。啼哭聲愁歎聲。螺聲鼓聲鍾聲鈴聲。
성마성우성거성. 제곡성수탄성. 나성고성종성영성.
笑聲語聲。男聲女聲童子聲童女聲。法聲非法聲。苦聲樂
소성어성. 남성여성동자성동녀성. 법성비법성. 고성낙
聲。凡夫聲聖人聲。喜聲不喜聲。天聲龍聲夜叉聲乾闥婆
성. 범부성성인성. 희성불희성. 천성용성야차성건달바
聲阿修羅聲迦樓羅聲緊那羅聲摩睺羅伽聲。火聲。水聲風
성아수라성가루라성긴나라성마후라가성. 화성. 수성풍
聲。地獄聲畜生聲餓鬼聲。比丘聲比丘尼聲。聲聞聲辟支
성. 지옥성축생성아귀성. 비구성비구니성. 성문성벽지
佛聲。菩薩聲佛聲。以要言之。三千大千世界中。一切內

불성. 보살성불성. 이요언지. 삼천대천세계중. 일체내
外所有諸聲。雖未得天耳。以父母所生淸淨常耳。皆悉聞
외소유제성. 수미득천이. 이부모소생청정상이. 개실문
知如是分別種種音聲。而不壞耳根。爾時世尊欲重宣此義。
지여시분별종종음성. 이불괴이근. 이시세존욕중선차의.
而說偈言。
이설게언.

"또 상전진보살이여 선남자 선여인이 이 법화경을 받아지니어 읽거나 외거나 해설하거나 또는 베껴 쓴다면, 귀의 1천2백 공덕을 얻으리라.

이 청정한 귀로 3천대천세계의, 아래는 아비지옥에서 위는 유정천에 이르기까지 그 가운데 안팎의 가지가지 음성을 들으리라.

즉, 코끼리 소리, 말소리, 소의 소리, 수레 소리, 우는 소리, 수심하는 소리, 소라 소리, 북 소리, 종소리, 방울 소리, 웃는 소리, 말하는 소리, 남자의 소리, 여자의 소리, 동자의 소리, 동녀의 소리, 법다운 소리, 법답지 않은 소리, 괴로운 소리, 즐거운 소리, 범부의 소리, 성인의 소리, 기쁜 소리, 기쁘지 않은 소리, 하늘 소리, 용의 소리, 야차의 소리, 건달바의 소리, 아수라 소리, 가루라 소리, 긴나라 소리, 마후라가 소리, 불 소리, 물소리, 바람 소리, 지옥의 소리, 축생의 소리, 아귀의 소리, 비구의 소리, 비구니의 소리, 성문의 소리, 벽지불의 소리, 보살의 소리, 부처의 소리를 들으리라.

요약하여 말하면, 3천대천세계 가운데 온갖 안팎의 여러 가지 소리를, 아직 천이통을 얻지 못했다 하여도 부모가 낳아 준 청정한 예사 귀로써 모두 듣고 알 것이니라.
이렇게 여러 가지 음성을 분별하여도 귀는 상하지 않느니라."
이때, 세존께서 이 뜻을 거듭 펴시려고 게송을 읊으셨다.

강설

귀의 1200 공덕이 갖추어지면 이와 같은 소리를 들을 수 있다는 말씀이시다.
내처와 외처의 작용을 놓고서 6념처를 행하게 되면 1200 공덕이 갖추어진다.

본문

父母所生耳	淸淨無濁穢	以此常耳聞	三千世界聲
부모소생이	**청정무탁예**	**이차상이문**	**삼천세계성**
象馬車牛聲	鐘鈴螺鼓聲	琴瑟箜篌聲	簫笛之音聲
상마거우성	**종령나고성**	**금슬공후성**	**소적지음성**
淸淨好歌聲	聽之而不著	無數種人聲	聞悉能解了
청정호가성	**청지이불착**	**무수종인성**	**문실능해료**
又聞諸天聲	微妙之歌音	及聞男女聲	童子童女聲
우문제천성	**미묘지가음**	**급문남녀성**	**동자동녀성**

山川險谷中
산천험곡중
地獄衆苦痛
지옥중고통
諸阿修羅等
제아수라등
如是說法者
여시설법자
十方世界中
시방세계중
其諸梵天上
기제범천상
法師住於此
법사주어차
若讀誦經典
약독송경전
復有諸菩薩
부유제보살
如是諸音聲
여시제음성
於諸大會中
어제대회중

迦陵頻伽聲
가릉빈가성
種種楚毒聲
종종초독성
居在大海邊
거재대해변
安住於此間
안주어차간
禽獸鳴相呼
금수명상호
光音及偏淨
광음급편정
悉皆得聞之
실개득문지
若爲他人說
약위타인설
讀誦於經法
독송어경법
悉皆得聞之
실개득문지
演說微妙法
연설미묘법

命命等諸鳥
명명등제조
餓鬼飢渴逼
아귀기갈핍
自共言語時
자공언어시
遙聞是衆聲
요문시중성
其說法之人
기설법지인
乃至有頂天
내지유정천
一切比丘衆
일체비구중
法師住於此
법사주어차
若爲他人說
약위타인설
諸佛大聖尊
제불대성존
持此法華者
지차법화자

悉聞其音聲
실문기음성
求索飮食聲
구색음식성
出于大音聲
출우대음성
而不壞耳根
이불괴이근
於此悉聞之
어차실문지
言語之音聲
언어지음성
及諸比丘尼
급제비구니
悉皆得聞之
실개득문지
撰集解其義
찬집해기의
敎化衆生者
교화중생자
悉皆得聞之
실개득문지

三千大千界	內外諸音聲	下至阿鼻獄	上至有頂天
삼천대천계	내외제음성	하지아비옥	상지유정천
皆聞其音聲	而不壞耳根	其耳聰利故	悉能分別知
개문기음성	이불괴이근	기이총리고	실능분별지
持是法華者	雖未得天耳	但用所生耳	功德已如是
지시법화자	수미득천이	단용소생이	공덕이여시

이경전을 받아지녀 읽고쓰고 설법하면
부모님께 받은그귀 맑고깨끗 청정하여
이런귀로 삼천세계 모든소리 다들으니
코끼리말 수레소와 종과방울 북소리며
가야금과 비파퉁소 피리부는 소리들과
맑고고운 노래소리 듣더라도 애착않고
맑고많은 사람소리 모두듣고 알아내니
여러하늘 묘한음악 그소리도 다들으며
남자소리 여자소리 동자소리 동녀소리
험한산천 계곡에서 가릉빈가 명명새와
그외여러 아름다운 새들소리 모두듣고
지옥중생 고통받고 형벌받는 소리들과
배고픈 아귀들이 먹을것을 찾는소리
많고많은 아수라들 바닷가에 모여살며
서로서로 말을할때 울려나는 큰소리들
법화경을 설하는이 여기편히 머물면서

그런소리	다들어도	귀의능력	안상하고
시방세계	가운데서	새와짐승	우는소리
설법하는	그사람은	여기에서	모두듣고
여러세계	범천위의	광음천과	변정천과
유정천서	하는말들	여러가지	소리들을
법사여기	머물면서	모두얻어	듣고있네
모든비구	대중들과	많고많은	비구니들
경전읽고	외우면서	남을위해	설하는말
법사여기	머물면서	그런소리	다들으며
또한다시	여러보살	경전읽고	외우면서
남을위해	설법하고	깊은뜻을	해설하는
이와같은	여러음성	모두얻어	잘듣노라
모든부처	크신성존	중생교화	하시느라
많은대중	가운데서	묘한법을	연설하니
법화경을	가진이는	그말씀을	다듣노라
삼천대천	큰세계에	안과밖의	모든음성
아래로는	아비지옥	위쪽으로	유정천에
그가운데	나는소리	빠짐없이	다들어도
귀의기능	총명하고	이근이	성장하여
모든소리	능히듣고	분별하여	아느니라
법화경을	가진이는	천이통이	아니어도
부모주신	귀일망정	그공덕이	이렇노라

강설

"광음천, 변정천, 유정천."

광음천은 색계 2선천이다.
변정천은 색계 3선천이다.
유정천은 색계 18천이다.

본문

復次常精進。若善男子善女人。受持是經。若讀若誦若解
부차상정진. 약선남자선녀인. 수지시경. 약독약송약해
說若書寫。成就八百鼻功德。以是淸淨鼻根。聞於三千大
설약서사. 성취팔백비공덕. 이시청정비근. 문어삼천대
千世界上下內外種種諸香。須曼那華香。闍提華香。末利
천세계상하내외종종제향. 수만나화향. 사제화향. 말리
華香。瞻蔔華香。波羅羅華香。赤蓮華香。靑蓮華香。白
화향. 첨복화향. 바라라화향. 적연화향. 청연화향. 백
蓮華香。華樹香菓樹香。栴檀香沈水香。多摩羅跋香。多
연화향. 화수향과수향. 전단향침수향. 다마라발향. 다
伽羅香。及千萬種和香。若末若丸若塗香。持是經者。
가라향. 급천만종화향. 약말약환약도향. 지시경자.
於此間住悉能分別。又復別知衆生之香。象香馬香牛羊等

어차간주실능분별． 우부별지중생지향． 상향마향우양등
香。男香女香。童子香童女香。及草木叢林香。若近若遠
향． 남향여향． 동자향동녀향． 급초목총림향． 약근약원
所有諸香。悉皆得聞分別不錯。持是經者。雖住於此。亦
소유제향． 실개득문분별불착． 지시경자． 수주어차． 역
聞天上諸天之香。波利質多羅拘鞞陀羅樹香。及曼陀羅華
문천상제천지향． 바리질다라구비다나수향． 급만다라화
香。摩訶曼陀羅華香。曼殊沙華香。摩訶曼殊沙華香。栴
향． 마하만다라화향． 만수사화향． 마하만수사화향． 전
檀沈水。種種末香。諸雜華香。如是等天香。和合所出之
단침수． 종종말향． 제잡화향． 여시등천향． 화합소출지
香。無不聞知。又聞諸天身香。釋提桓因在勝殿上五欲娛
향． 무불문지． 우문제천신향． 석제환인재승전상오욕오
樂嬉戲時香。若在妙法堂上為忉利諸天說法時香。若於諸
락희희시향． 약재묘법당상위도리제천설법시향． 약어제
園遊戲時香。及餘天等男女身香。皆悉遙聞。如是展轉乃
원유희시향． 급여천등남녀신향． 개실요문． 여시전전 내
至梵世。上至有頂諸天身香。亦皆聞之。并聞諸天所燒之
지범세． 상지유정제천신향． 역개문지． 병문제천소소지
香。及聲聞香。辟支佛香。菩薩香。諸佛身香。亦皆遙聞
향． 급성문향． 벽지불향． 보살향． 제불신향． 역개요문
知其所在。雖聞此香。然於鼻根不壞不錯。若欲分別為他
지기소재． 수문차향． 연어비근불괴불착． 약욕분별위타

人說。憶念不謬。爾時世尊欲重宣此義。而說偈言。
인설. 억념불류. 이시세존욕중선차의. 이설게언.

"또 성전진보살이여 선남자 선여인이 이 경을 받아지녀 읽거나 외거나, 해설하거나 베껴 쓰는 이는 코의 8백 공덕을 성취하느니라.
이 청정한 코로 3천대천세계의 위와 아래와 안과 밖의 여러 가지 향기를 맡느니라.
수만나꽃 향기, 사제화 향기, 말리화 향기, 첨복화 향기, 바라라꽃 향기, 적련화 향기, 청연화 향, 백련화 향기, 화수향, 과수향, 전단향, 침수향, 다마라발향, 다가라향과 천만 가지 화합한 향, 가루향, 환지은 향, 바르는 향을 이 경 지니는 이는 여기 있으면서 모두 분별하여 맡느니라.
또, 중생의 냄새, 코끼리 냄새, 말 냄새, 소 냄새, 양 냄새, 남자 냄새, 여자 냄새, 동자 냄새, 동녀 냄새와 풀, 나무, 수풀 냄새와 가까이 있고 멀리 있는 냄새들을 모두 맡아서 분별하여 착오가 없느니라.
이 경을 지니는 이는 여기 있으면서도 천상에 있는 모든 향기도 맡느니라.
파리질다라 나무 향기, 구비타라나무 향기, 만다라꽃 향기, 마하만다라꽃 향기, 만수사꽃 향기, 마하 만수사꽃 향기 전단과 침수의 여러 가지 가루향, 여러 가지 꽃향기, 이러한 하늘 향의 화합한 향기를 맡고 알지 못함이 없느니라.

또, 여러 하늘들의 몸 향기를 맡나니, 석제환인의 썩 좋은 궁전에서 5욕락을 즐기면서 희롱할 때의 향기, 묘법당에서 도리천들에게 설법할 때의 향기, 여러 동산에서 유희할 때의 향기, 다른 천상 사람들의 남녀의 몸 향기들을 멀리서 맡고 아느니라.

이리하여, 점점 올라가서 범천에 이르고, 유정천에 이르러 여러 하늘의 몸 향기를 모두 맡으며, 또 여러 하늘이 사르는 향기를 맡느니라.

또, 성문의 향기, 벽지불의 향기, 보살의 향기, 부처님의 몸 향기도 멀리서 맡고는 그 있는 곳을 아느니라.

이런 향기들을 맡지마는, 코는 상하지도 않고 잘못되지도 않으며, 분별하여 다른 이에게 말하려 하여도 기억이 잘못되지 않느니라."

이때 세존께서 이 뜻을 거듭 펴시려고 게송을 읊으셨다.

강설

코의 800 공덕은 냄새 경로의 600 공덕과 호흡 경로의 200 공덕이 합쳐진 것이다.

본문

是人鼻淸淨　　於此世界中　　若香若臭物　　種種悉聞知

시인비청정　　어차세계중　　약향약취물　　종종실문지
須曼那闍提　　多摩羅旃檀　　沈水及桂香　　種種華果香
수만나사제　　다마라전단　　침수급계향　　종종화과향
及知衆生香　　男子女人香　　說法者遠住　　聞香知所在
급지중생향　　남자여인향　　설법자원주　　문향지소재
大勢轉輪王　　小轉輪及子　　群臣諸宮人　　聞香知所在
대세전륜왕　　소전륜급자　　군신제궁인　　문향지소재
身所著珍寶　　及地中寶藏　　轉輪王寶女　　聞香知所在
신소착진보　　급지중보장　　전륜왕보녀　　문향지소재
諸人嚴身具　　衣服及瓔珞　　種種所塗香　　聞香知其身
제인엄신구　　의복급영락　　종종소도향　　문향지기신
諸天若行坐　　遊戲及神變　　持是法華者　　聞香悉能知
제천약행좌　　유희급신변　　지시법화자　　문향실능지
諸樹華果實　　及蘇油香氣　　持經者住此　　悉知其所在
제수화과실　　급소유향기　　지경자주차　　실지기소재
諸山深嶮處　　旃檀樹華敷　　衆生在中者　　聞香悉能持
제산심험처　　전단수화부　　중생재중자　　문향실능지
鐵圍山大海　　地中諸衆生　　持經者聞香　　悉知其所在
철위산대해　　지중제중생　　지경자문향　　실지기소재
阿修羅男女　　及其諸眷屬　　鬪諍遊戲時　　聞香皆能知
아수라남녀　　급기제권속　　투쟁유희시　　문향개능지
曠野險隘處　　師子象虎狼　　野牛水牛等　　聞香知所在
광야험애처　　사자상호랑　　야우수우등　　문향지소재

若有懷姙者 未辯其男女 無根及非人 聞香悉能知
약유회임자 **미변기남녀** **무근급비인** **문향실능지**
以聞香力故 知其初懷姙 成就不成就 安樂産福子
이문향력고 **지기초회임** **성취불성취** **안락산복자**
以聞香力故 知男女所念 染欲癡恚心 亦知修善者
이문향력고 **지남녀소념** **염욕치에심** **역지수선자**
地中衆伏藏 金銀諸珍寶 銅器之所盛 聞香悉能知
지중중복장 **금은제진보** **동기지소성** **문향실능지**
種種諸瓔珞 無能識其價 聞香知貴賤 出處及所在
종종제영락 **무능식기가** **문향지귀천** **출처급소재**
天上諸華等 曼陀曼殊沙 波利質多樹 聞香悉能知
천상제화등 **만다만수사** **바리질다수** **문향실능지**
天上諸宮殿 上中下差別 衆寶華莊嚴 聞香悉能知
천상제궁전 **상중하차별** **중보화장엄** **문향실능지**
天園林勝殿 諸觀妙法堂 在中而娛樂 聞香悉能知
천원림승전 **제관묘법당** **재중이오락** **문향실능지**
諸天若聽法 或受五欲時 來往行坐臥 聞香悉能知
제천약청법 **혹수오욕시** **내왕행좌와** **문향실능지**
天女所著衣 好華香莊嚴 周旋遊戲時 聞香悉能知
천녀소착의 **호화향장엄** **주선유희시** **문향실능지**
如是展轉上 乃至於梵天 入禪出禪者 聞香悉能知
여시전전상 **내지어범천** **입선출선자** **문향실능지**
光音徧淨天 乃至于有頂 初生及退沒 聞香悉能知

광음편정천　　내지우유정　　초생급퇴몰　　문향실능지
諸比丘衆等　　於法常精進　　若坐若經行　　及讀誦經典
제비구중등　　어법상정진　　약좌약경행　　급독송경전
或在林樹下　　專精而坐禪　　持經者聞香　　悉知其所在
혹재림수하　　전정이좌선　　지경자문향　　실지기소재
菩薩志堅固　　坐禪若讀誦　　或爲人說法　　聞香悉能知
보살지견고　　좌선약독송　　혹위인설법　　문향실능지
在在方世尊　　一切所恭敬　　愍衆而說法　　聞香悉能知
재재방세존　　일체소공경　　민중이설법　　문향실능지
衆生在佛前　　聞經皆歡喜　　如法而修行　　聞香悉能知
중생재불전　　문경개환희　　여법이수행　　문향실능지
雖未得菩薩　　無漏法生鼻　　而是持經者　　先得此鼻相
수미득보살　　무루법생비　　이시지경자　　선득차비상

이런사람　　청정한코　　여러세계　　가운데의
향기롭고　　추한냄새　　가지가지　　다맡으니
수만나향　　사제꽃향　　다마라향　　전단향과
침수향과　　계향들과　　꽃과과일　　다맡으며
남자여자　　중생들의　　온갖향기　　또한맡고
설법자는　　멀리서도　　있는곳을　　알아내니
대전륜왕　　소전륜왕　　그의아들　　여러군신
궁인들이　　있는곳을　　향기맡고　　알아내며
몸에지닌　　귀한보배　　땅속에든　　보물이나

전륜왕의
여러사람
가지가지
모든하늘
유희하고
법화경을
모든나무
경지닌이
깊은산골
그가운데
철위산과
경지닌이
아수라의
투쟁하고
거칠고
사자이리
사는곳을
뱃속에든
중성인가
향기맡는
복된아들
향기맡는
어리석고

궁녀들을
장신구와
바른향을
행하는바
신통변화
가진이는
꽃과과일
여기에서
험한계곡
있는중생
큰바다와
향기맡고
남자여자
유희함을
넓은들판
코끼리와
향기맡고
어린애가
비인인가
이런힘은
낳을지도
이런힘은
성내는맘

향기맡고
의복이나
향기맡고
다니거나
일으키는
향기맡아
짜낸기름
그있는곳
전단향의
향기맡고
땅속있는
있는곳을
그들모든
향기맡고
좁고험한
들소물소
분명하게
남아인가
향기맡아
태아장래
정확하게
남녀들의
선닦는지

알아내며
영락이며
그몸알고
앉거나
이모든일
알아내고
향기들도
모두아네
꽃이피면
알아내며
여러중생
알아내네
권속들이
알아내며
골짜기의
호랑이들
알아내며
여아인가
알아내며
성공여부
알아내네
생각들과
알아내고

땅속깊이 　감추어진 　금과은과 　귀한보배
구리그릇 　담긴물건 　향기맡아 　알아내며
값도모를 　많은영락 　진귀하고 　천한것들
나온곳과 　있는곳을 　향기맡아 　분별하네
하늘나라 　많은꽃들 　만다라꽃 　만수사꽃
파리질다 　나무들도 　향기맡아 　알아내며
하늘나라 　여러궁전 　상중하의 　차별알고
보배꽃의 　장엄함을 　향기맡아 　알아내며
하늘동산 　좋은궁전 　미묘하온 　법당에서
노래하고 　유희함을 　향기맡아 　알아내며
모든하늘 　법듣거나 　오욕락을 　즐길때에
오며가며 　앉고누움 　향기로써 　모두알고
천녀들이 　입은옷에 　꽃과향을 　장엄하고
두루돌며 　유희할때 　향기맡고 　모두아네
이와같이 　점차올라 　범천세계 　이르러서
깊은선정 　들고남을 　향기맡고 　알아내며
광음천과 　변정천과 　유정천에 　이르러서
처음나고 　없어짐을 　향기맡고 　알아내네
많은비구 　대중들이 　불법항상 　정진하여
앉고서고 　경행하고 　경전읽고 　외우면서
혹은숲속 　나무아래 　전심으로 　좌선함을
경지닌이 　향기맡고 　있는곳을 　알아내네
보살들이 　뜻이굳어 　좌선하고 　독송하며

남을위해	설법함을	향기맡아	알아내고
방방곡곡	계신세존	일체공경	받으면서
중생위해	설법함을	향기맡아	알아내며
부처앞에	있는중생	이경듣고	기뻐하며
법과같이	수행함을	향기맡고	알아내니
번뇌없는	보살의코	비록얻지	못했어도
법화경을	지니는이	코의공덕	이럴노라

강설

냄새 맡는 것으로 뱃속에 있는 아기도 알 수가 있다고 말씀하신다.

본문

復次常精進。若善男子善女人。受持是經。若讀若誦若解
부차상정진. 약선남자선녀인. 수지시경. 약독약송약해
說若書寫。得千二百舌功德。若好若醜。若美不美。及諸
설약서사. 득천이백설공덕. 약호약추. 약미불미. 급제
苦澁物。在其舌根。皆變成上味。如天甘露無不美者。
고삽물. 재기설근. 개변성상미. 여천감로무불미자.
若以舌根。於大衆中有所演說。出深妙聲能入其心。皆令
약이설근. 어대중중유소연설. 출심묘성능입기심. 개령

歡喜快樂。又諸天子天女釋梵諸天。聞是深妙音聲。有所
환희쾌락. 우제천자천녀석범제천. 문시심묘음성. 유소
演說言論次第。皆悉來聽。及諸龍龍女。夜叉夜叉女。乾
연설언론차제. 개실내청. 급제용용녀. 야차야차녀. 건
闥婆乾闥婆女。阿修羅阿修羅女。迦樓羅迦樓羅女。緊那
달바건달바녀. 아수라아수라녀. 가루라가루라녀. 긴나
羅緊那羅女。摩睺羅伽摩睺羅伽女。為聽法故。皆來親近
라긴나라녀. 마후라가마후라가녀. 위청법고. 개래친근
恭敬供養。及比丘比丘尼優婆塞優婆夷。國王王子群臣眷
공경공양. 급비구비구니우바새우바이. 국왕왕자군신권
屬。小轉輪王大轉輪王。七寶千子內外眷屬。乘其宮殿俱
속. 소전륜왕대전륜왕. 칠보천자내외권속. 승기궁전구
來聽法。以是菩薩善說法故。婆羅門居士國內人民。盡其
래청법. 이시보살선설법고. 바라문거사국내인민. 진기
形壽隨侍供養。又諸聲聞辟支佛菩薩諸佛。常樂見之。是
형수수시공양. 우제성문벽지불보살제불. 상락견지. 시
人所在方面。諸佛皆向其處說法。悉能受持一切佛法。又
인소재방면. 제불개향기처설법. 실능수지일체불법. 우
能出於深妙法音。爾時世尊欲重宣此義。而說偈言。
능출어심묘법음. 이시세존욕중선차의. 이설게언.

"또 상정진보살이여, 만일 선남자 선여인이 이 경전을 받아지
녀 읽거나 외거나, 해설하거나 베껴 쓴다면, 혀의 1천2백 공

덕을 얻느니라.

맛이 좋거나 좋지 않거나, 아름답거나 아름답지 못하거나, 쓰고 떫은 물건이 그의 혀에 닿더라도 모두 좋은 맛으로 변하여 천상의 감로수 같아서 아름답지 않은 것이 없느니라.

만일 이 혀로써 대중 가운데서 연설하면 깊고 묘한 음성을 내어, 그들의 마음에 들게 하여 모두 환희하고 쾌락하느니라.

또, 모든 천자와 천녀와 제석천왕과 대범천왕들은, 이 깊고 묘한 음성으로 연설하는 언론의 차례를 들으면 모두 와서 듣느니라.

또 모든 용과 용녀, 야차와 야차녀, 건달바와 건달바녀, 아수라와 아수라녀, 가루라와 가루라녀, 긴나라와 긴나라녀, 마후라가와 마후라가녀들은, 법을 듣기 위하여 모두 와서 친근하고 공경하며 공양하느니라.

또, 비구, 비구니, 우바새, 우바이, 국왕, 왕자, 신하, 권속들과 작은 전륜왕, 큰 전륜왕들의 7보와 1천 아들과 안팎 권속들이 그들의 궁전을 타고 와서 법을 들을 것이며, 이 보살은 법을 잘 설하므로 바라문과 거사와 나라 안 사람들이 그 목숨이 다할 때까지 모시고 따라다니며 공양하느니라.

또, 모든 성문과 벽지불과 보살과 부처님 들이 항상 즐겨 볼 것이며, 이 사람이 있는 방면에는 부처님들이 모두 그곳을 향하여 법을 설할 것이니, 모든 부처님의 법을 능히 받아 지닐 것이며, 또 깊고 묘한 법의 음성을 내느니라."

이때 세존께서 이 뜻을 거듭 펴시려고 게송을 읊으셨다.

강설

입의 1200 공덕은 맛의 600 공덕과 말의 600 공덕이 합쳐진 것이다.
맛의 경로를 놓고서도 6념처를 행하고 말의 경로를 놓고서도 6념처를 행하라는 말씀이시다.

본문

是人舌根淨
시인설근정
以深淨妙聲
이심정묘성
聞者皆歡喜
문자개환희
諸天龍夜叉
제천용야차
是說法之人
시설법지인
大小轉輪王
대소전륜왕
諸天龍夜叉
제천용야차

終不受惡味
종불수악미
於大衆說法
어대중설법
設諸上供養
설제상공양
及阿修羅等
급아수라등
若欲以妙音
약욕이묘음
及千子眷屬
급천자권속
羅刹毗舍闍
나찰비사사

其有所食噉
기유소식담
以諸因緣喩
이제인연유

皆以恭敬心
개이공경심
偏滿三千界
변만삼천계
合掌恭敬心
합장공경심
亦以歡喜心
역이환희심

悉皆成甘露
실개성감로
引導衆生心
인도중생심

而共來聽法
이공래청법
隨意即能至
수의즉능지
常來聽受法
상래청수법
常樂來供養
상락래공양

梵天王魔王	自在大自在	如是諸天衆	常來至其所
범천왕마왕	**자재대자재**	**여시제천중**	**상래지기소**
諸佛及弟子	聞其說法音	常念而守護	或時爲現身
제불급제자	**문기설법음**	**상념이수호**	**혹시위현신**

이런사람	청정한혀	나쁜맛은	받지않고
먹고씹는	모든음식	감로맛이	되느니라
깊고묘한	맑은음성	대중위해	설법하며
여러인연	비유로써	중생마음	인도하니
모두듣고	기뻐하며	좋은공양	다올리네
여러하늘	용과야차	아수라와	여러중생
공경하는	마음으로	함께와서	법을듣고
이런설법	하는사람	맑고고운	음성으로
삼천세계	채우려면	그뜻이곧	이뤄지네
크고작은	전륜성왕	일천아들	권속들이
합장하고	공경하며	항상와서	설법듣고
여러하늘	용과야차	나찰이나	비사사도
환희하여	찾아와서	공양하기	즐겨하네
범천왕과	마왕들과	자재천과	대자재천
이와같은	하늘중생	미묘하온	그음성을
얻어듣기	즐겨하여	항상그곳	찾아오며
부처님과	제자들이	그설법을	들으시면
수호하는	생각으로	때론그몸	나투시리

復次常精進。若善男子善女人。受持是經。若讀若誦若解
부차상정진. 약선남자선녀인. 수지시경. 약독약송약해
說若書寫。得八百身功德。得清淨身如淨琉璃。
설약서사. 득팔백신공덕. 득청정신여정류리.
眾生憙見。其身淨故。三千大千世界眾生。生時死時上下
중생희견. 기신정고. 삼천대천세계중생. 생시사시상하
好醜。生善處惡處。悉於中現。及鐵圍山。大鐵圍山。彌
호추. 생선처악처. 실어중현. 급철위산. 대철위산. 미
樓山。摩訶彌樓山等諸山。及其中眾生悉於中現。下至阿
루산. 마하미루산등제산. 급기중중생실어중현. 하지아
鼻地獄上至有頂。所有及眾生悉於中現。若聲聞辟支佛菩
비지옥상지유정. 소유급중생실어중현. 약성문벽지불보
薩諸佛說法。皆於身中現其色像。爾時世尊欲重宣此義。
살제불설법. 개어신중현기색상. 이시세존욕중선차의.
而說偈言。
이설게언.

"또 상정진보살이여, 선남자 선여인이 이 경을 받아지니고 읽거나 외거나, 해설하거나 베껴 쓴다면, 몸의 8백 공덕을 얻어 청정한 몸을 얻어 깨끗한 유리와 같아 중생들이 보기를 좋아하느니라.
그의 몸이 청정하므로 3천대천세계의 중생들의 나는 때와 죽는 때와 높고 낮고, 잘생기고 못생기고, 좋은 곳에 나고 나쁜

곳에 나는 것이 다 그 가운데 나타나느니라.
또, 철위산과 대철위산과 미루산과 마하미루산 등 모든 산왕과 그 가운데 있는 중생들은 다 그 가운데 나타나리니, 아래로 아비지옥과 위로 유정천에 이르기까지 있는 모든 것과 중생들이 모두 그 가운데 나타나리라.
또, 성문과 벽지불과 보살과 부처님들의 설법은 다 그 몸 가운데 형상이 나타나느니라."
이때 세존께서 이 뜻을 거듭 펴시려고 게송을 읊으셨다.

강설

몸의 800 공덕은 촉감의 200 공덕과 움직임의 600 공덕이 합쳐진 것이다.
신근청정이 이루어지면 그 몸을 통해 육도윤회계와 교류하게 된다. 천념(天念)의 공덕이다.

본문

若持法華者	其身甚淸淨	如彼淨琉璃	衆生皆喜見
약지법화자	**기신심청정**	**여피정류리**	**중생개희견**
又如淨明鏡	悉見諸色像	菩薩於淨身	皆見世所有
우여정명경	**실견제색상**	**보살어정신**	**개견세소유**
唯獨自明了	餘人所不見	三千世界中	一切諸群萌

유독자명료	여인소불견	삼천세계중	일체제군맹
天人阿修羅	地獄鬼畜生	如是諸色像	皆於身中現
천인아수라	**지옥귀축생**	**여시제색상**	**개어신중현**
諸天等宮殿	乃至於有頂	鐵圍及彌樓	摩訶彌樓山
제천등궁전	**내지어유정**	**철위급미루**	**마하미루산**
諸大海水等	皆於身中現	諸佛及聲聞	佛子菩薩等
제대해수등	**개어신중현**	**제불급성문**	**불자보살등**
若獨若在衆	說法悉皆現	雖未得無漏	法性之妙身
약독약재중	**설법실개현**	**수미득무루**	**법성지묘신**
以淸淨常體	一切於中現		
이청정상체	**일체어중현**		

법화경을
유리같이
깨끗하고
청정미묘
혼자서만
삼천세계
하늘인간
이와같은
모든하늘
수미산과
청정하고

지니는이
맑고맑아
맑은거울
보살몸에서
밝게알뿐
그가운데
아수라와
여러모습
여러궁전
큰수미산
미묘하신

그몸매우
중생보고
여러형상
세상것을
다른사람
일체모든
지옥아귀
그몸에
유정천과
큰바다의
그몸에

청정하여
기뻐하네
비치듯이
다보리니
못보노라
중생이며
축생들의
나타나며
철위산과
모습들도
나타나네

모든부처	성문들과	불자들과	보살들이
혼자거나	대중속에	설법함이	나타나며
무루법성	미묘한몸	비록얻지	못했으나
청정하온	그몸에서	일체가	나타나리

復次常精進。若善男子善女人。如來滅後受持是經。若讀
부차상정진. 약선남자선여인. 여래멸후수지시경. 약독
若誦若解說若書寫。得千二百意功德。以是淸淨意根。乃
약송약해설약서사. 득천이백의공덕. 이시청정의근. 내
至聞一偈一句。通達無量無邊之義。解是義已。能演說一
지문일게일구. 통달무량무변지의. 해시의이. 능연설일
句一偈。至於一月四月乃至一歲。諸所說法隨其義趣。皆
구일게. 지어일월사월내지일세. 제소설법수기의취. 개
與實相不相違背。若說俗間經書。治世語言資生業等。皆
여실상불상위배. 약설속간경서. 치세어언자생업등. 개
順正法。三千大千世界六趣衆生。心之所行。心所動作。
순정법. 삼천대천세계육취중생. 심지소행. 심소동작.
心所戲論。皆悉知之。雖未得無漏智慧。而其意根淸淨如
심소희론. 개실지지. 수미득무루지혜. 이기의근청정여
此。是人有所思惟籌量言說。皆是佛法無不真實。亦是先
차. 시인유소사유주량언설. 개시불법무불진실. 역시선
佛經中所說。爾時世尊欲重宣此義。而說偈言。
불경중소설. 이시세존욕중선차의. 이설게언.

"또 상정진보살이여, 만일 선남자 선여인이 여래가 열반한 뒤에 이 경을 받아지니고 읽거나 외거나 해설하거나 베껴 쓰거나 하면 뜻의 1천2백 공덕을 얻느니라.

이 청정한 뜻으로써 한 게송이나 한 구절을 듣고서 한량없고 그지없는 이치를 통달하느니라.

이 이치를 알고는 능히 한 구절, 한 게송을 연설하되, 한 달이나 넉 달이나 한 해에 이르고, 모든 설한 법은 그 뜻을 따라서 실상과 서로 어기지 아니하리라.

만일 속세의 경서와 세상을 다스리는 말과 살림하는 사업을 말하더라도 모두 바른 법에 순응하리라.

3천대천세계에 있는 여섯 갈래 중생의, 마음으로 행하는 일과 마음으로 동작하는 일과 마음으로 희론하는 일을 모두 다 아느니라.

비록 무루의 지혜는 얻지 못하였어도 그 뜻이 이렇게 청정하므로, 이 사람의 생각하고 요량하고 하는 말이 모두 부처의 법과 같아서 진실하지 않은 것이 없고, 역시 먼저 부처님의 경전 중에 말씀한 것이니라."

이때 세존께서 이 뜻을 거듭 펴시려고 게송을 읊으셨다.

是人意淸淨	明利無濁穢	以此妙意根	知上中下法
시인의청정	**명리무탁예**	**이차묘의근**	**지상중하법**
乃至聞一偈	通達無量義	次第如法說	月四月至歲
내지문일게	**통달무량의**	**차제여법설**	**월사월지세**

是世界內外
시세계내외
其在六趣中
기재육취중
十方無數佛
시방무수불
思惟無量義
사유무량의
悉知諸法相
실지제법상
此人有所說
차인유소설
持法華經者
지법화경자
是人持此經
시인지차경
能以千萬種
능이천만종

一切諸衆生
일체제중생
所念若干種
소념약간종
百福莊嚴相
백복장엄상
說法亦無量
설법역무량
隨義識次第
수의식차제
皆是先佛法
개시선불법
意根淨若斯
의근정약사
安住希有地
안주희유지
善巧之語言
선교지어언

若天龍及人
약천용급인
持法華之報
지법화지보
爲衆生說法
위중생설법
終始不忘錯
종시불망착
達名字語言
달명자어언
以演此法故
이연차법고
雖未得無漏
수미득무루
爲一切衆生
위일체중생
分別而說法
분별이설법

夜叉鬼神等
야차귀신등
一時皆悉知
일시개실지
悉聞能受持
실문능수지
以持法華故
이지법화고
如所知演說
여소지연설
於衆無所畏
어중무소외
先有如是相
선유여시상
歡喜而愛敬
환희이애경
持法華經故
지법화경고

이런사람
미묘하온
한게송만
차례차례

청정한뜻
의근으로
듣더라도
설법함이

영리하고
상중하의
무량한뜻
한달넉달

흐리지않아
법을알고
통달하며
일년되니

이세계의	안과밖의	일체모든	여러중생
하늘용과	인간들과	야차들과	여러귀신
여섯갈래	그중생이	마음으로	생각함을
이경지닌	공덕으로	일시에다	알것이다
백복으로	장엄하신	시방세계	무수부처
중생위해	설법하면	모두듣고	수지하며
무량한뜻	생각하고	한량없이	설법해도
시종착오	없는것은	이경지닌	연고니라
법의실상	모두알고	뜻에따라	차례알며
이름말씀	통달하여	아는바를	연설하니
이런사람	하는설법	모두부처	말씀이니
이경연설	함으로써	두려움이	없느니라
법화경을	지닌사람	의근청정	이와같아
무루법을	못얻어도	이런모양	갖추나니
이사람은	이경지녀	높은경지	머물러서
일체중생	위하므로	기뻐하고	공경받네
천만가지	방편으로	좋은법문	분별하여
중생위해	설법함은	법화경을	지닌공덕

강설

뜻의 1200 공덕은 생(生)의 600 공덕과 각(覺)의 600 공덕이 합쳐진 것이다.

《묘법연화경 상불경보살품 常不輕菩薩品 第二十》

본문

爾時佛告得大勢菩薩摩訶薩。汝今當知。若比丘比丘尼優
이시불고득대세보살마하살. 여금당지. 약비구비구니우
婆塞優婆夷。持法花經者。若有惡口罵詈誹謗。獲大罪報。
바새우바이. 지법화경자. 약유악구매리비방. 획대죄보.
如前所說。其所得功德。如向所說。眼耳鼻舌身意淸淨。
여전소설. 기소득공덕. 여향소설. 안이비설신의청정.

그때 부처님이 득대세보살마하살에게 말씀하셨다.
"그대는 이제 마땅히 알아라. 만일 비구, 비구니, 우바새, 우바이로서 법화경을 지니는 이를 어떤 사람이 나쁜 말로 욕설하거나 비방하면 큰 죄를 받을 것은 앞에서 말함과 같으니라. 이 경을 받아지니는 이가 얻는 공덕도 앞에서 말한 것과 같아서, 눈과 귀와 코와 혀와 몸과 뜻이 청정하리라.

강설

"눈과 귀와 코와 혀와 몸과 뜻이 청정하리라"

안·이·비·설·신·의가 청정한 것은 내처와 외처에 물들지 않기 때문이다.

탐하는 마음에 물들지 않고, 성내는 마음에 물들지 않고 우매한 마음에 물들지 않는다.

비교와 분별과 선택과 독단에 물들지 않는다.

외처의 내입을 여섯 단으로 나누어서 인식하고 내처의 표출을 여섯 단으로 나누어서 인식한다.

각성이 주체가 되어서 본성과 밝은성품을 함께 인식하고 식근의 작용과 경계를 분리시켜서 인식한다.

그 상태에서 일어나는 생각에 관여되지 않는다.

식근(識根)의 성향에 따라서 식의 바탕을 인식하는 방법을 서로 달리한다. 그런 다음에 변연계막관과 피질막관, 시상막관을 통해서 공유단을 제도한다.

각성으로 본성과 식의 바탕을 승념(僧念)하고 안·이·비·설·신·의로 접해지는 경계를 비춰본다.

보고 있는 나에 국집되지 않는다.

인식되는 경계에 천착되지도 않는다.

그러면서 보는 마음의 명료함과 식의 맑음을 함께 인식한다.

식의 청정함을 음미하면서 그 맑음을 누린다.

그때 식의 바탕에서 드러나는 미묘한 즐거움이 있다.

구름을 보면서 식의 청정함을 느끼고 그 청정함이 구름을 따라서 흐르도록 한다. 그때 미묘한 즐거움이 일어난다.

바람에 흔들리는 풀잎을 본다.
그 광경에서 보는 식의 청정함을 인식한다.
보는 마음을 바람에다 실어 보낸다.
바람이 접촉하는 천지만물의 느낌이 식으로 일치된다.
메마른 풀잎의 느낌, 살아있는 나뭇가지의 느낌, 사람과 짐승과 대지의 느낌....,
그 느낌들 속에 미묘한 즐거움이 있다.

소리를 듣는다.
안에서 일어나는 소리를 듣고, 밖에서 들려오는 소리를 듣는다.
소리에 관여되지 않는다.
머릿속과 몸통은 빈 통과 같다.
빈 통에 뚫려있는 구멍으로 소리가 내왕한다.
빈 통과 소리를 함께 주시한다.
통 안에서 일어나는 요동을 느낀다.
귀를 통해서 안의 공간과 바깥 공간을 서로 연결시킨다.
그 상태에 머물러서 본성과 듣는 의식의 청정함을 함께 지켜본다.

숨 쉬는 것을 지켜본다.
코로 들고 나는 숨결의 느낌을 지켜본다.
숨이 들어와서 가슴이 부풀어나고 배가 부풀어나는 느낌을 지켜본다. 그 느낌 속에서 살아있는 느낌을 함께 인식한다. 뿌듯하게 채워지고 텅 비워지는 그 속에서 살아있는 나를 인식한다.
본성과 살아있는 느낌을 함께 주시한다.
살아있는 느낌으로 숨쉬는 것의 청정함을 삼는다.
살아있는 느낌 속에 기쁨이 있다. 그 기쁨이 밝은성품이다. 걸림 없이 들고 나는 숨결 속에서 본성과 밝은성품, 식의 청정함을 함께 인식한다. 참으로 행복한 느낌이다.

살아있는 느낌이 훼손되고 막혀있을 때 그것을 병(病)이라 한다. 병이 들면 통증과 압박감이 살아있는 느낌을 가로막는다.

혀의 넓은 면을 입천장에다 붙인다.
혀와 입천장의 접촉면에서 생겨나는 느낌을 지켜본다.
마치 맛을 음미하듯이 입천장의 촉감을 느껴본다.
입천장으로 혀의 촉감을 받아들이면서 그 여운을 머릿속에서 느껴본다.
머릿속의 텅 빈 공간을 주시한다.
머릿속 텅 빈 공간에서 혀의 느낌을 찾아본다.
혀의 느낌으로 머릿속 빈 공간을 가득 채우고 빈 공간의 느낌과 혀의 느낌을 함께 지켜본다.
그 상태에서 몸을 이루는 살갗의 표면에 마음을 둔다. 머리, 등줄기, 양 팔, 배, 가슴, 다리…, 차례대로 훑어 내려오면서 살갗의 표면에서 일어나는 진동을 느낀다.
혈관의 박동을 인식하고 미세하게 일어나는 자극감을 느껴본다. 그 진동과 자극감 속에서 살아있는 느낌을 들여다본다.
살갗의 표면에서 1센티 정도 떨어진 바깥 공간을 인식해본다. 그 공간 속에서 살갗에서 느껴지는 살아있는 느낌을 함께 느껴본다.
입술을 다물고 입술이 맞닿은 느낌을 주시한다.
입술의 촉감 속에서 살아있는 느낌을 인식한다.
입술의 느낌과 입 천장에 붙인 혀의 느낌, 살갗의 느낌을 함께 관찰하고, 머릿속의 텅 빈 느낌과 몸통 안의 느낌을 함께 지켜본다. 그 상태에서 몸에서 느껴지는 감각을 주시한다. 부담감이 느껴지면 그 자리에 머물러서 본성으로 비춰준다.
머릿속의 텅 빈 느낌과 혀의 느낌, 몸통 쪽에서 일어나는 살갗의 진동, 몸 밖에서 느껴지는 살아있는 느낌을 차례대로 주시한다. 그러면서 떠오르는 생각들을 함께 지켜본다.
머릿속에서 혀의 느낌이 유지되도록 해주면 그것만으로도 무념이 지속된다.
뇌파가 세타파로 들어가면서 꿈꾸는 듯한 몽롱한 상태가 된다. 그 상태에서 몸의 감각이 분리된다.
7식이 발현되면서 무의식이 떠오르게 된다.

이런 방법으로 눈, 귀, 코, 입, 몸, 생각을 관찰한다.
각성으로 식의 바탕을 주시하면서 본성과 밝은성품, 내처와 외처의 상태, 식의 청정함을 함께 주시한다.
이로써 육근청정을 이룬다.

본문

得大勢。乃往古昔過無量無邊不可思議阿僧祇劫。有佛名
득대세. 내왕고석과무량무변불가사의아승지겁. 유불명
威音王如來應供正遍知明行足善逝世間解無上士調御丈夫
위음왕여래응공정변지명행족선서세간해무상사조어장부
天人師佛世尊。劫名離衰。國名大成。其威音王佛。於彼
천인사불세존. 겁명이쇠. 국명대성. 기위음왕불. 어피
世中。為天人阿修羅說法。為求聲聞者。說應四諦法。度
세중. 위천인아수라설법. 위구성문자. 설응사제법. 도
生老病死究竟涅槃。為求辟支佛者。說應十二因緣法。為
생노병사구경열반. 위구벽지불자. 설응십이인연법. 위
諸菩薩因阿耨多羅三藐三菩提。說應六波羅蜜法究竟佛慧。
제보살인아뇩다나삼먁삼보리. 설응육바라밀법구경불혜.

득대세보살이여, 지나간 옛적에 한량없고 그지없고 부사의한 아승지겁 전에 부처님이 계시었으니, 이름이 위음왕여래, 응공, 정변지, 명행족, 선서, 세간해, 무상사, 조어장부, 천인사,

불세존이시고, 겁의 이름은 이쇠요, 국토의 이름은 대성이었느니라.
그 위음왕 부처님은 그 세상에서 천상, 인간과 아수라를 위하여 법을 말씀하셨느니라.
성문을 구하는 이에게는 4제법을 설하시어, 나고 늙고 병들고 죽는 일을 끊어내 마침내 열반하게 하시고, 벽지불을 구하는 이에게는 12인연법을 설하시어 감응하게 하였느니라. 보살들에게는 아뇩다라삼먁삼보리를 얻을 수 있는 여섯 가지 바라밀다법을 설하시어, 끝끝내 부처의 지혜를 얻게 하였느라.

강설

견성오도를 구하는 이에게는 4제법을 설하셨다는 말씀이시다.
벽지불을 구하는 이에게는 12인연법을 설하시고 보살들에게는 진여수행의 6바라밀을 설하셨다는 말씀이시다.
수행의 단계마다 필요한 법의 절차가 무엇인지를 다시 한 번 강조해 주신 것이다.

4성제법으로 견성오도를 이루고 멸성제와 도성제를 이룰 수 있는 절차를 이해하게 된다.
12연기법으로 아라한도를 이룰 수 있는 방법을 얻게 된다.

보살들을 대상으로 해서 설하신 아뇩다라삼먁삼보리법은 등각도를 말한다. 등각을 이루게 하기 위해서 진여수행의 6바라밀법을 설했다는 말씀이시다.
보살도에서는 세 단계의 6바라밀이 있다.
5지 난승지에서 행해지는 6바라밀이 있고 7지 원행지, 8지 부동지에서 행해지는 6바라밀이 있다.
9지 선혜지와 10지 법운지에서는 수능엄삼매를 이루기 위해서 6바라밀을 행한다.
이 세 가지 단계의 6바라밀은 각각 제도의 대상이 다르다. 5지에서는 스스로가 분리시킨 생멸심을 제도의 대상으로 삼는다. 7지와 8지에서는 반연중생들을 대상으로 삼는다. 9지와 10지에서는 생멸문 전체를 제도의 대상으로 삼는다.

본문

得大勢。是威音王佛。壽四十萬億那由他恒河沙劫。正法
득대세. 시위음왕불. 수사십만억나유타항하사겁. 정법
住世劫數。如一閻浮提微塵。像法住世劫數。如四天下微
주세겁수. 여일염부제미진. 상법주세겁수. 여사천하미
塵。其佛饒益衆生已。然後滅度。正法像法滅盡之後。
진. 기불요익중생이. 연후멸도. 정법상법멸진지후.
於此國土復有佛出。亦號威音王如來應供正遍知明行足善

어차국토부유불출. 역호위음왕여래응공정변지명행족선
逝世間解無上士調御丈夫天人師佛世尊。如是次第有二萬
서세간해무상사조어장부천인사불세존. 여시차제유이만
億佛皆同一號。最初威音王如來。既已滅度。正法滅後於
억불개동일호. 최초위음왕여래. 기이멸도. 정법멸후어
像法中。增上慢比丘有大勢力。
상법중. 증상만비구유대세력.

득대세보살이여, 이 위음왕 부처님의 수명은 40만억 나유타 항하사 겁이요, 정법이 세상에 머무르는 겁의 수효는 한 남섬부주의 티끌 수와 같고, 상법이 세상에 머무르는 겁의 수효는 4천하의 티끌 수와 같느니라.
그 부처님은 중생을 이익되게 하신 후에 열반하였느니라.
정법과 상법이 다 없어진 뒤 이 국토에 또 부처님이 나셨으니, 역시 이름이 위음왕여래, 응공, 정변지, 명행족, 선서, 세간해, 무상사, 조어장부, 천인사, 불세존이었느니라.
이렇게 차례로 2만억 부처님이 나셨는데, 모두 이름이 같았느니라.
최초의 위음왕여래께서 열반하신 뒤 정법이 없어지고 상법 동안에 뛰어난 체(增上慢)하는 비구들이 큰 세력을 가졌느니라.

강설

"정법 시대, 상법 시대, 말법 시대"

정법 시대는 부처님에게 직접 교육을 받은 제자들이 살아있는 시대이다.
이 시대에는 부처님의 법이 그대로 전달이 된다.
인지법과 과지법이 모두 다 갖추어진 시대가 정법 시대이다.

상법 시대는 직접 설법을 들었던 제자들도 열반에 들고 그다음 대 제자들이 법을 이어가는 시대이다.
상법 시대에는 믿는 사람보다 안 믿는 사람들이 더 많아진다. 인지법행과 과지법행의 체계 중에서 일부만 남아있게 된다.
법의 수승함을 이용해서 이기심을 충족시키는데 쓰게 되고 그로 인해 여러 가지 폐단이 생겨난다. 때문에 법의 체계 중에서 능력을 얻고 술법을 부릴 수 있는 방법들을 감추게 된다. 그 과정에서 대부분의 인지법과 과지법들이 사라지게 된다.

말법 시대는 법의 흔적만 남아있다.
경전만 남아 있고 인지법과 과지법이 끊어지게 된다.
말법 시대는 올바른 법을 말해도 그 법을 믿지 않는다. 각자 각자 제각기 이해하는 대로 법을 받아들여서 오로지 자기 법이 옳다고만 주장할 뿐 다른 사람의 법을 인정하지 않는다.

본문

爾時有一菩薩比丘。名常不輕。得大勢。以何因緣。名常
이시유일보살비구. 명상불경. 득대세. 이하인연. 명상
不輕。是比丘凡有所見。若比丘比丘尼優婆塞優婆夷。皆
불경. 시비구범유소견. 약비구비구니우바새우바이. 개
悉禮拜讚歎。而作是言。我深敬汝等不敢輕慢。所以者何。
실예배찬탄. 이작시언. 아심경여등불감경만. 소이자하.
汝等皆行菩薩道當得作佛。而是比丘。不專讀誦經典。
여등개행보살도당득작불. 이시비구. 부전독송경전.
但行禮拜。乃至遠見四眾。亦復故往禮拜讚歎而作是言。
단행예배. 내지원견사중. 역부고왕예배찬탄이작시언.
我不敢輕於汝等。汝等皆當作佛。四眾之中。有生瞋恚心
아불감경어여등. 여등개당작불. 사중지중. 유생진에심
不淨者。惡口罵詈言。是無智比丘。從何所來自言我不輕
부정자. 악구매리언. 시무지비구. 종하소래자언아불경
汝而與我等授記當得作佛。我等不用如是虛妄授記。如此
여이여아등수기당득작불. 아등불용여시허망수기. 여차
經歷多年常被罵詈。不生瞋恚常作是言。汝當作佛。說是
경역다년상피매리. 불생진에상작시언. 여당작불. 설시
語時。眾人或以杖木瓦石而打擲之。避走遠住。猶高聲唱

어시. 중인혹이장목와석이타척지. 피주원주. 유고성창
言。我不敢輕於汝等。汝等皆當作佛。以其常作是語故。
언.아불감경어여등. 여등개당작불. 이기상작시어고.
增上慢比丘比丘尼優婆塞優婆夷。號之為常不輕。是比丘
증상만비구비구니우바새우바이. 호지위상불경. 시비구
臨欲終時。於虛空中。具聞威音王佛先所說法華經。二十
임욕종시. 어허공중. 구문위음왕불선소설법화경. 이십
千萬億偈悉能受持。即得如上眼根清淨耳鼻舌身意根清淨。
천만억게실능수지. 즉득여상안근청정이비설신의근청정.

그때 한 보살비구가 있었으니, 이름은 상불경이라 하였느니라. 득대보살이여, 무슨 인연으로 이름을 상불경이라 하였느냐. 이 비구는 무릇 만나는 이가, 비구거나 비구니거나 우바새거나 우바이거나 간에 보는 대로 예배하고 찬탄하면서 이렇게 말하였느니라.
'나는 그대들을 매우 공경하고 감히 경멸하지 않느니라.
왜냐하면, 그대들은 다 보살의 도를 행하여 마땅히 성불할 것이기 때문이니라.'
그리고 이 비구는 경전을 전심하여 읽거나 외지는 아니하고 다만 예배만을 행하는데, 멀리서 4부 대중을 보더라도 예배하고 찬탄하면서 '나는 그대들을 경멸하지 않노라, 그대들은 다 마땅히 성불할 것이기 때문이니라.'라고 하였다.
4부 대중 가운데 성을 잘 내는, 마음이 부정한 이가 있다가

욕설하면서 말하기를 '이 무지한 비구야, 어디서 와서, 스스로 자기는 우리를 경멸하지 않노라 하면서, 우리에게 마땅히 성불하리라고 수기를 주느냐. 우리는 그런 허망한 수기를 받지 아니하리라.'라고 하였다.
이렇게 여러 해 동안 항상 욕설을 당하여도 성도 내지 아니하고 항상 말하기를 '그대들은 마땅히 성불하리라.'라고 하였느니라.
이렇게 말할 적에 여러 사람이 작대기로 치거나 돌을 던지면 피하여 달아나 멀리 떨어진 뒤, 음성을 높여서 외치기를 '나는 그대들을 경멸하지 않노라. 그대들은 다 마땅히 성불하리라.'라고 하였느니라.
그는 항상 이렇게 말하므로, 뛰어난 체하는 비구, 비구니와 우바새, 우바이들이 별명을 지어 상불경이라 하였느니라.
이 비구는 임종을 당하여, 허공 중에서 위음왕불이 앞서 설하신 법화경 20천만억 게송을 듣고 다 받아 지니어, 위와 같이 눈의 청정과 귀와 코와 혀와 몸과 뜻의 청정을 얻었느니라.

강설

부처의 수기는 묘각을 이루게 하는 세 가지 절차 중에서 두 가지 절차를 미리 행하는 것이다.
부처는 혼자서 되는 것이 아니다. 스스로가 노력해서 되는 것은 등각까지이고 묘각은 수기불로부터 초청을 받아야 이루어진다. 등각보살이라 할지라도 수기 인연이 없으면 묘각을 이루지 못한다.
부처님께서는 수기를 주는 인연과 불세계로 초청받는 인연, 깨닫는 방법을 배우는 인연을 일대사인연이라 했다.
부처가 출현하는 것은 그 일대사인연을 만들기 위해서라고 말씀하셨다.

그런 성스러운 수기를 상불경 비구가 남발하고 다니니 식견이 있는 사람들은 싫어했을 것이다.
그렇다면 왜 그런 소리를 하고 다녔을까?
스스로에 대한 다짐이었을까?
천지만물을 존중하고 그 생명에 대한 지극함을 지켜가기 위해서 자기 자신을 단도리하려는 행동이었을까?
아니면 더 깊은 인연을 만들기 위한 행동이었을까?
참으로 여러 가지 생각이 일어나게 하는 독특한 캐릭터이다. 그런 상불경 비구가 임종을 앞두고 법화경을 듣고서 육근청정을 이루었다는 말씀이시다.

본문

得是六根淸淨已。更增壽命二百萬億那由他歲。廣爲人說
득시육근청정이. 갱증수명이백만억나유타세. 광위인설
是法華經。於時增上慢四衆。比丘比丘尼優婆塞優婆夷。
시법화경. 어시증상만사중. 비구비구니우바새우바이.

輕賤是人。為作不輕名者。見其得大神通力樂說辯力大善
경천시인. 위작불경명자. 견기득대신통력요설변력대선
寂力。聞其所說皆信伏隨從。
적력. 문기소설개신복수종.

여섯 근이 청정해진 뒤에 다시 수명이 2백만억 나유타 해가
증장되어 여러 사람들에게 이 법화경을 널리 설하였느니라.
이때 뛰어난 체하던 비구, 비구니, 우바새, 우바이들로 이 사
람을 천대하여 상불경이라는 별명을 지었던 이들은, 그가 큰
신통의 힘과 말하기 좋아하는 변재의 힘과 매우 착하고 고요
한 힘을 얻은 것을 보고 그 설하는 바를 듣고는 모두 믿고
복종하였느니라.

강설

큰 신통의 힘. 말하기 좋아하는 변재의 힘. 매우 착하고
고요함을 얻는 것. 이것이 바로 10지 보살의 경지이다.
묘법연화경을 이해하고 알게 되면 10지 보살이 될 수 있다.

본문

是菩薩復化千萬億眾令住阿耨多羅三藐三菩提。命終之後
시보살부화천만억중영주아뇩다라삼먁삼보리. 명종지후

得值二千億佛。皆號日月燈明。於其法中說是法華經。以
득치이천억불. 개호일월등명. 어기법중설시법화경. 이
是因緣復值二千億佛。同號雲自在燈王。於此諸佛法中受
시인연부치이천억불. 동호운자재등왕. 어차제불법중수
持讀誦。為諸四眾說此經典故。得是常眼清淨耳鼻舌身意
지독송. 위제사중설차경전고. 득시상안청정이비설신의
諸根清淨。於四眾中說法心無所畏。得大勢。是常不輕菩
제근청정. 어사중중설법심무소외. 득대세. 시상불경보
薩摩訶薩供養如是若干諸佛。恭敬尊重讚歎種諸善根。
살마하살공양여시약간제불. 공경존중찬탄종제선근.
於後復值千萬億佛。亦於諸佛法中說是經典。功德成就當
어후부치천만억불. 역어제불법중설시경전. 공덕성취당
得作佛。
득작불.

이 보살은 다시 천만억 무리를 교화하여 아뇩다라삼먁삼보리에 머무르게 하였느니라.
목숨을 마친 후에는 2천억 부처님을 만났으니, 다 이름이 일월등명이시라.
그 불법 가운데서 이 법화경을 설하였느니라.
그 인연으로 다시 2천억 부처님을 만났으니, 다 같이 이름이 운자재등왕이시라.
이 여러 부처님 법 가운데서 이 경전을 받아지니고 읽고 외고

4부 대중을 위하여 이 경전을 해설하였으므로, 이 눈이 항상 청정하고, 귀, 코, 혀, 몸, 뜻이 청정하게 되어 4부 대중 가운데서 법을 연설하는 데 두려운 마음이 없었느니라.

득대세보살이여, 이 상불경보살마하살은 이러한 여러 부처님께 공양하고 공경하며 존중하고 찬탄하여 모든 선근을 심었고, 그 뒤에 또 천만억 부처님을 만나 그 부처님 법 가운데서 이 경전을 설하여 공덕이 이루어져 성불하게 되었느니라.

得大勢。於意云何。爾時常不輕菩薩豈異人乎。則我身是。
득대세. 어의운하. 이시상불경보살기이인호. 즉아신시.
若我於宿世。不受持讀誦此經。爲他人說者不能疾得阿耨
약아어숙세. 불수지독송차경. 위타인설자불능질득아뇩
多羅三藐三菩提。我於先佛所。受持讀誦此經爲人說故。
다라삼먁삼보리. 아어선불소. 수지독송차경위인설고.
疾得阿耨多羅三藐三菩提。得大勢。彼時四眾比丘比丘尼
질득아뇩다라삼먁삼보리. 득대세. 피시사중비구비구니
優婆塞優婆夷。以瞋恚意輕賤我故。二百億劫常不值佛不
우바새우바이. 이진에의경천아고. 이백억겁상불치불불
聞法不見僧。千劫於阿鼻地獄受大苦惱。畢是罪已。
문법불견승. 천겁어아비지옥수대고뇌. 필시죄이.
復遇常不輕菩薩教化阿耨多羅三藐三菩提。得大勢。於汝
부우상불경보살교화아뇩다라삼먁삼보리. 득대세. 어여
意云何。爾時四眾常輕是菩薩者。豈異人乎。今此會中跋

의운하. 이시사중상경시보살자. 기이인호. 금차회중발
陀婆羅等五百菩薩。師子月等五百比丘尼。思佛等五百優
타바라등오백보살. 사자월등오백비구니. 사불등오백우
婆塞。皆於阿耨多羅三藐三菩提不退轉者是。得大勢。當
바새. 개어아뇩다라삼먁삼보리불퇴전자시. 득대세. 당
知是法華經。大饒益諸菩薩摩訶薩。能令至於阿耨多羅三
지시법화경. 대요익제보살마하살. 능령지어아뇩다라삼
藐三菩提。是故諸菩薩摩訶薩於如來滅後常應受持讀誦解
먁삼보리. 시고제보살마하살어여래멸후상응수지독송해
說書寫是經。爾時世尊。欲重宣此義。而說偈言。
설서사시경. 이시세존. 욕중선차의. 이설게언.

득대세보살이여, 어떻게 생각하느냐.
그때의 상불경보살이 어찌 다른 사람이랴.
내 몸이었으니, 내가 과거에 이 경전을 받아지니고 읽고 외고 다른 사람을 위하여 설하지 아니하였더라면, 아뇩다라삼먁삼보리를 빨리 얻지 못하였으리라.
내가 앞서 부처님 계신 데서 이 경을 받아 지니고 읽고 외고 다른 이에게 설하였으므로 아뇩다라삼먁삼보리를 빨리 얻은 것이니라.
득대세여, 그때의 4부 대중인 비구, 비구니, 우바새, 우바이들은 성내는 마음으로 나를 천시하였으므로, 2백억겁 동안에 부처님을 만나지 못하였고, 법을 듣지 못하였고, 스님네를 보지 못하였으며, 1천겁 동안 아비지옥에서 큰 고통을 받았느니라.
그 죄보가 끝난 다음 다시 상불경보살의 아뇩다라삼먁삼보리의 교화를 만났느니라.
득대세여, 어떻게 생각하느냐.
그때의 4부 대중으로서 이 보살을 경멸하던 이가 어찌 다른 사람이랴.
지금 이 회중에 있는 발타바라 등 5백 보살과 사자월 등 5백 비구니와 사불 등 5백 우바새이니, 모두 아뇩다라삼먁삼보리에서 물러나지 아니하는 이들이니라.
득대세보살이여, 마땅히 알아라. 이 법화경은 모든 보살마하살들을 크게 이익되게 하여 아뇩다라삼먁삼보리에 이르게 하느니라.
그러므로, 보살마하살들은 여래가 열반한 뒤에 이 법화경을 항상 받아지니고 읽고 외고 해설하고 베껴 써야 하느니라."
이때 세존께서 이 뜻을 거듭 펴시려고 게송을 읊으셨다.

강설

법화경에서는 묘각을 얻는 방법과 묘각 이후에 갖추게 되는 다섯 가지 지혜에 대해서 말씀하셨다.
생멸문의 정토불사를 어떻게 해야 하는지 그 방법에 대해서 말씀하셨고 본원본제와 동법계를 이루는 네 가지 절차에 대해서 말씀하셨다. 본원본제와 동법계를 이룬 상태에서 생겨나는 등각화신불에 대해서 말씀하셨고, 향하문이 없고 향상문만 있는 새로운 여래장을 창조하는 방법에 대해 말씀하셨다. 시공의 창조를 임의롭게 함으로써 무한한 수명을 갖고 계심을 보여주셨고 육근청정을 이루어서 원통식을 갖추는 방법에 대해서도 말씀해 주셨다. 이 이치를 이해한 사람은 반드시 부처가 된다.

지금까지 배운 묘법연화경을 한 글자라도 잊지 말고 그 요지를 정확하게 이해해서 그것을 습득하고자 노력해야 한다. 이것이 묘법연화경을 아는 사람으로서 갖추어야 할 책임이다.

본문

過去有佛　　號威音王　　神智無量　　將導一切
과거유불　　호위음왕　　신지무량　　장도일체
天人龍神　　所共供養　　是佛滅後　　法欲盡時
천인용신　　소공공양　　시불멸후　　법욕진시
有一菩薩　　名常不輕　　時諸四衆　　計著於法
유일보살　　명상불경　　시제사중　　계착어법
不輕菩薩　　往到其所　　而語之言　　我不輕汝
불경보살　　왕도기소　　이어지언　　아불경여
汝等行道　　皆當作佛　　諸人聞已　　輕毁罵詈
여등행도　　개당작불　　제인문이　　경훼매리

不輕菩薩　能忍受之　其罪畢已　臨命終時
불경보살　능인수지　기죄필이　임명종시
得聞此經　六根淸淨　神通力故　增益壽命
득문차경　육근청정　신통력고　증익수명
復爲諸人　廣說是經　諸著法衆　皆蒙菩薩
부위제인　광설시경　제착법중　개몽보살
敎化成就　令住佛道　不輕命終　値無數佛
교화성취　영주불도　불경명종　치무수불
說是經故　得無量福　漸具功德　疾成佛道
설시경고　득무량복　점구공덕　질성불도
彼時不輕　卽我身是　時四部衆　著法之者
피시불경　즉아신시　시사부중　착법지자
聞不輕言　汝當作佛　以是因緣　値無數佛
문불경언　여당작불　이시인연　치무수불
此會菩薩　五百之衆　幷及四部　淸信士女
차회보살　오백지중　병급사부　청신사녀
今於我前　聽法者是　我於前世　勸是諸人
금어아전　청법자시　아어전세　권시제인
聽受斯經　第一之法　開示敎人　令住涅槃
청수사경　제일지법　개시교인　영주열반
世世受持　如是經典　億億萬劫　至不可議
세세수지　여시경전　억억만겁　지불가의
時乃得聞　是法華經　億億萬劫　至不可議

시내득문	시법화경	억억만겁	지불가의
諸佛世尊	時說是經	是故行者	於佛滅後
제불세존	**시설시경**	**시고행자**	**어불멸후**
聞如是經	勿生疑惑	應當一心	廣說此經
문여시경	**물생의혹**	**응당일심**	**광설차경**
世世値佛	疾成佛道		
세세치불	**질성불도**		

지난세상	한부처님	그이름이	위음왕불
신통지혜	한량없어	일체중생	인도하고
하늘인간	용과귀신	정성스런	공양받네
이부처님	열반하고	법도또한	멸할때에
보살한분	계셨으니	그이름이	상불경
그때사부	대중들은	법에걸려	집착하나
상불경	그보살이	곳곳마다	찾아가서
대중에게	말하기를	그대경멸	아니하니
그대들도	도행하면	성불하게	될것이다
이말들은	여러대중	비방하고	욕을해도
상불경	그보살은	능히참고	받아주네
숙세죄보	모두받고	임종할때	이르러서
법화경을	얻어듣고	육근모두	청정하며
신통한힘	갖추므로	수명더욱	길어지니
다시중생	위하여서	법화경을	설했노라

법에걸린　　　중생들이　　　그보살의　　　교화로써
빠짐없이　　　성취하여　　　부처님도　　　이루었네
그보살은　　　임종뒤에　　　많은부처　　　만나뵙고
법화경을　　　설한인연　　　한량없는　　　복을얻고
공덕점점　　　갖추어서　　　성불빨리　　　했느니라
그때의　　　　상불경은　　　바로나의　　　몸이었고
그때의　　　　사부대중　　　오는세상　　　부처된단
내가준　　　　성불수기　　　모두받은　　　인연으로
한량없고　　　가이없는　　　부처님을　　　친히뵈니
이가운데　　　오백보살　　　청신사와　　　청신녀등
지금나의　　　앞에와서　　　법문듣는　　　이들이다
나는지난　　　세상에서　　　많은사람　　　권하여서
제일되는　　　이법문을　　　듣고받게　　　하였으며
보이고　　　　가르쳐서　　　열반의길　　　잘머물러
세세생생　　　이경전을　　　지니도록　　　하였노라
억억만겁　　　오랜세월　　　불가사의　　　이르도록
항상이법　　　듣게하고　　　열어뵈고　　　가르치며
억억만겁　　　오랜세월　　　불가사의　　　이르도록
여러부처　　　세존께서　　　항상이경　　　설하시니
그러므로　　　도닦는이　　　부처님이　　　열반한뒤
법화경을　　　얻어듣고　　　의혹심을　　　내지말며
한결같은　　　마음으로　　　법화경을　　　설법하면
세세생생　　　부처만나　　　성불빨리　　　이루리라

강설

위음왕불은 최초의 부처님이다.
석가모니 부처님은 그 시기에 이미 묘법연화경을 얻어서 10지 보살이 되었다고 말씀하신다.
상불경보살이 그와 같은 행을 한 것은 자기 과보를 다하고 일대사인연을 만들기 위해서라는 말씀이시다.

《묘법연화경 여래신력품 如來神力品 第二十一》

본문

世尊。我等於佛滅後。世尊分身所在國土滅度之處。
세존. 아등어불멸후. 세존분신소재국토멸도지처.
當廣說此經。所以者何。我等亦自欲得是真淨大法。受持
당광설차경. 소이자하. 아등역자욕득시진정대법. 수지
讀誦解說書寫而供養之。爾時世尊於文殊師利等無量百千
독송해설서사이공양지. 이시세존어문수사리등무량백천
萬億舊住娑婆世界菩薩摩訶薩。及諸比丘比丘尼優婆塞優
만억구주사바세계보살마하살. 급제비구비구니우바새우
婆夷。天龍夜叉乾闥婆阿修羅迦樓羅緊那羅摩睺羅伽人非
바이. 천용야차건달바아수라가루라긴나라마후라가인비
人等一切眾前。現大神力出廣長舌上至梵世。一切毛孔放
인등일체중전. 현대신력출광장설상지범세. 일체모공방
於無量無數色光。皆悉遍照十方世界。眾寶樹下師子座上
어무량무수색광. 개실변조시방세계. 중보수하사자좌상
諸佛亦復如是。出廣長舌放無量光。釋迦牟尼佛及寶樹下
제불역부여시. 출광장설방무량광. 석가모니불급보수하
諸佛。現神力時滿百千歲。然後還攝舌相。一時謦欬俱共
제불. 현신력시만백천세. 연후환섭설상. 일시경해구공
彈指。是二音聲。遍至十方諸佛世界。地皆六種震動。

탄지. 시이음성. 변지시방제불세계. 지개육종진동.

그때 땅속에서 솟아올라온 1천세계의 티끌 수 보살마하살들이 부처님 앞에서 일심으로 합장하고 존안을 우러러보며 부처님께 사뢰었다.
"세존이시여, 저희가 부처님 열반하신 뒤에 세존의 분신이 계시는 국토와 열반하신 곳에서 이 경을 널리 해설하겠나이다. 그 까닭을 말씀드리오면 저희도 진실하고 청정한 이 법을 얻어서 받아지니고 읽고 외고 해설하며 베껴 써서 공양하려 함이니이다."
이때 세존은 문수사리 보살 등 예전부터 사바세계에 있던 한량없는 백천만억 보살마하살과 모든 비구, 비구니, 우바새, 우바이, 하늘, 용, 야차, 건달바, 아수라, 가루라, 긴나라, 마후라가와 사람과 사람 아닌 여러 대중 앞에서 큰 신통의 힘을 나투시었다.
넓고 긴 혀를 내밀어 위로 범천에 이르게 하고, 모든 털구멍으로는 한량없고 수 없는 빛깔의 광명을 놓아 시방세계에 두루 비추었다.
여러 보배 나무 아래에 있는 사자좌 위에 앉으셨던 부처님들도 다 그와 같이 넓고 긴 혀를 내밀고 한량없는 광명을 놓았다.
석가모니 부처님과 보배 나무 아래에 계신 부처님들이 신통의 힘을 나투신지 백천년 만에 혀를 도로 거두시고 한꺼번에 기침하시며 손가락을 튀기시니, 이 두 가지 소리는 십방의 여러 부처님 세계에 두루 이르러 그 땅이 여섯 가지로 진동하였다.

강설

"땅속에서 솟아올라온 1천세계의 티끌 수 보살마하살"

땅속에서 솟아나온 1천세계 티끌수 보살마하살들은 일심법계 부처님과 본원본제 사이에서 생겨난 등각화신불들이다.

"세존의 분신이 계시는 국토와 열반하신 곳에서"

본인들은 일심법계 부처님이 수능엄삼매와 32진로 수행을 통해 만들어낸 분신불들과는 다른 존재성을 갖고 있다는 것을 표현하고 있다.
일심법계와 본원본제가 동법계를 이룬 상태에서 생겨난 소생과 일심법계 부처님이 분신을 통해 만들어낸 소생은 같은 화신불이지만 명확히 다르다는 것을 명시한 것이다.
부처님이 열반하신 곳이나 분신들이 있는 세계에서도 이 경을 널리 설하겠다는 말이다.
이 대목에서 한 가지 의문이 생긴다.
부처님의 분신불들은 묘법연화경을 설하지 않는 것일까?
묘법연화경은 본신부처님만이 설하시는가?

"저희도 진실하고 청정한 이 법을 얻어서 받아지니고 읽고 외고 해설하며 베껴 써서 공양하려 함이니이다"

등각보살도 아직은 일심법계 부처님이 된 것은 아니다. 때문에 이 법을 잘 받아지녀서 자기들도 일심법계를 이루겠다는 서원을 밝히는 것이다.
본인들이 10지 보살이요 등각보살이지만 여기서 만족하지 않고 묘법연화경을 배워서 묘각법과 묘각 이후에 본원본제와 동법계를 이루는 방법을 깨닫고 나아가서는 자기들과 같은 등각보살들을 창조해 내겠다는 의도를 밝히는 것이다.

"사람과 사람 아닌 여러 대중"

육체를 갖고 있는 것이 사람이고, 사람 아닌 것은 영혼으로 존재하는 생명을 말한다. 인간이지만 육체를 갖고 있지 않은 영혼으로 존재하는 생명들을 사람 아닌 것이라고 표현하셨다.

"넓고 긴 혀를 내밀어 위로 범천에 이르게 하고"

왜 그랬을까? 부처님만이 보이실 수 있는 여러 가지 동작과 표현이 있으신데 하필이면 왜 혀를 내민 것일까?

"여러 보배 나무 아래에 있는 사자좌 위에 앉으셨던 부처님들"

이 부처님들이 일심법계 부처님의 분신불들이다.

"백천년 만에 혀를 도로 거두시고"

혀를 쭉 내밀었다가 다시 집어넣은 것이 백천년만이라 하신다. 이 공간 안에서는 백천년이라 해도 바깥 현실 세상에서는 1분도 안 걸렸을 수도 있다.

"십방의 여러 부처님 세계에 두루 이르러 그 땅이 여섯 가지로 진동하였다."

여래장계 10방을 말한다.
석가모니 부처님과 부처님의 분신불들이 기침하고 손가락 튕기는 소리가 여래장계 10방을 다 진동시켰다는 것은 그 분들의 영향력이 여래장계 10방에 미친다는 의미이다.

본문

其中眾生。天龍夜叉乾闥婆阿修羅迦樓羅緊那羅摩睺羅伽
기중중생. 천용야차건달바아수라가루라긴나라마후라가

人非人等。以佛神力故。皆見此娑婆世界無量無邊百千萬
인비인등. 이불신력고. 개견차사바세계무량무변백천만
億眾寶樹下師子座上諸佛。及見釋迦牟尼佛共多寶如來在
억중보수하사자좌상제불. 급견석가모니불공다보여래재
寶塔中坐師子座。又見無量無邊百千萬億菩薩摩訶薩。
보탑중좌사자좌. 우견무량무변백천만억보살마하살.
及諸四眾恭敬圍繞釋迦牟尼佛。
급제사중공경위요석가모니불.

그 가운데 있는 중생으로서 하늘, 용, 야차, 건달바, 아수라, 가루라, 긴나라, 사람, 사람 아닌 이들은 부처님의 신통의 힘을 말미암아 이 사바세계의 한량없고 그지없는 백천만억 보배 나무 아래 있는 사자좌에 앉으신 여러 부처님을 보며, 또 석가모니불과 다보여래께서 보탑 안의 사자좌에 앉으심을 보고, 또 한량없고 그지없는 백천만억 보살마하살과 4부 대중이 석가모니불을 공경하여 둘러 모시고 있음을 보았다.

강설

중생의 눈으로 어마어마하게 넓은 공간을 영화 스크린 보듯이 볼 수 있게 해주었다는 말씀이시다. 참으로 대단한 신통력이다.

본문

旣見是已。皆大歡喜得未曾有。即時諸天於虛空中高聲唱
기견시이. 개대환희득미증유. 즉시제천어허공중고성창
言。過此無量無邊百千萬億阿僧祇世界。有國名娑婆。是
언. 과차무량무변백천만억아승지세계. 유국명사바. 시
中有佛。名釋迦牟尼。今爲諸菩薩摩訶薩。說大乘經。
중유불. 명석가모니. 금위제보살마하살. 설대승경.
名妙法蓮華教菩薩法佛所護念。汝等當深心隨喜。亦當禮
명묘법연화교보살법불소호념. 여등당심심수희. 역당예
拜供養釋迦牟尼佛。彼諸衆生聞虛空中聲已。合掌向娑婆
배공양석가모니불. 피제중생문허공중성이. 합장향사바
世界。作如是言。南無釋迦牟尼佛。南無釋迦牟尼佛。
세계. 작여시언. 나무석가모니불. 나무석가모니불.

이런 것을 보고는 모두 환희하여 미증유함을 얻었는데, 그때에 여러 하늘들이 허공중에서 소리를 높여 외치었다.
"이 한량없고 그지없는 백천만억 아승지 세계를 지나가서 국토가 있으니, 이름이 사바세계니라.
그 가운데 부처님이 계시니, 이름이 석가모니시라.
지금 보살마하살들을 위하여 대승경을 연설하시니, 이름이 묘법연화경이라.
보살을 가르치는 법이며, 부처님이 호념하시는 것이라.

그대들은 깊은 마음으로 따라 기뻐할 것이며, 석가모니불을 예배하고 공경하라."
저 중생들은 허공중에서 나는 소리를 듣고는 합장하고 사바세계를 향하여 이렇게 말하였다.
"나무 석가모니불, 나무 석가모니불."

강설

"여러 하늘들이 허공중에서 소리를 높여 외치었다."

색계, 욕계, 무색계의 하늘들을 말한다.
이 하늘들은 사바세계의 하늘이 아니고 여래장계 다른 세계의 하늘들이다.
다른 우주에서 온 하늘 신들이 이렇게 말하는 것이다.

저 중생들은 허공중에서 나는 소리를 듣고는 합장하고 사바세계를 향하여 이렇게 말하였다. "나무 석가모니불, 나무 석가모니불."

무량극수 우주의 무량극수 32천에 해당하는 천주들이 나무 석가모니불을 염송하고 있다.
참으로 장엄한 광경이다.
여래장의 끝자락, 다른 차원의 우주에서 이 차원에서 일어나는 일들을 스크린에서 보듯이 보고 있다는 말씀이다.

본문

以種種華香瓔珞幡蓋及諸嚴身之具珍寶妙物。皆共遙散娑
이종종화향영락번개급제엄신지구진보묘물. 개공요산사
婆世界。所散諸物從十方來。譬如雲集變成寶帳。遍覆此
바세계. 소산제물종시방래. 비여운집변성보장. 변부차
間諸佛之上。于時十方世界通達無礙。如一佛土。
간제불지상. 우시시방세계통달무애. 여일불토.

그리고 가지가지 꽃과 향과 영락과 번기와 일산과 또 몸을 단장하는 기구와 훌륭한 보배와 묘한 물건들을 가지고 모두 멀리서 사바세계에 던져 흩었다.
그 던져 흩은 물건들이 시방에서 오는 것이, 마치 구름이 모임과 같으니라.
변하여 보배 휘장이 되어 여기 계시는 여러 부처님들의 위에 두루 덮이니, 이때 시방 세계가 훤히 트이고 막힘이 없어 마치 한 세계와 같았다.

강설

서로 다른 우주에서 물건을 던졌는데 그 물건들이 이 세계로 온다.
이 장면을 시각적으로 상상해보자.
도대체 어떤 사람이 이와 같은 상상을 할 수 있을까?
중생은 이런 상상을 할 수가 없다.
이런 말씀은 부처님만이 하실 수 있다.
직접 보지 않고 상상해서 말했다? 그것도 2500년 전에?
참 대단한 말씀이다.

"이때 시방 세계가 훤히 트이고 막힘이 없어 마치 한 세계와 같았다."

오로지 부처님의 십력으로만 가능한 일이다.

본문

爾時佛告上行等菩薩大眾。諸佛神力如是無量無邊不可思
이시불고상행등보살대중. 제불신력여시무량무변불가사
議。若我以是神力。於無量無邊百千萬億阿僧祇劫。
의. 약아이시신력. 어무량무변백천만억아승지겁.
為囑累故說此經功德。猶不能盡以要言之。如來一切所有
위촉루고설차경공덕. 유불능진이요언지. 여래일체소유
之法。如來一切自在神力。如來一切祕要之藏。如來一切
지법. 여래일체자재신력. 여래일체비요지장. 여래일체

甚深之事。皆於此經宣示顯說。
심심지사. 개어차경선시현설.

이때 부처님이 상행보살 등 대중에게 말씀하셨다.
"여러 부처님의 신통한 힘은 이렇게 한량이 없고 가이없어, 생각하거나 의논할 수 없나니라.
내가 이러한 신통의 힘으로써 한량없고 그지없는 백천만억 아승지겁 동안, 다음 사람들에게 유촉하기 위하여 이 경의 공덕을 말하더라도 오히려 다할 수 없느니라.
요령을 들어 말하자면, 여래의 가지신 법과 여래의 온갖 자재하신 신통의 힘과 여래의 온갖 비밀한 법장과 여래의 매우 깊은 온갖 일을 모두 이 경에서 펴 보이며 드러나게 설하였느니라.

강설

"여래의 가지신 법과 여래의 온갖 자재하신 신통의 힘과 여래의 온갖 비밀한 법장과 여래의 매우 깊은 온갖 일"

이 대목은 심도 있게 살펴보자.
초선정에서부터 견성오도, 해탈도, 수다원, 사다함, 아나함, 아라한과를 이루기까지 생멸수행의 모든 과정들.
보살도 10지 체계와 등각도, 묘각도의 진여수행법.
자연지, 무사지, 일체종지, 불지, 여래지의 성취.

본원본제와 동법계를 이루고 본원본제의 향하문적 성향을 제도하는 과정.
그 제도의 결과로 생겨나는 등각화신불들의 일.
그리고 여래장계 밖에 새로운 여래장의 창조.
이 모든 과정이 **여래의 일체소유지법(如來一切所有之法)**이다.

인지법행을 통해서 처음 수행의 시작에서부터 나중 부처가 되기까지의 전체 과정을 이해하고, 과지법행을 통해서 하나 하나의 과정을 체득해간다.
12연기를 이해함으로써 해탈도를 얻고 여래장연기를 이해함으로써 보살도를 성취한다.
대자비문 수행과 대적정문 수행을 통해서 불이문을 이루고 수기불의 초청을 받아 불세계로 들어간다.
이것이 바로 여래의 일체지법이다.

지금까지 살아왔던 그 수많은 생들 중에서 이번 생에 이룬 성취가 가장 보람 있다. 묘법연화경을 만났기 때문이다.
처음에는 12연기의 과정을 들여다보면서 생멸수행의 방법과 방향에 대해서 알게 되었다.
그 법을 통해서 해탈도를 성취할 수 있었다.
묘법연화경을 보면서 진여수행의 실체와 등각, 묘각의 체계를 알게 되었다. 이로써 부처님의 일체지법을 이해하게 되었다.

이제는 어긋나지 않고 오로지 한 길로 갈 수 있는 자신감이 생겼다.
이 경전의 내용들을 인지법과 과지법의 체계로 정리해서 다음 세대를 위해 남겨놓고 그 깨달음들을 성취하기 위해 나아가고 싶다.
한 말씀 한 말씀들을 가슴에다 새기고 그 뜻을 풀어내는 이 시간들이 너무나도 행복하다.

"여래의 온갖 자재하신 신통의 힘"

부처님만이 갖고 있는 열 가지 힘, 십력을 말한다.

"여래의 온갖 비밀한 법장"

부처님의 비밀한 법장은 대부분 밀교로 전해졌다.
깨달음이 신통으로 연결될 수 있는 수행법들이 부처님의 비밀스러운 법장이다.
밀교의 비밀스러운 수행체계가 전해진 것이 우리나라이다.
가야로 밀교의 비밀스러운 법장이 전해졌다.
가야에 전해졌던 수행체계들이 신라로 전해졌다.
신라는 밀교와 대승불교가 함께 전해졌던 유일한 나라였다. 삼국유사에는 광덕거사 부부가 깨달음을 얻어서 살아있는 육신을 가지고 승천을 했다는 기록이 나오고 균여스님이 100일 동안 우물 속에 들어가서 수행을 했다고 기록되어 있다.

신라가 멸망하고 고려왕조가 들어서면서 밀교의 법맥이 끊어졌다. 우리나라에서는 고려조 광종 이후에 밀교와 대승불교의 법맥이 끊어졌다.

그런 법들이 고려 말기 나옹 스님에 의해 일부가 복원되었다. 나옹의 법이 조선시대로 이어져서 진묵조사나 서산대사, 사명대사 같은 도인들이 나올 수 있었다.

하지만 그 법도 오래가지 못했다. 서산의 법이 '편양언기' 스님에게 전해진 뒤로 '백파긍선' 대에서 끊어지게 되었다.

"여래의 매우 깊은 온갖 일"

부처님의 일 중에 가장 비밀스러운 일이 본원본제와 동법계를 이루는 것이다. 그 이후에 등각화신불을 만들어내는 네 단계 절차가 이루어지고 새로운 여래장을 창조해 낼 수 있는 능연지력(能緣智力)이 체득되기 때문이다.

수능엄삼매의 기법들과 식의 청정을 이루는 방법들은 묘각을 이루는 가장 핵심적인 방법이다.

일심법계를 이루고 나서는 정토불사를 마무리하는 것이 가장 큰일이고 깊은 일이다.

본문

是故汝等於如來滅後。應一心受持讀誦解說書寫如說修行。
시고여등어여래멸후. 응일심수지독송해설서사여설수행.
所在國土。若有受持讀誦解說書寫如說修行。若經卷所住
소재국토. 약유수지독송해설서사여설수행. 약경권소주
之處。若於園中。若於林中。若於樹下。若於僧坊。若白
지처. 약어원중. 약어임중. 약어수하. 약어승방. 약백
衣舍。若在殿堂。若山谷曠野。是中皆應起塔供養。所以
의사. 약재전당. 약산곡광야. 시중개응기탑공양. 소이
者何。當知是處即是道場。諸佛於此得阿耨多羅三藐三菩
자하. 당지시처즉시도량. 제불어차득아뇩다라삼먁삼보
提。諸佛於此轉于法輪。諸佛於此而般涅槃。爾時世尊。
리. 제불어차전우법륜. 제불어차이반열반. 이시세존.
欲重宣此義。而說偈言。
욕중선차의. 이설게언.

그러므로 그대들은 여래가 열반한 뒤에 마땅히 한결같은 마음으로 받아지니고 읽고 외고 해설하고 베껴 써서 가르친 대로 닦아 행할지니라.

여러 국토에서 이 경을 받아지니고 읽고 외고 해설하고 베껴 써서 말한 대로 닦아 행하는 이가 있거나, 이 경전이 있는 곳이 동산이거나 숲속이거나 나무 아래거나 승방이거나 거사의 집이거나, 전장이거나 산골짜기거나 넓은 들이거나 간에, 그 가운데 탑을 세워 공양해야 하느니라.

왜냐하면 이곳이 곧 도량이니 모든 부처님들이 다 여기에서 아뇩다라삼먁삼보리를 얻고, 모든 부처님들이 여기에서 법륜을 굴리며, 모든 부처님들이 여기에서 열반에 드시기 때문이니라."
이때 세존께서 이 뜻을 거듭 펴시려고 게송을 읊으셨다.

강설

묘법연화경 자체가 도량이라는 말씀이시다.
묘법연화경의 내용을 부처님 모시듯이 해야 한다.
매일매일 예불을 하듯이 읽고 쓰고 외워야 하며 그 체계에 입각해서 수행하는 것을 게을리하지 말아야 한다.
어느 정도 성취가 이루어지면 언제든지 삼매에 들어갈 수 있다. 머물고 싶으면 머물 수 있고 관하고 싶으면 관할 수 있다.

본문

諸佛救世者	住於大神通	爲悅衆生故	現無量神力
제불구세자	주어대신통	위열중생고	현무량신력
舌相至梵天	身放無數光	爲求佛道者	現此希有事
설상지범천	신방무수광	위구불도자	현차희유사
諸佛謦欬聲	及彈指之聲	周聞十方國	地皆六種動
제불경해성	급탄지지성	주문시방국	지개육종동

以佛滅度後
이불멸도후
囑累是經故
촉루시경고
是人之功德
시인지공덕
能持是經者
능지시경자
又見我今日
우견아금일
滅度多寶佛
멸도다보불
亦見亦供養
역견역공양
能持是經者
능지시경자
名字及言辭
명자급언사
於如來滅後
어여래멸후
如日月光明
여일월광명
教無量菩薩

能持是經故
능지시경고
讚美受持者
찬미수지자
無邊無有窮
무변무유궁
則為已見我
즉위이견아
教化諸菩薩
교화제보살
一切皆歡喜
일체개환희
亦令得歡喜
역령득환희
不久亦當得
불구역당득
樂說無窮盡
요설무궁진
知佛所說經
지불소설경
能除諸幽冥
능제제유명
畢竟住一乘

諸佛皆歡喜
제불개환희
於無量劫中
어무량겁중
如十方虛空
여시방허공
亦見多寶佛
역견다보불
能持是經者
능지시경자
十方現在佛
시방현재불
諸佛坐道場
제불좌도량
能持是經者
능지시경자
如風於空中
여풍어공중
因緣及次第
인연급차제
斯人行世間
사인행세간
是故有智者

現無量神力
현무량신력
猶故不能盡
유고불능진
不可得邊際
불가득변제
及諸分身者
급제분신자
令我及分身
영아급분신
并過去未來
병과거미래
所得秘要法
소득비요법
於諸法之義
어제법지의
一切無障礙
일체무장애
隨義如實說
수의여실설
能滅眾生闇
능멸중생암
聞此功德利

교무량보살	필경주일승	시고유지자	문차공덕리
於我滅度後	應受持斯經	是人於佛道	決定無有疑
어아멸도후	응수지사경	시인어불도	결정무유의

세상구할	부처세존	큰신통에	머무시어
중생들의	기쁨위해	무량신통	보이셨네
범천까지	이르는혀	몸에서는	무수광명
불도구한	이들위해	희유한일	보이셨네
부처님의	기침소리	손가락을	튕기시니
시방세계	모두듣고	여섯가지로	진동하네
부처님이	열반한뒤	법화경을	지님으로
여러부처	기뻐하여	무량신통	나타내네
법화경을	부촉하니	경가진이	찬탄하길
무량한겁	다하여도	오히려	부족하리
이런사람	얻는공덕	끝이없고	다함없어
시방세계	허공같아	재어볼길	없느니라
법화경을	가진이는	나의몸을	보게되고
다보여래	부처님과	여러분신	보게되며
내가오늘	교화하는	많은보살	보게되니
법화경을	가진이는	나와나의	분신들과
열반하신	다보불을	일체모두	기쁘게해
시방세계	여러부처	과거미래	모든부처
친히뵙고	공양하며	기쁨얻게	하리로다

부처님이	도량에서	얻으신	비밀한법
법화경을	가진사람	멀지않아	얻으리라
또한이경	가진사람	여러법의	묘한뜻과
이름들과	언사들을	무궁하게	설하기를
허공중에	바람같이	걸림하나	없느니라
여래께서	열반한뒤	부처님이	설한경전
인연차례	잘알아서	뜻을따라	설법하되
해와달의	밝은광명	모든어둠	걷어내듯
이런사람	행하는일	중생어둠	멸해주고
무량보살	가르쳐서	일승에	머물게하니
그러므로	지혜있는	사람들은	이런공덕
이런이익	듣고보아	내가열반	보인뒤에
마땅히	법화경을	받들어서	가질지니
이런사람	불도에	의심없이	들리라

강설

"무량보살 가르쳐서 일승에 머물게하니"

일승에 머무는 것이 등각지이다. 이승이 보살지이고 삼승이 해탈지이다.

법화경의 내용들을 좀 더 많은 사람들에게 알려주고 부처님의 세계와 부처님의 공덕에 대해 가르쳐 주어야 한다.
이것이 대단히 중요한 일이다.
한 사람 한 사람이 정토불사를 한다고 생각하고 이 경전을 다른 사람들에게 나눠주고 읽도록 해야 한다.
이렇게 해서 이 경전이 널리 퍼지도록 불사를 해야 한다.

《묘법연화경 촉루품 囑累品 第二十二》

본문

爾時釋迦牟尼佛。從法座起現大神力。以右手摩無量菩薩
이시석가모니불. 종법좌기현대신력. 이우수마무량보살
摩訶薩頂。而作是言。我於無量百千萬億阿僧祇劫。修習
마하살정. 이작시언. 아어무량백천만억아승지겁. 수습
是難得阿耨多羅三藐三菩提法。今以付囑汝等。
시난득아뇩다라삼먁삼보리법. 금이부촉여등.
汝等應當一心流布此法廣令增益。如是三摩諸菩薩摩訶薩
여등응당일심유포차법광령증익.　　여시삼마제보살마하살
頂。而作是言。
정. 이작시언.

그때 석가모니불이 법상에서 일어나 큰 신통의 힘을 나투어, 오른손으로 한량없는 보살마하살의 정수리를 만지시며 이렇게 말씀하셨다.
"내가 한량없는 백천만억 아승지겁 동안에 이 얻기 어려운 아뇩다라삼먁삼보리법을 닦아 익혔나니라.
이제 그대들에게 부촉하노니, 그대들은 마땅히 한결같은 마음으로 이 법을 오래오래 선포하여 널리 퍼지게 하라."
이와 같이 여러 보살마하살의 정수리를 세 번 만지시면서 또 이렇게 말씀하셨다.

강설

정수리를 만지는 것은 관정수기를 주시는 것이다.
동법계를 이루는 자리가 정수리이다.
관정수기는 정수리를 만져서 동법계를 이룰 수 있는 자리를 만들어주는 것이다.
관정을 해준 보살마하살들은 본원본제 사이에서 생겨난 등각화신불들이다.
그들에게 이 법을 널리 펼치라고 수기를 주시는 것이다.

본문

我於無量百千萬億阿僧祇劫。修習是難得阿耨多羅三藐三
아어무량백천만억아승지겁. 수습시난득아뇩다라삼먁삼
菩提法。今以付囑汝等。汝等當受持讀誦廣宣此法。
보리법. 금이부촉여등. 여등당수지독송광선차법.
令一切眾生普得聞知。
영일체중생보득문지.

"내가 한량없는 백천만억 아승지겁 동안에 이 얻기 어려운 아뇩다라삼먁삼보리법을 닦아 익혔나니라.

이제 그대들에게 부촉하노니, 그대들은 이 법을 받아지니고 읽고 외어 널리 선포하여 모든 중생으로 하여금 잘 듣고 알게 하라.

강설

묘법연화경이 어려운 것은 부처님이 제시하는 세계관을 이해하기가 어렵기 때문이다.
본원본제라는 근본 생명에 대해 이해하기 어렵고, 여래장연기와 생멸연기, 진여연기가 이루어진 절차를 이해하기가 참으로 어렵다. 대부분의 초심자들은 이 대목에서부터 이해의 한계를 느끼게 된다.
때문에 부처님께서는 이 경전을 보살들을 위해서 설법하셨다. 중생들은 물론이고 아라한들한테도 설법하지 않으셨다.

'**부촉한다**'는 말씀은 묘법연화의 이치를 잘 알았다고 인정해 주는 것이다.

본문

所以者何。 如來有大慈悲。 無諸慳悋亦無所畏。 能與眾生
소이자하. 여래유대자비. 무제간린역무소외. 능여중생

佛之智慧如來智慧自然智慧. 如來是一切眾生之大施主.
불지지혜여래지혜자연지혜. 여래시일체중생지대시주.
汝等亦應隨學如來之法. 勿生慳悋.
여등역응수학여래지법. 물생간린.

왜냐하면 여래는 큰 자비가 있어, 무엇이든 아끼고 인색함이 없어 두려울 바가 없고 중생에게 부처의 지혜와 여래의 지혜와 자연의 지혜를 주기 때문이니라. 여래는 모든 중생의 대시주이니라.
그대들도 여래의 법을 따라 배우되, 아끼는 생각을 내지 말아라.

강설

"부처의 지혜 (불지)
여래의 지혜 (여래지)
자연의 지혜 (자연지)"

무사지와 일체종지가 더해져서 묘각 5지라 한다.
부처만이 갖출 수 있는 다섯 가지 지혜이다.
일체종지와 자연지, 무사지는 등각도의 과정에서 갖추어진다. 불지는 묘각을 성취하면서 갖추어지고 여래지는 본원본제와 동법계를 이루는 과정에서 갖추게 된다.

"그대들도 여래의 법을 따라 배우되, 아끼는 생각을 내지 말아라."

법을 전할 때는 근기에 따라 전하되 아끼는 마음이 없어야 한다.

본문

於未來世。若有善男子善女人。信如來智慧者。當爲演說
어미래세. 약유선남자선녀인. 신여래지혜자. 당위연설
此法華經使得聞知。爲令其人得佛慧故。若有衆生不信受
차법화경사득문지. 위령기인득불혜고. 약유중생불신수
者。當於如來餘深法中示敎利喜。汝等若能如是。則爲已
자. 당어여래여심법중시교리희. 여등약능여시. 즉위이
報諸佛之恩。時諸菩薩摩訶薩。聞佛作是說已。皆大歡喜
보제불지은. 시제보살마하살. 문불작시설이. 개대환희
遍滿其身。益加恭敬曲躬低頭。合掌向佛俱發聲言。如世
변만기신. 익가공경곡궁저두. 합장향불구발성언. 여세
尊勅當具奉行。唯然世尊。願不有慮。諸菩薩摩訶薩衆。
존칙당구봉행. 유연세존. 원불유려. 제보살마하살중.
如是三反俱發聲言。如世尊勅當具奉行。唯然世尊。願不
여시삼반구발성언. 여세존칙당구봉행. 유연세존. 원불

有慮。爾時釋迦牟尼佛。令十方來諸分身佛各還本土。
유려. 이시석가모니불. 영시방래제분신불각환본토.
而作是言。諸佛各隨所安。多寶佛塔還可如故。說是語時。
이작시언. 제불각수소안. 다보불탑환가여고. 설시어시.
十方無量分身諸佛。坐寶樹下師子座上者。及多寶佛。
시방무량분신제불. 좌보수하사자좌상자. 급다보불.
并上行等無邊阿僧祇菩薩大眾。舍利弗等聲聞四眾。
병상행등무변아승지보살대중. 사리불등성문사중.
及一切世間天人阿修羅等。聞佛所說。皆大歡喜。
급일체세간천인아수라등. 문불소설 개대환희.

오는 세상에 만일 선남자 선여인이 여래의 지혜를 믿는 이가 있으면 이 법화경을 연설하여 듣고 알게 할 것이니 그 사람으로 하여금 부처의 지혜를 얻게 함이니라.
만일 어떤 중생이 믿지 아니하면, 마땅히 여래의 다른 깊고 묘한 법에서 보여주고 가르쳐서 이롭고 기쁘게 하라.
그대들이 만일 이렇게 하면, 모든 부처님의 은혜에 보답함이 되느니라."
이때 여러 보살마하살들은 이러한 부처님의 말씀을 듣고 즐거움이 몸에 가득하여, 더욱 공경하여 허리를 굽히고 머리를 숙여 합장하고 부처님을 향하여 함께 말하였다.
"세존의 분부대로 받들어 시행하겠사오니, 바라옵건대 세존이시여, 염려하지 마시옵소서."

이때 석가모니불은 시방에서 오신 여러 분신 부처님들을 본국으로 돌아가게 하려고 이렇게 말씀하셨다.

"여러 부처님들은 각각 편하실 대로 하시고, 다보여래의 탑은 본래대로 계시옵소서."

이렇게 말씀하실 때 시방에서 오셔서 보배 나무 아래 사자좌에 앉으셨던 한량없는 분신 부처님들과 다보 부처님과 상행보살 등 그지없는 아승지 보살 대중과 사리불 등 성문 4중과 모든 세간의 하늘, 사람, 아수라들은 부처님 말씀을 듣고 매우 환희하였다.

강설

"오는 세상에 만일 선남자 선여인이 여래의 지혜를 믿는 이가 있으면 이 법화경을 연설하여 듣고 알게 할 것이니 그 사람으로 하여금 부처의 지혜를 얻게 함이니라."

'**여래의 지혜**'란 부처님만이 갖고 있는 묘각 5지를 말한다. 묘각 5지를 믿고 이해하는 사람은 내세에는 반드시 부처가 된다.

"만일 어떤 중생이 믿지 아니하면, 마땅히 여래의 다른 깊고 묘한 법에서 보여주고 가르쳐서 이롭고 기쁘게 하라."

'**다른 법**'이란 일체종지 이전에 성취하는 보살도나 해탈도를 말한다.

"**그대들이 만일 이렇게 하면, 모든 부처님의 은혜에 보답함이 되느니라**"

어떤 중생들이든지 근기에 맞게 제도해 주면 부처님의 은혜에 보답하는 것이라고 말씀하신다.

"**이때 여러 보살마하살들은 이러한 부처님의 말씀을 듣고 즐거움이 몸에 가득하여**"

부처님에게 인가를 받았으니 기쁘고, 8만4천겁을 노력해야 익힐 수 있는 묘법연화경을 전하는 대법사가 되었으니 기쁜 것이다.

"**이때 석가모니불은 시방에서 오신 여러 분신 부처님들을 본국으로 돌아가게 하려고 이렇게 말씀하셨다.**"

여덟 방위에서 모이신 팔천만억의 분신 부처님들을 돌려보내는 것이다.
대통지승여래가 처음 성불했을 때는 5천만억 생멸문에 광명이 비쳤다.

석가모니 부처님은 성불하신 이후에 8천만억 생멸문을 제도하셨다.
부처님의 역량에 따라 정토불사의 범위가 서로 달라진다.

《묘법연화경 약왕보살본사품 藥王菩薩本事品 第二十三》

강설

약왕보살품에서는 구족색신삼매에 대해 말씀하신다.
다보여래도 이 삼매로써 무한한 수명을 갖추셨고 약왕보살도 이 삼매를 체득했다.
구족색신삼매는 수능엄삼매의 전 단계 수행이다.
네 가지 방편이 활용된다.
첫 번째 방편이 범부수행이다.
두 번째 방편이 향음수행이다.
세 번째 방편이 부동지의 성취이다.
네 번째 방편이 6바라밀 수행이다.
약왕보살이 전생에 증득한 구족색신삼매는 양신배양법이다. 다보여래께서 증득한 구족색신삼매는 수능엄삼매이다. 양신배양은 비상비비상처해탈과 32진로 수행을 통해 성취하고 수능엄삼매는 등각도의 과정에서 성취된다.

본문

爾時宿王華菩薩白佛言。世尊。藥王菩薩。云何遊於娑婆
이시수왕화보살백불언. 세존. 약왕보살. 운하유어사바
世界。世尊。是藥王菩薩。有若干百千萬億那由他難行苦

세계. 세존. 시약왕보살. 유약간백천만억나유타난행고
行。善哉世尊。願少解說。諸天龍夜叉乾闥婆阿修羅迦樓
행. 선재세존. 원소해설. 제천용야차건달바아수라가루
羅緊那羅摩睺羅伽人非人等。又他國土諸來菩薩。
라긴나라마후라가인비인등. 우타국토제래보살.
及此聲聞眾。聞皆歡喜。
급차성문중. 문개환희.

그때 수왕화보살이 부처님께 사뢰었다.
"세존이시여, 약왕보살은 어찌하여 사바세계에 다니나이까.
세존이시여, 이 약왕보살에게는 얼마만큼의 백천만억 나유타의 행하기 어려운 고행이 있나이까.
거룩하시어라, 세존이시여. 원컨대, 간략히 해설해 주소서.
여러 하늘, 용, 야차, 건달바, 아수라, 가루라, 긴나라, 마후라가, 사람, 사람 아닌 이들과 다른 국토에서 온 보살들과 성문 대중들이 들으면 모두 환희하리이다."

강설

약왕보살은 중생들의 병을 치료해 주는 보살이다.
약왕보살이 그와 같은 행을 하는 것은 구족색신삼매를 성취했기 때문이다.
구족색신삼매를 체득하게 되면 색신의 본질을 깨닫게 된

다. 색신이 생겨난 원인을 알게 되고 색신을 이루고 있는 형질을 제도하게 된다. 그 과정에서 생, 노, 병, 사의 이치를 알게 된다. 구족색신삼매는 색계 18천인 색구경천의 수행방법이다. 색구경천의 천인이 구족색신삼매를 체득하게 되면 무색계 4천에서 화생하게 된다.
약왕보살도 구족색신삼매를 통해 생, 노, 병, 사의 이치를 깨닫게 되었다. 그 공덕으로 중생들의 질병을 치료해 줄 수 있는 신통의 힘을 갖추게 되었다.

본문

爾時佛告宿王華菩薩。乃往過去無量恒河沙劫有佛。
이시불고수왕화보살. 내왕과거무량항하사겁유불.
號日月淨明德如來應供正遍知明行足善逝世間解無上士調
호일월정명덕여래응공정변지명행족 선서세간해무상사조
御丈夫天人師佛世尊。其佛有八十億大菩薩摩訶薩。
어장부천인사불세존. 기불유팔십억대보살마하살.
七十二恒河沙大聲聞眾。佛壽四萬二千劫菩薩壽命亦等。
칠십이항하사대성문중. 불수사만이천겁 보살수명역등.
彼國無有女人地獄餓鬼畜生阿修羅等及以諸難。
피국무유녀인지옥아귀축생아수라등급이제난.

이때 부처님이 수왕화보살에게 말씀하셨다.

"옛날 옛적 한량없는 항하사겁 전에 부처님이 계셨으니, 이름이 일월정명덕여래, 응공, 정변지, 명행족, 선서, 세간해, 무상사, 조어장부, 천인사, 불세존이시라.
그 부처님께 80억 대보살마하살과 72항하사 대성문들이 있었느니라.
부처님의 수명은 4만 2천겁이요, 보살의 수명도 그와 같으며, 그 국토에는 여인과 지옥과 아귀와 축생과 아수라들과 여러 가지 어려움이 없나니라.

강설

"일월정명덕여래 부처님이 출현하셨던 그 땅에는 삼악도와 여러 어려움이 없었다"

명(明)으로써 지어진 극락정토였다는 말씀이시다.

본문

地平如掌琉璃所成。寶樹莊嚴。寶帳覆上。垂寶華幡。
지평여장유리소성. 보수장엄. 보장복상. 수보화번.
寶瓶香爐周遍國界。七寶爲臺。一樹一臺。其樹去臺盡一
보병향로주변국계. 칠보위대. 일수일대. 기수거대진일

箭道。 此諸寶樹。 皆有菩薩聲聞而坐其下。 諸寶臺上。
전도. 차제보수. 개유보살성문이좌기하. 제보대상.
各有百億諸天作天伎樂。 歌歎於佛以爲供養。
각유백억제천작천기악. 가탄어불이위공양.

땅이 반듯하여 손바닥과 같은데 유리로 이뤄졌으며, 보배 나무로 장엄하고 보배 휘장을 위에 덮었으며, 보배 꽃의 번기를 달았는데 보배로 된 병과 향로가 나라 안에 두루 가득하고, 7보로 대를 만들고 나무 하나에 대가 하나씩인데 나무에서 대까지가 활 한바탕 거리이고, 여러 보배 나무에는 모두 보살과 성문이 그 아래에 앉았으며, 보배로 된 대 위에는 각각 백억 하늘들이 있어 하늘 풍류를 잡히고 노래하며 부처님을 찬탄하여 공양하고 있었느니라.

강설

이 장면을 떠올려서 회상하는 것이 대단히 중요한 수행이다. 심신해상(深信解相)이라 하셨다.

본문

爾時彼佛。 爲一切衆生憙見菩薩及衆菩薩諸聲聞衆。 說法
이시피불. 위일체중생희견보살급중보살제성문중. 설법

華經。是一切眾生憙見菩薩樂習苦行。於日月淨明德佛法
화경. 시일체중생희견보살낙습고행. 어일월정명덕불법
中。精進經行一心求佛。滿萬二千歲已。得現一切色身三
중. 정진경행일심구불. 만만이천세이. 득현일체색신삼
昧。得此三昧已心大歡喜。即作念言。我得現一切色身三
매. 득차삼매이심대환희. 즉작념언. 아득현일체 색신삼
昧。皆是得聞法華經力。我今當供養日月淨明德佛及法華
매. 개시득문법화경력. 아금당공양일월정명덕불급법화
經。即時入是三昧。於虛空中雨曼陀羅華摩訶曼陀羅華。
경. 즉시입시삼매. 어허공중우만다라화마하만다라화.
細末堅黑栴檀。滿虛空中如雲而下。又雨海此岸栴檀之香
세말견흑전단. 만허공중여운이하. 우우해차안전단지향
此香六銖。價直娑婆世界。以供養佛。作是供養已。
차향육수. 가치사바세계. 이공양불. 작시공양이.
從三昧起。而自念言。我雖以神力供養於佛。不如以身供
종삼매기. 이자념언. 아수이신력공양어불. 불여이신공
養。即服諸香。栴檀。薰陸。兜樓婆。畢力迦。沈水。膠
양. 즉복제향. 전단. 훈육. 두루바. 필력가. 침수. 교
香。又飲瞻蔔諸華香油。滿千二百歲已。香油塗身。
향. 우음첨복제화향유. 만천이백세이. 향유도신.
於日月淨明德佛前。以天寶衣而自纏身。灌諸香油。以神
어일월정명덕불전. 이천보의이자전신. 관제향유. 이신
通力願。而自然身。光明遍照八十億恒河沙世界。

통력원. 이자연신. 광명변조팔십억항하사세계.

그때 그 부처님은 일체중생희견보살과 여러 보살 대중, 성문 대중을 위하여 법화경을 설하였느니라.
이 일체중생희견보살은 고행하기를 좋아하여 일월정명덕 부처님의 법 가운데서 정진하고 거닐면서 일심으로 부처되기를 구하여 1만 2천세가 된 뒤에 온갖 색신을 즐기면서 이렇게 말하였느니라.
이 삼매를 얻고는 매우 즐거워서 이렇게 말하였느니라.
'내가 온갖 색신을 나타내는 삼매를 얻은 것은 모두 법화경을 들은 힘이니, 내 이제 일월정명덕 부처님과 법화경에 공양하리라.'
그리고 곧 삼매에 들어 허공중에서 만다라화와 마하만다라화와 굳고 검은 전단가루를 비 내리니, 허공에 가득하여 구름처럼 내려오고, 또 해차안 전단향을 내리니, 이 향은 6수의 값의 사바세계와 맞먹는 것으로, 부처님께 공양하였느니라.
이렇게 공양하고는 삼매에서 일어나 스스로 생각하기를 '내가 비록 신통의 힘으로 부처님께 공양하였으나, 몸으로써 공양함만 같지 못하리라.' 하고, 곧 전단향, 훈육향, 두루바향, 필력가향, 침수향, 교향 등을 먹고 또 첨복의 여러 가지 꽃으로 짠 향유를 몸에 바르고 일월정명덕 부처님 앞에서 하늘의 보배 옷으로 몸을 감고 여러 향유를 부은 다음, 신통의 힘과 서원으로 스스로 몸을 불사르니, 광명이 80억 향하사 세계에 두루 비추었느니라.

강설

"내가 온갖 색신을 나타내는 삼매를 얻은 것은 모두 법화경을 들은 힘이니"

법화경 중에서 8해탈법을 들었기 때문에 구족색신삼매를 증득한 것이다.

'신통의 힘과 서원으로 스스로 몸을 불사르니, 광명이 80억 항하사 세계에 두루 비추었느니라.'

구족색신삼매를 얻었기 때문에 이와 같이 등신 보시를 한 것이다. 일체중생희견보살이 몸을 태워 보시를 한 것은 여러 가지 의미가 있다.
구족색신삼매를 증득한 사람은 그 몸을 버리지 않고도 보살도에 들어갈 수 있다. 그래서 보살이 되어서도 양신과 함께 보살도를 닦는다. 이 상태에서 부처가 되려면 세간의 끝을 경험해야 한다. 하지만 일월정명덕여래가 계시는 세계는 아수라도 없고, 아귀도 없고, 지옥도 없고, 축생도 없고, 여자도 없다.
때문에 세간을 경험할 수 없다.

세간을 경험하려면 육도윤회가 있는 세계에서 다시 태어나야 한다. 그러려면 그 몸을 벗어야 한다.

세간의 끝을 경험하려면 인간으로 태어나야 한다.

세간의 끝이란 중생의 몸에 인간성, 하늘의 신성, 아수라성, 아귀성, 축생성, 지옥성, 아귀성이 함께 갖추어진 것을 말한다. 인간에게는 육도의 습성이 모두 다 갖추어져 있다. 때문에 인간을 일러서 세간의 끝이라 한다.

일월정명덕부처님의 세계에서는 그 세간의 끝을 갖출 수 있는 방법이 없다. 더군다나 색신구족삼매를 이루었기 때문에 무한한 수명을 갖고 있다.

다시 죽어서 세간의 끝을 보기 위해서는 스스로의 몸을 벗어나야 되는데, 이왕 벗어난다면 부처님의 정토불사에 조금이나마 보탬이 되고자 했던 것이다.

그 보시로 인해서 80억 나유타 세계에 광명이 펼쳐졌으니 훌륭하게 등신 보시를 한 것이다.

등신 보시는 다음 생에 부처가 되는 것을 서원하는 의식이다. 중생의 입장에서는 '어이구 몸까지 태워서 바치라는 거냐?' 이럴 수 있지만, 구족색신삼매에 들어 있는 보살은 이미 진여신을 체득했기 때문에 색신의 몸은 아무런 의미가 없다.

영혼의 몸이나 육체의 몸이나 마찬가지이다.

그저 그냥 벗어놓고 가면 그만이지만 그것을 광명을 일으키는 원인으로 삼아서 어둠 속에 있는 중생들에게 밝음을 공양하는 도구로 쓴 것이다. 더불어서 정토불사를 하는 부처님의 노고를 덜어주었으니 그만큼의 공덕이 더해진 것이다.
일체중생희견보살은 그때 그 밝음을 받은 중생들의 호응으로 나중에 세간해를 이루게 된다.
약왕보살이 중생들의 아픔을 치료하는 권능을 갖게 된 것은 그와 같은 연유가 있다.

삼매의 힘으로 스스로의 몸을 불사른 것은 구족색신삼매를 성취했기 때문이다.

양신배양을 통해서 구족색신삼매를 이루는 방법에 대해서는 '묘법연화경 2권 강의록'에서 상세하게 다루었다.
구족색신삼매를 이루는 방법은 한 과정 한 과정이 아름다운 여행이다. 그 하나하나의 공법으로 사마타에 들어가서 척수 전체를 훑어보는 것은 장엄하고 성스러운 여행이다.
대뇌피질단에서부터 12개의 뇌신경을 차례대로 씻어주고 일곱 단의 경수와 열두 단의 흉수, 요수 두 번째 단까지, 사마타와 본성으로 씻어준다.
그 과정에서 밝은성품의 자연적 성향이 제도되고 생멸심의 식업이 제도된다.
구족색신삼매를 이루게 되면 몸의 형질이 빛으로 화한다.
때문에 그 몸에는 생사가 없다.

본문

其中諸佛同時讚言。善哉善哉。善男子。是真精進。是名
기중제불동시찬언. 선재선재. 선남자. 시진정진. 시명
真法供養如來。若以華香瓔珞燒香末香塗香天繒幡蓋及海
진법공양여래. 약이화향영락소향말향도향천증번개급해
此岸栴檀之香。如是等種種諸物供養。所不能及。假使國
차안전단지향. 여시등종종제물공양. 소불능급. 가사국
城妻子布施亦所不及。善男子。是名第一之施。於諸施中
성처자보시역소불급. 선남자. 시명제일지시. 어제시중
最尊最上。以法供養諸如來故。作是語已而各默然。其身
최존최상. 이법공양제여래고. 작시어이이각묵연. 기신
火燃千二百歲。過是已後其身乃盡。一切眾生憙見菩薩。
화연천이백세. 과시이후기신내진. 일체중생희견보살.
作如是法供養已。命終之後。復生日月淨明德佛國中。於
작여시법공양이. 명종지후. 부생일월정명덕불국중. 어
淨德王家。結加趺坐忽然化生。即為其父。而說偈言
정덕왕가. 결가부좌홀연화생. 즉위기부. 이설게언.

그 세계에 계시는 부처님들이 한꺼번에 찬탄하여 말씀하셨다.
'착하여라, 착하여라, 선남자여. 이것이 진정한 정진이며, 이것
이 참으로 법으로써 여래께 공양함이니라.
꽃과 향과 영락과 사르는 향, 가루향, 바르는 향과 하늘의 비

단 번기와 일산과 해차안 전단향 등 이와 같은 여러 가지로 공양하는 것으로도 미칠 수 없으며, 나라나 성시나 처자로 보시하는 것으로도 미칠 수 없느니라.
선남자여, 이것을 제일가는 보시라 하느니라.
모든 보시 중에 가장 존귀하고 가장 으뜸이니, 법으로써 여래께 공양하는 연고이니라.'
이렇게 말씀하시고는 잠잠하였는데, 그 몸이 1천 2백 년 동안을 탄 뒤에야 몸이 다하였느니라.
일체중생희견보살은 이렇게 법공양을 하여 목숨이 다한 뒤, 다시 일월정명덕 부처님 국토 정덕왕의 집에 태어나 결가부좌하고 홀연히 화생해서 곧 그 아버지를 위하여 게송을 읊어 설하였느니라.

강설

화생으로 부모 인연을 맺는 것은 태생과는 많은 차이가 있다.
화생은 자식을 갖겠다는 부모의 의도만으로도 자식을 갖게 된다. 천상세계 중에 욕계 5천인 화락천에서는 자식을 갖겠다는 생각만 떠올려도 이미 그 자식이 무릎 위에 앉아 있다 한다.
일체중생희견보살과 정덕왕도 그와 같은 인연으로 부모 자식이 된 것이다.

이런 과정으로 화생한 존재는 생과 생 사이가 단절되지 않는다. 때문에 전생에 체득했던 깨달음이 훼손되지 않는다.

본문

大王今當知　　我經行彼處　　即時得一切　　現諸身三昧
대왕금당지　　아경행피처　　즉시득일체　　현제신삼매
勤行大精進　　捨所愛之身　　供養於世尊　　爲求無上慧
근행대정진　　사소애지신　　공양어세존　　위구무상혜

대왕이신　　아버지여　　마땅히　　　아옵소서
내가저곳　　국토에서　　오래도록　　경행하여
일체색신　　나타내는　　삼매를　　　얻었으며
부지런히　　정진하려　　아끼던몸　　버리면서
부처님께　　공양함은　　위없는도　　구하련뜻

강설

위없는 도란 묘각도를 말한다.
부처가 되기 위해서 등신 보시를 했다는 말이다.

본문

說是偈已。而白父言。日月淨明德佛。今故現在。我先供
설시게이. 이백부언. 일월정명덕불. 금고현재. 아선공
養佛已。得解一切衆生語言陀羅尼。復聞是法華經。八百
양불이. 득해일체중생어언다라니. 부문시법화경. 팔백
千萬億那由他。甄迦羅。頻婆羅。阿閦婆等偈。大王。我
천만억나유타. 견가라. 빈바라. 아촉바등게. 대왕. 아
今當還供養此佛。白已卽坐七寶之臺。上昇虛空高七多羅
금당환공양차불. 백이즉좌칠보지대. 상승허공고칠다라
樹。往到佛所頭面禮足合十指爪。以偈讚佛。
수. 왕도불소두면예족합십지조. 이게찬불.

이 게송을 읊고는 아버지에게 여쭈었다.
'일월정명덕 부처님은 지금도 계시나이다.
내가 앞서 부처님께 공양하고 모든 중생의 말을 아는 다라니를 얻었으며, 다시 법화경의 8백천만억 나유타, 견가라, 빈바라, 아촉바 등 게송을 들었나이다.
대왕이여, 내가 지금 다시 이 부처님께 공양하려 하나이다.'
이렇게 말하고는, 7보로 된 대에 앉아 7다라수 높이의 허공에 올라가서 부처님 계신데 이르러 머리를 조아려 발에 예배하고 열 손가락을 모아 게송으로 부처님을 찬탄하였느니라.

| 容顔甚奇妙 | 光明照十方 | 我適曾供養 | 今復還親近 |
| **용안심기묘** | **광명조시방** | **아적증공양** | **금부환친근** |

얼굴빛이	기묘하고	아름다운	세존께서
시방세계	가득하게	밝은광명	놓으시니
오랜옛날	일찍부터	많은공양	올렸지만
지금다시	제가와서	부처님을	뵙나이다

강설

"내가 앞서 부처님께 공양하고 모든 중생의 말을 아는 다라니를 얻었으며"

해일체중생어언삼매(解一切衆生語言三昧)라 한다.

"법화경의 8백천만억 나유타, 견가라, 빈바라, 아촉바 등 게송을 들었나이다."

나유타, 견가라, 빈바라, 아촉바는 숫자를 표시하는 개념이다. 이 법화경을 헤아릴 수 없이 들었다는 말이다.
앞의 화성유품에서는 대통지승여래의 16 아들들이 8만4천 겁 동안 법화경을 강설했다고 하셨다.
그만큼 법화경의 내용을 이해하는 것이 어렵다는 뜻이다.
법화경의 요지는 아는 사람이 설명해주기 전에는 알 수가 없다. '묘법연화경을 설했다'라는 그 한마디 속에는 묘각도의 이치와, 여래장연기의 원인과, 생멸연기와 진여연기의 과정이 함축되어 있다.
그 설명을 듣지 않으면 아무리 수만 번을 읽어도 그 뜻을 알 수가 없다.

본문

爾時一切衆生憙見菩薩。說是偈已。而白佛言。世尊。世
이시일체중생희견보살. 설시게이. 이백불언. 세존. 세
尊猶故在世。爾時日月淨明德佛告一切衆生憙見菩薩。善
존유고재세. 이시일월정명덕불고일체중생희견보살. 선
男子。我涅槃時到。滅盡時至。汝可安施床座。我於今夜
남자. 아열반시도. 멸진시지. 여가안시상좌. 아어금야
當般涅槃。又勅一切衆生憙見菩薩。善男子。我以佛法囑
당반열반. 우칙일체중생희견보살. 선남자. 아이불법촉
累於汝。及諸菩薩大弟子。幷阿耨多羅三藐三菩提法。亦
루어여. 급제보살대제자. 병아뇩다라삼먁삼보리법. 역
以三千大千七寶世界。諸寶樹寶臺。及給侍諸天。悉付於
이삼천대천칠보세계. 제보수보대. 급급시제천. 실부어
汝。我滅度後所有舍利。亦付囑汝。當令流布廣設供養。
여. 아멸도후소유사리. 역부촉여. 당령류포광설공양.
應起若干千塔。如是日月淨明德佛。勅一切衆生憙見菩薩
응기약간천탑. 여시일월정명덕불. 칙일체중생희견보살
已。於夜後分入於涅槃。爾時一切衆生憙見菩薩。見佛滅

이. 어야후분입어열반. 이시일체중생희견보살. 견불멸
度悲感懊惱戀慕於佛。即以海此岸栴檀為積。供養佛身。
도비감오뇌연모어불. 즉이해차안전단위적. 공양불신.
而以燒之。火滅已後。收取舍利。作八萬四千寶瓶。以起
이이소지. 화멸이후. 수취사리. 작팔만사천보병. 이기
八萬四千塔。高三世界。表刹莊嚴。垂諸幡蓋懸眾寶鈴。
팔만사천탑. 고삼세계. 표찰장엄. 수제번개현중보령.

이때 일체중생희견보살은 게송을 읊은 다음, 부처님께 사뢰었느니라.
'세존이시여, 세존께서는 아직도 세상에 계시나이까.'
이때 일월정명덕불이 일체중생희견보살에게 말씀하셨다.
'선남자여, 내가 열반할 때가 되었고, 사라질 때가 되었노라. 그대는 평상을 편하게 시설하라. 내가 오늘 밤에 열반에 들리라.'
또 일체중생희견보살에게 일렀다.
'선남자여, 내가 불법을 그대에게 부촉하노라.
또 모든 보살 대제자들과 아누다라삼먁삼보리법과, 또 3천대천의 7보살 세계와 여러 보배 나무와 보배대와 시중드는 하늘들을 모두 그대에게 맡기노라.
내가 열반한 뒤 모든 사리까지도 그대에게 부촉하노라.
마땅히 선포하여 공양을 널리 베풀고 수천 개의 탑을 세우도록 하라.'
일월정명덕 부처님이 이렇게 일체중생희견보살에게 분부하시고, 밤이 늦은 뒤에 열반에 드시었느니라.
이때 일체중생희견보살은 부처님이 열반하심을 보고, 비감하고 안타깝고 부처님을 사모함이 더해 곧 해차안의 전단나무를 쌓아서 부처님 몸을 공양하여 사르고, 불이 꺼진 뒤에 사리를 거두어 8만 4천 보배 항아리에 담아 8만 4천 탑을 세우니, 그 높기가 3천세계보다 높으니라. 찰간으로 장엄하고 번기와 일산을 드리우며, 보배 방울을 많이 달았느니라.

강설

약왕보살이 다시 연비 공양을 올리고 환생에 들어 왕자로 태어날 때까지 일월정명덕 부처님이 살아 계셨다.

부처님이 열반에 드시는 모습은 항상 서글프다.
그 열반이 여래장출가를 위한 절차라는 것을 알면서도 먼저 감정이 앞서는 것을 어쩔 수가 없다.
장엄하고 아름답고 서글픈 모습이다.

"또 3천대천의 7보살 세계"

일월정명덕부처님의 불국토에는 일곱 개의 보살 세계가 있었다는 말씀이시다.
법화경의 본문 안에서는 약왕보살이 여러 번 등장한다.

제10 법사품에서도 등장하고 제13 권지품에서도 등장한다. 미륵보살이 법화경을 전하는 법사가 되겠다고 했을 때에는 그만두라고 하셨는데 약왕보살에게는 묘법연화경이 너무 어려운 경전이고 설하기 어렵고 알기 어려우니 아무에게나 설해 주지 말라고 하셨다. 그러면서 법화경의 묘의를 아는 사람이 있다면 그 사람은 내가 보낸 사자이니 잘 보호해 주라고 말씀하셨다.
석가모니 부처님도 약왕보살을 특별하게 대하셨다.
여러 보살들이 약왕보살의 공덕에 대해 묻는 것이 이와 같은 내막이 있는 것이다.

본문

爾時一切眾生憙見菩薩。復自念言。我雖作是供養心猶未
이시일체중생희견보살. 부자념언. 아수작시공양심유미
足。我今當更供養舍利。便語諸菩薩大弟子。及天龍夜叉
족. 아금당갱공양사리. 변어제보살대제자. 급천룡야차
等一切大眾。汝等當一心念。我今供養日月淨明德佛舍利。
등일체대중. 여등당일심념. 아금공양일월정명덕불사리.
作是語已。即於八萬四千塔前。然百福莊嚴臂。七萬二千
작시어이. 즉어팔만사천탑전. 연백복장엄비. 칠만이천
歲而以供養。令無數求聲聞眾無量阿僧祇人發阿耨多羅三
세이이공양. 영무수구성문중무량아승지인발아뇩다라삼

藐三菩提心。皆使得住現一切色身三昧。爾時諸菩薩天人
먁삼보리심. 개사득주현일체색신삼매. 이시제보살천인
阿修羅等。見其無臂憂惱悲哀。而作是言。此一切眾生憙
아수라등. 견기무비우뇌비애. 이작시언. 차일체중생희
見菩薩。是我等師。教化我者。而今燒臂身不具足。
견보살. 시아등사. 교화아자. 이금소비신불구족.
于時一切眾生憙見菩薩。於大眾中立此誓言。我捨兩臂。
우시일체중생희견보살. 어대중중립차서언. 아사양비.
必當得佛金色之身。若實不虛。令我兩臂還復如故。作是
필당득불금색지신. 약실불허. 영아양비환복여고. 작시
誓已自然還復。由斯菩薩福德智慧淳厚所致。當爾之時。
서이자연환복. 유사보살복덕지혜순후소치. 당이지시.
三千大千世界六種震動。天雨寶華。一切人天得未曾有。
삼천대천세계육종진동. 천우보화. 일체인천득미증유.

이때 일체중생희견보살은 다시 생각하였다.
'내가 비록 이렇게 공양하였으나 마음이 흡족하지 못하니, 내가 이제 다시 사리를 공양하리라.'하고, 모든 보살 대제자들과 하늘, 용, 야차 등 모든 대중에게 말하였다.
'그대들은 마땅히 일심으로 생각하라.
내 이제 일월정명덕부처님의 사리를 공양하려 하노라.' 이렇게 말하고, 8만 4천탑 앞에서 백가지 복으로 장엄한 팔을 7만 2천년 동안 태워서 공양하여, 성문을 구하는 수없는 대중과 한량없는 아승지 사람으로 하여금 아뇩다라삼먁보리심을 일으키게 하여 모두 온갖 색신을 나타내는 삼매에 머무르게 하였느니라.
그때 모든 보살과 하늘과 사람과 아수라들은 그의 팔이 없어진 것을 보고 근심하고 슬퍼하면서 이렇게 말하였다.
'이 일체중생희견보살은 우리의 스승이요 우리를 교화하시는 이라. 그런데 이제 팔을 태워서 몸이 불구가 되었구나.'
그때 일체중생희견보살은 대중 가운데서 이렇게 서원하였다.
'내가 두 팔을 버렸으니 반드시 부처님의 금빛 몸을 얻을 것이다. 이 말이 진실하고 허망하지 않을진댄, 나의 두 팔이 전과 같아지이다.'
이렇게 서원을 마치매, 저절로 두 팔이 이전과 같아졌노라.
이것은 이 보살의 복덕과 지혜가 순후한 연고이니라.
이때를 당하여 3천대천세계는 여섯 가지로 진동하고, 하늘에서는 꽃비를 내려 모든 하늘과 사람들이 미증유함을 얻었느니라.'

강설

미증유함이란 생각하지 못했던 깨달음을 얻었다는 말이다. 연비 공덕은 여러 가지가 있지만 그중에 가장 큰 공덕은 불퇴전의 각성을 얻는 것이다.
하지만 이 보시는 구족색신삼매를 이루기 전에는 해서는 안 된다. 제도되지 못한 육체를 가지고서 행해지는 연비는 몸을 병들게 하고 마음에 번뇌를 일으킨다.
그런 연비는 보시가 아니다.

본문

佛告宿王華菩薩。於汝意云何。一切眾生憙見菩薩。豈異
불고수왕화보살. 어여의운하. 일체중생희견보살. 기이
人乎。今藥王菩薩是也。其所捨身布施如是。無量百千萬
인호. 금약왕보살시야. 기소사신보시여시. 무량백천만
億那由他數。宿王華。若有發心欲得阿耨多羅三藐三菩提
억나유타수. 수왕화. 약유발심욕득아뇩다라삼먁삼보리
者。能燃手指乃至足一指供養佛塔。勝以國城妻子及三千
자. 능연수지내지족일지공양불탑. 승이국성처자급삼천
大千國土山林河池諸珍寶物而供養者。若復有人。以七寶
대천국토산림하지제진보물이공양자. 약부유인. 이칠보
滿三千大千世界。供養於佛及大菩薩辟支佛阿羅漢。是人
만삼천대천세계. 공양어불급대보살벽지불아라한. 시인
所得功德。不如受持此法華經。乃至一四句偈其福最多。
소득공덕. 불여수지차법화경. 내지일사구게기복최다.
宿王華。譬如一切川流江河諸水之中。海為第一。此法華
수왕화. 비여일체천류강하제수지중. 해위제일. 차법화
經亦復如是。於諸如來所說經中。最為深大。又如土山黑
경역부여시. 어제여래소설경중. 최위심대. 우여토산흑

山小鐵圍山大鐵圍山及十寶山。 眾山之中須彌山為第一。
산소철위산대철위산급십보산. 중산지중수미산위제일.
此法華經亦復如是。 於諸經中最為其上。 又如眾星之中。
차법화경역부여시. 어제경중최위기상. 우여중성지중.

부처님은 수왕화보살에게 말씀하셨다.
"그대는 어떻게 생각하느냐. 일체중생희견보살은 다른 이일까 보냐.
지금의 약왕보살이니라. 그 몸을 버려 보시한 일이 이렇게 한량없는 백천만억 나유타니라.
수왕화보살이여, 아뇩다라삼먁삼보리를 얻으려는 마음을 낸 이는 한 손가락이나 한 발가락을 태워서 부처님 탑을 공양하라. 나라나 도시나 처자나 3천대천세계의 토지나 산림이나 하천이나 모든 보물로 공양하는 것보다 더 나으니라.
만일 어떤 사람이 3천대천세계에 7보를 가득히 채워서 부처님과 대보살과 벽지불과 아라한에게 공양할지라도, 그 사람의 공덕은 이 법화경의 네 구절, 한 게송을 받아지닌 것만 못하느니라.
수왕보살이여, 마치 모든 시내와 개천과 강 등 모든 물 중에서 바다가 제일이듯이, 이 법화경도 여러 여래가 말씀하신 모든 경 중에서 가장 깊고 크니라.
또 토산, 흑산, 소철위산, 대철위산과 열보산 등 모든 산중에 수미산이 제일이듯이, 이 법화경도 그와 같아서 여러 경전 중에서 가장 으뜸이니라.

月天子最爲第一。此法華經亦復如是。於千萬億種諸經法
월천자최위제일. 차법화경역부여시. 어천만억종제경법
中。最爲照明。又如日天子能除諸闇。此經亦復如是。能
중. 최위조명. 우여일천자능제제암. 차경역부여시. 능
破一切不善之闇。又如諸小王中。轉輪聖王最爲第一。此
파일체불선지암. 우여제소왕중. 전륜성왕최위제일. 차
經亦復如是。於衆經中最爲其尊。又如帝釋。於三十三天
경역부여시. 어제경중최위기존. 우여제석. 어삼십삼천
中王。此經亦復如是。諸經中王。又如大梵天王。
중왕. 차경역부여시. 제경중왕. 우여대범천왕.
一切衆生之父。此經亦復如是。一切賢聖學無學。及發菩
일체중생지부. 차경역부여시. 일체현성학무학. 급발보
薩心者之父。又如一切凡夫人中。須陀洹斯陀含阿那含阿
살심자지부. 우여일체범부인중. 수다원사다함아나함아
羅漢辟支佛爲第一。此經亦復如是。一切如來所說。若菩
라한벽지불위제일. 차경역부여시. 일체여래소설. 약보
薩所說。若聲聞所說。諸經法中最爲第一。有能受持是經
살소설. 약성문소설. 제경법중최위제일. 유능수지시경
典者。亦復如是。於一切衆生中亦爲第一。一切聲聞辟支
전자. 역부여시. 어일체중생중역위제일. 일체성문벽지
佛中菩薩爲第一。此經亦復如是。於一切諸經法中最爲第

불중보살위제일. 차경역부여시. 어일체제경법중최위제
一。如佛為諸法王。此經亦復如是。諸經中王。
일. 여불위제법왕. 차경역부여시. 제경중왕.

또 모든 별 중에서 달이 제일이듯이, 이 법화경도 그와 같아서 천만억 모든 경 중에서 가장 밝게 비추느니라.
또 해가 능히 모든 어둠을 없애듯이, 이 경도 그와 같아서 온갖 착하지 못한 어둠을 능히 깨뜨리느니라.
또 모든 작은 왕들 중에서 전륜성왕이 제일이듯이, 이 경도 그와 같아서 여러 경 중에서 왕이니라.
또 제석천왕이 33천 중에서 왕이 되듯이, 이 경도 그와 같아서 모든 경 중에서 왕이니라.
또 대범천왕이 모든 중생의 아버지이듯이, 이 경도 그와 같아서 모든 현인, 성인, 학인과 무학인과 그리고 보살의 마음을 일으킨 이들의 아버지이니라.
또 모든 범부들 중에서 수다원, 사다함, 아나함, 아라한, 벽지불이 제일되듯이, 이 경도 그와 같아서 모든 여래가 설한 경, 모든 보살이 설한 경과 모든 성문이 설한 경, 이런 모든 경 가운데 가장 제일이니라.
이 경전을 능히 받아지니는 이도 그와 같아서 모든 중생에서 제일이 되느니라.
모든 성문, 벽지불 중에서 보살이 제일이듯이, 이 경도 그와 같아서 모든 경법 중에서 제일이 되느니라.

부처님이 모든 법의 왕이듯이, 이 경도 그와 같아서 모든 경 중에서 왕이 되느니라.

宿王華。此經能救一切眾生者。此經能令一切眾生離諸苦
수왕화. 차경능구일체중생자. 차경능령일체중생이제고
惱。此經能大饒益一切眾生。充滿其願。如清涼池。能滿
뇌. 차경능대요익일체중생. 충만기원. 여청량지. 능만
一切諸渴乏者。如寒者得火。如裸者得衣。如商人得主。
일체제갈핍자. 여한자득화. 여나자득의. 여상인득주.
如子得母。如渡得船。如病得醫。如暗得燈。如貧得寶。
여자득모. 여도득선. 여병득의. 여암득등. 여빈득보.
如民得王。如賈客得海。如炬除暗。此法華經亦復如是。
여민득왕. 여고객득해. 여거제암. 차법화경역부여시.
能令眾生離一切苦一切病痛。能解一切生死之縛。
능령중생이일체고일체병통. 능해일체생사지박.
若人得聞此法華經。若自書。若使人書。所得功德。以佛
약인득문차법화경. 약자서. 약사인서. 소득공덕. 이불
智慧籌量多少不得其邊。若書是經卷。華香瓔珞。燒香末
지혜주량다소부득기변. 약서시경권. 화향영락. 소향말
香塗香。幡蓋衣服。種種之燈酥燈油燈諸香油燈。瞻蔔油
향도향. 번개의복. 종종지등소등유등제향유등. 담복유
燈。須曼那油燈。波羅羅油燈。婆利師迦油燈。那婆摩利
등. 수만나유등. 바라나유등. 바리사가유등. 나바마리

묘법연화경 약왕보살본사품 • 361

油燈供養。所得功德亦復無量。宿王華。若有人聞是藥王
유등공양. 소득공덕역부무량. 수왕화. 약유인문시약왕
菩薩本事品者。亦得無量無邊功德。
보살본사품자. 역득무량무변공덕.

수왕화여 이 경은 능히 모든 중생을 구원하는 것이라.
이 경은 모든 중생으로 하여금 모든 괴로움을 여의게 하며, 모든 중생을 이익되게 하여 그 소원을 만족하게 함이, 마치 서늘한 못이 모든 목마른 이를 만족되게 함과 같으며, 추운 이가 불을 얻음과 같으며, 헐벗은 이가 옷을 얻은 것과 같으며, 장사꾼이 상주를 만남과 같으며, 아들이 어머니를 만남과 같으며, 물 건너는 이가 배를 만남과 같으며, 병난 이가 의사를 만남과 같으며, 어두울 적에 등불을 얻음과 같으며, 가난한 이가 보물을 얻음과 같으며, 백성들이 왕을 얻은 것과 같으며, 장사꾼들이 해외로 바다를 얻은 것과 같고, 횃불이 어둠을 없앰과 같듯이, 이 법화경도 그와 같아서 능히 중생으로 하여금 일체 고통과 일체 병통을 다 떠나고 능히 일체 생사의 속박을 풀어 주느니라.
어떤 사람이 이 법화경을 듣고, 제가 쓰거나 사람을 시켜 쓰게 하면, 그 얻는 공덕이 부처님의 지혜로 그 수효를 계산하여도 그 끝을 다할 수 없느니라.
만일 이 경을 써서 꽃, 향, 사르는 향, 가루향, 바르는 향, 번기, 일산, 의복과 갖가지 등인 우유등, 그름등, 향유등, 첨복기름등, 수만나기름등, 바라라기름등, 바라사가기름등, 나바마리기름등으로 공양하면, 얻는 공덕이 한량없느니라.
수왕화여, 어떤 사람이 이 약왕보살본사품을 듣는 이는 한량없고 그지없는 공덕을 얻을 것이니라.

강설

법화경을 이렇게 찬탄하시는 것은 이 경으로 인해 새로운 부처님이 출현하시기 때문이다.
이 경에 대해 친숙한 마음이 있다면 언젠가는 이 경을 보게 되고 그렇게 되면 반드시 일대사인연이 맺어지기 때문이다.
중생이 법화경이라는 이름자만 들었어도 언젠가는 법화경을 보게 된다. 지금 당장은 그 이치를 다 모르더라도 언젠가는 알게 된다.
법화경을 해석하려면 부처님의 모든 가르침에 통달해야 한다. 그런 다음에 자연지나 무사지, 일체종지가 갖추어져야 한다.

본문

若有女人聞是藥王菩薩本事品。能受持者。盡是女身後不
약유녀인문시약왕보살본사품. 능수지자. 진시여신후불

復受。若如來滅後後五百歲中。若有女人。聞是經典如說
부수. 약여래멸후후오백세중. 약유녀인. 문시경전여설
修行。於此命終。即往安樂世界阿彌陀佛大菩薩眾圍繞住
수행. 어차명종. 즉왕안락세계아미타불대보살중위요주
處。生蓮華中寶座之上。
처. 생연화중보좌지상.

만일 여인이 이 약왕보살본사품을 듣고 능히 받아지니면, 이번에 받은 여인의 몸을 다한 후에는 다시 받지 아니하리라. 여래가 열반한 뒤 후 5백년 가운데 어떤 여인이 이 경전을 듣고 설한 대로 수행하면, 여기서 명을 마치고는 곧 극락세계의 아미타불이 보살 대중에게 둘러싸인 곳에 가서 연꽃 속에 있는 보좌 위에 나게 되느니라.

不復為貪欲所惱。亦復不為瞋恚愚癡所惱。亦復不為憍慢
불부위탐욕소뇌. 역부불위진에우치소뇌. 역부불위교만
嫉妬諸垢所惱。得菩薩神通無生法忍。得是忍已。眼根清
질투제구소뇌. 득보살신통무생법인. 득시인이. 안근청
淨。以是清淨眼根。見七百萬二千億那由他恒河沙等諸佛
정. 이시청정안근. 견칠백만이천억나유타항하사등제불
如來。是時諸佛遙共讚言。善哉善哉。善男子。汝能於釋
여래. 시시제불요공찬언. 선재선재. 선남자. 여능어석
迦牟尼佛法中。受持讀誦思惟是經為他人說。所得福德無

가모니불법중. 수지독송사유시경위타인설. 소득복덕무
量無邊。火不能燒。水不能漂。汝之功德千佛共說不能令
량무변. 화불능소. 수불능표. 여지공덕천불공설불능영
盡。汝今已能破諸魔賊壞生死軍。諸餘怨敵皆悉摧滅。
진. 여금이능파제마적괴생사군. 제여원적개실최멸.
善男子。百千諸佛以神通力共守護汝。於一切世間天人之
선남자. 백천제불이신통력공수호여. 어일체세계천인지
中無如汝者。唯除如來。其諸聲聞辟支佛乃至菩薩智慧禪
중무여여자. 유제여래. 기제성문벽지불내지보살지혜선
定。無有與汝等者。宿王華。此菩薩成就如是功德智慧之
정. 무유여여등자. 수왕화. 차보살성취여시공덕지혜지
力。若有人聞是藥王菩薩本事品。能隨喜讚善者。是人現
력. 약유인문시약왕보살본사품. 능수희찬선자. 시인현
世口中常出靑蓮華香。身毛孔中。常出牛頭栴檀之香。所
세구중상출청연화향. 신모공중. 상출우두전단지향. 소
得功德如上所說。
득공덕여상소설.

다시는 탐욕의 괴롭힘도 받지 않고, 성냄과 어리석음의 괴롭
힘도 받지 않고, 교만과 질투 따위의 괴롭힘도 받지 않으며,
보살의 신통과 무생법인을 얻으리라.
이 법인을 얻고는 눈이 청정하게 되며, 이 청정한 눈으로 7백
만 2천억 나유타 항하사의 부처님 여래를 뵙게 되느니라.

이때 부처님들이 멀리서 함께 칭찬하였다.
'착하여라, 착하여라, 선남자여, 그대는 능히 석가모니 불법 중에서 이 경을 받아지니고 읽고 외고 생각하며, 다른 이에게 해설하였느니라.
얻는 복덕이 한량없고 그지없어, 불도 태우지 못하고 물도 빠뜨리지 못하느니라.
그대의 공덕은 1천 부처님이 함께 말씀하여도 능히 다 하지 못하리라.
그대는 지금 이미 능히 모든 마구니 도적을 깨뜨리고 생사의 군대를 다 무너뜨리고 그 나머지 모든 원수와 적들을 다 꺾어서 소멸하였느니라.
선남자여, 백천 부처님들은 신통의 힘으로 함께 그대를 수호하느니라.
모든 세간의 하늘, 사람들 중에 그대와 같은 이가 없느니라.
오직 여래를 제외하고는 여러 성문이나 벽지불이나, 보살의 지혜와 선정도 그대와 대등할 이가 없느니라.'
수왕화여, 이 보살은 이와 같은 공덕과 지혜의 힘을 성취하였느니라.
어떤 사람이 이 약왕보살본사품을 듣고 능히 따라 기뻐하고 찬탄하면, 이 사람은 이 세상에 있으면서 입에서 청련화 향기가 항상 나고, 몸에서는 털구멍으로 우두전단 향기가 항상 날 것이며, 얻는 공덕은 위에서 말함과 같으리라.

是故宿王華。以此藥王菩薩本事品。囑累於汝。我滅度後
시고수왕화. 이차약왕보살본사품. 촉루어여. 아멸도후
後五百歲中。廣宣流布於閻浮提無令斷絕。惡魔魔民諸天
후오백세중. 광선류포어염부제무령단절. 악마마민제천
龍夜叉鳩槃茶等得其便也。宿王華。汝當以神通之力守護
룡야차구반다등득기편야. 수왕화. 여당이신통지력수호
是經。所以者何。此經則為閻浮提人病之良藥。若人有病。
시경. 소이자하. 차경즉위염부제인병지양약. 약인유병.
得聞是經病即消滅。不老不死。宿王華。汝若見有受持是
득문시경병즉소멸. 불노불사. 수왕화. 여약견유수지시
經者。應以青蓮花盛滿末香供散其上。散已作是念言。
경자. 응이청연화성만말향공산기상. 산이작시념언.
此人不久。必當取草坐於道場破諸魔軍。當吹法螺擊大法
차인불구. 필당취초좌어도량파제마군. 당취법라격대법
鼓。度脫一切眾生老病死海。是故求佛道者。見有受持是
고. 도탈일체중생노병사해. 시고구불도자. 견유수지시
經典人。應當如是生恭敬心。說是藥王菩薩本事品時。八
경전인. 응당여시생공경심. 설시약왕보살본사품시. 팔
萬四千菩薩。得解一切眾生語言陀羅尼。多寶如來於寶塔
만사천보살. 득해일체중생어언다라니. 다보여래어보탑
中。讚宿王華菩薩言。善哉善哉。宿王華。汝成就不可思
중. 찬수왕화보살언. 선재선재. 수왕화. 여성취불가사
議功德。乃能問釋迦牟尼佛如此之事。利益無量一切眾生。

의공덕. 내능문석가모니불여차지사. 이익무량일체중생.

그러므로 수왕화여, 이 약왕보살본사품을 그대에게 부촉하노라. 내가 열반한 뒤 후 5백년 동안에 널리 남섬부주에 선포하여 끊어지지 않게 하며, 나쁜 마군과 마의 백성과 하늘, 용, 야차, 구반다 들이 그 짬을 얻지 못하게 하라.
수왕하화여, 그대는 마땅히 신통의 힘으로써 이 경전을 지켜서 보호하라.
왜냐하면, 이 경은 이 사바세계 염부제 사람들의 병에 좋은 약이 되기 때문이니라.
만일 병 있는 사람이 이 경을 들으면, 병이 곧 소멸하여 늙지도 않고 죽지도 않으리라.
수왕화여, 그대가 만일 이 경을 받아지니는 이를 보거든, 마땅히 청련화에 가루향을 가득 담아 그 위에 흩어 공양할 것이며, 흩고 나서는 이러한 생각을 하여라.
'이 사람은 멀지 않아서 반드시 길상초를 깔고 도량에 앉아서 마군을 파할 것이며, 법 소라를 불고 큰 법고를 쳐서 모든 중생을 늙고 병들고 죽는 바다에서 해탈하게 하리라.'
그러므로 부처님의 도를 구하는 이는 이 경전을 받아지니는 이를 보고는 마땅히 이렇게 공경하는 마음을 내야 하느니라.
이 약왕보살본사품을 말씀하실 때에 8만 4천 보살은 모든 중생들이 사용하는 말을 다 알아서 다 알아듣고 다 말할 줄 아는 다라니를 얻었느니라.

다보여래가 보탑 가운데서 수왕화보살을 찬탄하였다.
"착하여라, 착하여라, 수왕화여. 그대는 부사의한 공덕을 성취하여, 능히 석가모니불께 이런 일을 물어서 한량없는 모든 중생을 이익되게 하였느니라."

강설

"사바세계 염부제 사람들의 병에 좋은 약이 되기 때문이니라."

의식·감정·의지가 자기라고 생각하는 병이다. 그것이 세간을 살아가는 중생의 병이다.

수왕화보살도 법화경을 전하는 대법사가 되었다.
약왕보살과 수왕화보살은 미륵보살과는 다른 내력을 갖고 있다. 약왕보살은 구족색신삼매를 성취했는데 수왕화보살은 어떤 깨달음을 성취했을까? 그것이 궁금해진다.

구선

출가 후 얻은 진리와 깨달음을 다양한 사상서에 담아 출간하였다. 이를 실생활에 접목하기 위해 지난 20년간 다양한 교육 프로그램을 운영해 왔다.

저서로는 『觀, 존재 그 완성으로 가는 길』,
『觀, 중심의 형성과 여덟진로의 수행체계』,
『觀, 십이연기와 천부경』,
『觀, 한글 자음 원리』,
『도넛츠 학습법』,
『뇌 척수로 운동법』,
『다도명상 점다』,
『생명과 시대사상』,
『본제의학 원리』,
『인지법행과 과지법행』,
『암의 진단과 치유』,
『법화삼부경 제1부 무량의경』,
『법화삼부경 제2부 묘법연화경 1,2,3권』,
『한글문자원리』,
『觀, 생명과 죽음』이 있다.

현재 경북 영양 연화사 주지이며,
서울에서 선나힐링센터를 운영하고 있다.

저자의 다른 책들

관 존재 그 완성으로
가는길

관 쉴 줄 아는 지혜

관 중심의 형성과
여덟 진로의 수행체계

관 십이연기와 천부경

관 한글 자음 원리

도넛츠 학습법

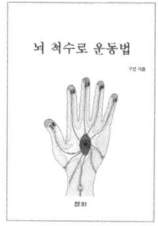
뇌 척수로 운동법

다도명상 점다

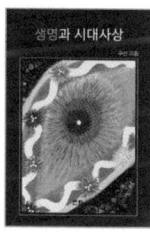
생명과 시대사상

본제의학 원리

인지법행과 과지법행

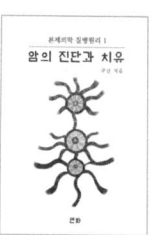
암의 진단과 치유

법화삼부경
제1부 무량의경

법화삼부경
제2부 묘법연화경 1,2,3권

한글문자원리

관 생명과 죽음

법화삼부경 제 2부 묘법연화경 4권

1판 1쇄 인쇄일	2023년 5월 1일
1판 1쇄 발행일	2023년 5월 5일

지은이	구선
기획·편집	이진화
교정·교열	권규호

펴낸 곳	도서출판 연화
주소	경상북도 영양군 수비면 낙동정맥로 2632-66
전화	02) 766-8145
출판등록일	2005년 11월 2일
등록번호	제 517-2005-00001 호

정가	**30,000원**
ISBN	979-11-981212-3-3

이 책은 저작권법에 따라 보호를 받는 저작물이므로 무단전재와 복제를 금하며, 이 책 내용의 전체 또는 일부를 사용하려면 반드시 저작권자의 서면 동의를 받아야 합니다.